高等职业教育公共基础课系列规划教材

大学语文

（第四版）

主　编　苗　岩　夏奕华
副主编　焦凤华　谢　燕
王　玲　陈梦婷
刘晓伟　陈　影

大连理工大学出版社

图书在版编目（CIP）数据

大学语文 ： 高等职业教育公共基础课系列规划教材 / 苗岩，夏奕华主编. -- 4 版. -- 大连 ： 大连理工大学出版社，2024. 8. -- ISBN 978-7-5685-5075-8

Ⅰ. H193.9

中国国家版本馆 CIP 数据核字第 2024Z72P96 号

大连理工大学出版社出版

地址:大连市软件园路80号　邮政编码:116023

发行:0411-84708842　邮购:0411-84708943　传真:0411-84701466

E-mail:dutp@dutp.cn　URL:https://www.dutp.cn

辽宁星海彩色印刷有限公司印刷　大连理工大学出版社发行

幅面尺寸:185mm×260mm　印张：15.75　字数：392千字

2013年8月第1版　2024年8月第4版

2024年8月第1次印刷

责任编辑：欧阳碧蕾　责任校对：吴媛媛

封面设计：张　莹

ISBN 978-7-5685-5075-8　定　价：49.80元

前言 PREFACE

随着高等职业教育的发展和教育教学改革的进一步深化，对语文教学也提出了新的要求。在教学中不仅要突显语文课的服务性和工具性，还要体现其人文性；除了要重视对学生各方面能力的培养，还要重视对学生人文素养的提升。因此，我们根据高等职业教育学生的实际和教育部对职业教育的新要求，编写了这本教材。

本教材共三篇，即文学赏析、应用文写作、口语技能训练。我们本着适用、够用的原则，在文学赏析篇中根据国家对高等职业教育学生传统文化教育方面的要求，精心选取了部分古今中外经典诗文，使学生在诵读赏析中了解传统文化，感悟人生；在应用文写作篇中选择了一些常用的应用文体，针对各专业不同的需求，在教学中可以有所取舍；在口语技能训练篇中，以一般口语技能训练为主，同时介绍了其他技能，方便学生制订有针对性的计划。

在编写体例上，在文学赏析篇中，每篇课前有阅读提示，课后有思考与练习。课后的思考与练习要求学生查阅和应用课外资料来回答问题，这样做的目的是锻炼学生收集、整理、运用材料解决问题的能力。在应用文写作篇中，每节内容前都设有阅读例文与例文简析，使学生对每一种文体都有一个直观的认识，再进行知识点的学习。希望学生通过学习，掌握应用文的基础知识，初步具备常见应用文的写作能力，为将来走上工作岗位奠定写作方面的基础。在口语技能训练篇中，每个技能训练都配有案例和知识点，结合将来工作的需要，提高学生语言表达能力。

能力训练主要训练学生的写作能力和语言表达能力，力争经过训练达到表达思想言简意赅，概括问题准确具体，并养成良好的学习习惯的目标。在训练题的设计上注重形式多样化，力求做到举一反三：一是注重练习的趣味性，尽量避免刻板僵化，让学生乐于做；二是注重训练的实用性，把训练与学生能力的提高乃至将来的职业规划联系起来，让学生感受到学习、训练是自己实实在在所需要的；三是注重训练的启发性，培养学生提出问题和解决问题的内在动机，形成主动探究的课堂气氛。

本教材是在第三版的基础上修订的，由青海职业技术大学苗岩、夏奕华任主编；由青海职业技术大学焦凤华、谢燕、王玲，武夷山职业学院陈梦婷，青海职业技术大学刘晓伟、陈影任副主编，其他文字工作由青海职业技术大学孟瑞、黄威担任。具体分工如下：

苗岩编写第一篇的外国文学部分，第二篇第一章、第二章；夏奕华编写第二篇第四章、第五章、第六章；焦凤华编写第一篇的古代文学部分；谢燕编写第一篇的现当代文学中的选文1-4；王玲编写第三篇第十章、第十一章、第十二章；陈梦婷编写第一篇的现当代文学中的选文9-10，第三篇第七章、第八章、第九章；刘晓伟编写第一篇的现当代文学中的选文5-8；陈影编写第二篇第三章。全书由苗岩统稿。

在编写本教材的过程中，我们参考、引用和改编了国内外出版物中的相关资料以及网络资源，在此对这些资料的作者表示深深的谢意！请相关著作权人看到本教材后与出版社联系，出版社将按照相关法律的规定支付稿酬。

教材中难免有不足和差错之处，恳请各相关院校的同仁、专家，以及各位读者在使用本教材的过程中给予关注，并将意见及时反馈给我们，以臻完善。

编　者

2024年8月

所有意见和建议请发往：dutpgz@163.com

欢迎访问职教数字化服务服台：https：//www.dutp.cn/sve/

联系电话：0411-84706581 84706672

目录 CONTENTS

第一篇 文学赏析

古代文学

现当代文学

第二篇　应用文写作

第三篇　口语技能训练

第一篇

文学赏析

古代文学

《诗经》二首

阅读提示

《诗经》是我国第一部诗歌总集，共收入自西周初年至春秋中叶大约五百年的诗歌305篇。《诗经》共有风、雅、颂三个部分，其中风包括十五“国风”，有诗160篇；雅分“大雅”“小雅”，有诗105篇；颂分“周颂”“鲁颂”“商颂”，有诗40篇。

《诗经》是我国文学光辉的起点，是我国文学发达很早的标志，它所表现的“饥者歌其食，劳者歌其事”的现实主义精神对后世文学影响很大。《诗经》在我国乃至世界文化史上都占有极高的地位。

《关雎》是《诗经》的第一篇。先贤们编《诗经》把这首爱情诗冠于三百篇之首，为后世文学表现爱情这一主题确定了基调——赞美纯情真爱，颂扬坚贞不渝，倡导对女性人格的尊重，为中国古代爱情诗歌的兴盛起了好的开端，产生了举足轻重的影响。与古希腊神话中有关爱情的描写相比，中国古诗词中对于爱情主题的表现更富于一种人性美。

《蒹葭》描写了一幅萧瑟冷落的秋景之中，拂晓之际，露浓霜重，芦叶摇曳，情中人伫立凝望烟水迷茫中的“伊人”，似在眼前，又似在水中，可望而不可即，表现了满腹的憧憬、追求、失望和惆怅。诗写得情景交融，迷离恍惚，正像那画中人不可捉摸，给人咫尺天涯之感。然而，无论多久，也无论路的崎岖、漫长，更有险阻，也无论白露、凝霜，终日照晒，追求的忠贞不二，感人至深，全在诗人的情景描写中透露出来，含蓄慰藉，无限生情。

关　雎[1]

关关雎鸠[2]，在河之洲[3]。
窈窕[4]淑女，君子好逑[5]。
参差荇菜[6]，左右流之[7]。
窈窕淑女，寤寐[8]求之。
求之不得，寤寐思服[9]。
悠哉悠哉，辗转反侧。
参差荇菜，左右采之。
窈窕淑女，琴瑟友之[10]。
参差荇菜，左右芼[11]之。
窈窕淑女，钟鼓[12]乐之。

注释

[1] 本篇选自《诗经·国风·周南》，是《诗经》全书的首篇。《关雎》的篇名取自开头一句中的两字。《诗经》每一篇的篇名都是该篇第一句中的词语，一般以二字为多，也有用一字或三、四字的。因此，篇名不一定有什么实在的意义。

[2] 关关雎（jū）鸠（jiū）：关关，拟声词，雎鸠鸟和鸣声。雎鸠，水鸟。相传雌雄雎鸠情意专一，总是相伴而游。

[3] 洲：河流中的陆地。

[4] 窈（yǎo）窕（tiǎo）：文静而美好。

[5] 好逑（qiú）：好的配偶。逑，匹配之意。

[6] 参（cēn）差（cī）荇菜：参差，长短不齐状。荇菜，一种水草，可食。

[7] 左右流之：一左一右地捞取。流，同“摎”，用手捞取。

[8] 寤（wù）寐（mèi）：寤，醒。寐，睡着。

[9] 思服：思念。

[10] 琴瑟：古代的两种弦乐器。友：亲近。之：代指淑女。

[11] 芼（mào）：摘取。

[12] 钟鼓：古代的两种打击乐器。

蒹葭[1]

蒹葭苍苍[2]，白露为霜。
所谓伊人，在水一方[3]。
溯洄从[4]之，道阻[5]且长。
溯游从之，宛[6]在水中央。
蒹葭萋萋，白露未晞[7]。
所谓伊人，在水之湄[8]。
溯洄从之，道阻且跻[9]。
溯游从之，宛在水中坻[10]。
蒹葭采采，白露未已[11]。
所谓伊人，在水之涘[12]。
溯洄从之，道阻且右[13]。
溯游从之，宛在水中沚[14]。

注释

[1] 本篇选自《诗经·国风·秦风》，秦风：指春秋时的秦国，故址在今陕西、甘肃一带。

[2] 蒹（jiān）葭（jiā）：泛指芦苇。苍苍：茂盛的样子。

[3] 伊人：对自己爱的女子的尊称。一方：另一边。

[4] 溯（sù）洄：沿着弯曲的河道向上游走。从：追寻。

[5] 阻：险阻，道路难走。

[6] 游：指直流的水道。宛：仿佛，好像。说好像在水的中央，言近而不至。

[7] 萋萋：同“凄凄”，茂盛的样子。晞：干。
[8] 湄（méi）：水和草交接的地方，也就是岸边。
[9] 跻（jī）：升，高起，指道路越走越高。
[10] 坻（chí）：水中小洲或高地。
[11] 采采：众多的样子。已：止。
[12] 涘（sì）：水边。
[13] 右：迂回曲折。
[14] 沚（zhǐ）：水中小沙滩，比坻稍大。

微课：《诗经》中的赋比兴手法

微课：《蒹葭》主旨探究

微课：《蒹葭》之美

思考与练习

一、这两首诗表达了什么样的情感？
二、简析《关雎》的意境美。
三、《关雎》是怎样抒发男主人公的相思之情的？
四、《蒹葭》全诗三章，各章在表达方式上有什么共同特点？
五、《蒹葭》描绘了一种怎样的景象？表达了诗人怎样的心境？
六、诵读以下《诗经》名句。
1. 所谓伊人，在水一方。《诗经 · 国风 · 秦风》
2. 昔我往矣，杨柳依依。今我来思，雨雪霏霏。《诗经 · 小雅 · 采薇》
3. 死生契阔，与子成说。执子之手，与子偕老。《诗经 · 邶风 · 击鼓》
4. 它山之石，可以攻玉。《诗经 · 小雅 · 鹤鸣》
5. 有匪君子，如切如磋，如琢如磨。《诗经 · 卫风 · 淇奥》
6. 嘤其鸣矣，求其友声。《诗经 · 小雅 · 伐木》
7. 投我以桃，报之以李。《诗经 · 大雅 · 抑》
8. 今夕何夕，见此良人。《诗经 · 唐风 · 绸缪》
9. 关关雎鸠，在河之洲。窈窕淑女，君子好逑。《诗经 · 国风 · 周南 · 关雎》
10. 桃之夭夭，灼灼其华。之子于归，宜其室家。《诗经 · 国风 · 周南 · 桃夭》
11. 巧笑倩兮，美目盼兮。《诗经 · 国风 · 卫风 · 硕人》
12. 知我者谓我心忧，不知我者谓我何求！《诗经 · 国风 · 王风 · 黍离》
13. 青青子衿，悠悠我心。《诗经 · 国风 · 郑风 · 子衿》
14. 投我以木瓜，报之以琼琚。《诗经 · 国风 · 卫风 · 木瓜》
15. 风雨如晦，鸡鸣不已。既见君子，云胡不喜。《诗经 · 国风 · 郑风 · 风雨》
16. 言者无罪，闻者足戒。《诗经 · 周南 · 关雎 · 序》
17. 靡不有初，鲜克有终。《诗经 · 大雅 · 荡》
18. 呦呦鹿鸣，食野之苹。我有嘉宾，鼓瑟吹笙。《诗经 · 小雅 · 鹿鸣》
19. 月出皎兮，佼人僚兮。《诗经 · 国风 · 陈风 · 月出》
20. 硕鼠硕鼠，无食我黍。三岁贯女，莫我肯顾，逝将去女，适彼乐土。《诗经 · 国风 · 魏风 · 硕鼠》
21. 秩秩斯干，幽幽南山。《诗经 · 小雅 · 斯干》
22. 心之忧矣，如匪浣衣。静言思之，不能奋飞。《诗经 · 国风 · 邶风 · 柏舟》
23. 皎皎白驹，在彼空谷。生刍一束，其人如玉。《诗经 · 小雅 · 白驹》

24. 人而无仪，不死何为。《诗经·鄘风·相鼠》
25. 我姑酌彼兕觥，维以不永伤。《诗经·周南·卷耳》
26. 汉之广矣，不可泳思。江之永矣，不可方思。《诗经·国风·周南·汉广》
27. 江有汜，之子归，不我以。不我以，其后也悔。《诗经·召南·江有汜》
28. 高山仰止，景行行止。《诗经·小雅·车辖》
29. 一日不见，如三月兮。《诗经·国风·王风·采葛》

《论语》选读

阅读提示

孔子（前551—前479）名丘，字仲尼。鲁国人。春秋后期伟大的思想家、教育家，是儒家学派的创始人，提出了“仁”的思想，是中国古代著名的思想家和教育家。他发愤为学，博学多能。他开创了私人讲学的风气，广收门徒，收学生不论贫富贵贱，据传有3 000弟子，其中优秀的有72人。他是文化传播的使者，曾周游列国，晚年专心从事古代文献整理与传播工作，致力于教育，整理《诗》《书》等古代典籍，删修《春秋》。其学生将其思想言行记载在《论语》中。

《子路、曾皙、冉有、公西华侍坐》选自《论语·先进》，记述了孔子与子路等四弟子申述各自人生理想，以及孔子对他们的评价。文章以言志为线索，把人的言谈举止串联起来，形成首尾完整的生动故事。文章运用“侍坐”这一典型环境，通过人物对话、动作、神态的描述，以极其自然的陈说和刻画来表现孔子的抱负和追求。作者通过具体的生活内容来表现孔子的政治思想，对于人物形象的刻画是凭借富有个性的描写来完成的，将说理与艺术表现完美地结合在一起。

子路、曾皙[1]、冉有、公西华侍坐

子曰：“以吾一日长乎尔，毋吾以也[2]。居[3]则曰：‘不吾知也！’如或知尔，则何以哉[4]?”

子路率尔[5]而对曰：“千乘之国，摄[6]乎大国之间，加之以师旅，因之以饥馑，由也为之，比及[7]三年，可使有勇，且知方[8]也。”

夫子哂[9]之。

“求，尔何如?”

对曰：“方六七十[10]，如[11]五六十，求也为之，比及三年，可使足民。如其礼乐，以俟君子。”

“赤，尔何如?”

对曰：“非曰能之，愿学焉。宗庙之事[12]，如会同[13]，端章甫[14]，愿为小相[15]焉。”

“点，尔何如?”

鼓瑟希[16]，铿尔，舍瑟而作[17]，对曰：“异乎三子者之撰。”

子曰：“何伤乎? 亦各言其志也。”

曰：“莫[18]春者，春服既成，冠者[19]五六人，童子六七人，浴乎沂[20]，风乎舞

雩[21]，咏而归。”

夫子喟然叹曰：“吾与点也！”

三子者出，曾皙后。曾皙曰：“夫三子者之言何如？”

子曰：“亦各言其志也已矣。”

曰：“夫子何哂由也？”

曰：“为国以礼。其言不让，是故哂之。唯[22]求则非邦也与？安见方六七十如五六十而非邦也者？唯赤则非邦也与？宗庙会同，非诸侯而何？赤也为之小，孰能为之大？”

注释

[1] 曾皙：名点，字子皙，曾参的父亲，也是孔子的学生。

[2] 以吾一日长乎尔，毋吾以也：不要因为我比你们的年龄稍长一些，而不敢说话。

[3] 居：平日。

[4] 则何以哉：何以，即何以为用。

[5] 率尔：轻率、急切。

[6] 摄：迫于、夹于。

[7] 比及：比，音bì。等到。

[8] 方：方向。

[9] 哂（shěn）：讥讽的微笑。

[10] 方六七十：纵横各六七十里。

[11] 如：或者。

[12] 宗庙之事：指祭祀之事。

[13] 会同：诸侯会见。

[14] 端章甫：端，古代礼服的名称。章甫，古代礼帽的名称。

[15] 相：赞礼人，司仪。

[16] 希：同“稀”，指弹瑟的速度放慢，节奏逐渐稀疏。

[17] 作：站起来。

[18] 莫：同“暮”。

[19] 冠者：成年人。古代子弟到20岁时行冠礼，表示已经成年。

[20] 浴乎沂：在水边洗头面手足。沂，水名，发源于山东南部，流经江苏北部入海。

[21] 舞雩（yú）：地名，原是祭天求雨的地方，在今山东曲阜。

[22] 唯：语首词，没有什么意义。

微课：孔子的一生

思考与练习

一、请根据你的了解，介绍一下孔丘及其政治思想、教育思想。

二、子路、冉有、公西华三个学生的言志，有哪些不同，哪些相同？孔子对此是什么态度？

三、认真阅读以下文段，回答下列问题。

1. “不仕无义。长幼之节，不可废也；君臣之义，如之何其废之？欲洁其身，而乱大伦。君子之仕也，行其义也。”表现了子路什么思想？

2. 该文中孔子、子路、荷蓧丈人的思想内容是什么？

子路从而后（《论语·微子》）

子路从而后，遇丈人，以杖荷蓧[1]。子路问曰："子见夫子乎？"丈人曰："四体不勤，五谷不分[2]，孰为夫子？"植其杖而芸。子路拱而立。止子路宿，杀鸡为黍[3]而食[4]之。见[5]其二子焉。

明日，子路行以告。子曰："隐者也。"使子路反见之。至，则行矣。子路曰："不仕无义。长幼之节，不可废也；君臣之义，如之何其废之？欲洁其身，而乱大伦[6]。君子之仕也，行其义也。道之不行，已知之矣。"

[注释]

[1] 蓧（diào）：古代耘田所用的竹器。

[2] 四体不勤，五谷不分：一说这是丈人指自己。分是粪；不，是语气词，意为：我忙于播种五谷，没有闲暇，怎知你夫子是谁？另一说是丈人责备子路。说子路手脚不勤，五谷不分。多数人持第二种说法。

[3] 黍（shǔ）：黄米，黏的小米。

[4] 食（sì）：拿东西给人吃。

[5] 见（xiàn）：使……拜见。

[6] 大伦：指君臣之间的正常关系。

四、诵读以下《论语》中的名言。

1. 子曰："学而时习之，不亦说乎？有朋自远方来，不亦乐乎？人不知而不愠，不亦君子乎？"

译文 孔子说："学了，然后按一定时间去温习它们，不也愉快吗？有朋友从远方而来，不也愉快吗？别人不了解我，我也不怨恨（恼怒），不也是一个道德上有修养的人吗？"

2. 子曰："巧言令色，鲜矣仁。"

译文 孔子说："花言巧语、满脸堆笑的，这种人是很少有仁德的。"

3. 曾子曰："吾日三省吾身：为人谋而不忠乎？与朋友交而不信乎？传不习乎？"

译文 曾子说："我每天都要多次反省自己：为别人出主意做事，是否忠实？交友是否守信？老师传授的知识，是否复习了呢？"

4. 子曰："君子食无求饱，居无求安，敏于事而慎于言，就有道而正焉，可谓好学也已。"

译文 孔子说："君子，饮食不求饱足，居住不要求舒适，对工作勤劳敏捷，说话却小心谨慎，接近有道德的人来匡正自己，这样就可以说是好学了。"

5. 子曰："不患人之不己知，患不知人也。"

译文 孔子说："不忧虑别人不了解自己，但要忧虑自己不了解别人。"

6. 子曰："《诗》三百，一言以蔽之，曰：'思无邪。'"

译文 孔子说："《诗经》三百（零五）首，用一句话可以概括，即：'思想纯正，没有邪恶的东西。'"

7. 子曰："吾十有五而志于学，三十而立，四十而不惑，五十而知天命，六十而耳顺，七十而从心所欲，不逾矩。"

译文 孔子说："我十五岁时立志于学习；三十岁时做事符合礼仪；四十岁时（掌握

了各种知识，）不受迷惑；五十岁时了解自然的规律；六十岁时一听别人言语，不用多想，便能明白；到了七十岁时便随心所欲，任何念头都不会越出规矩。”

8. 子曰：“温故而知新，可以为师矣。”

译文 孔子说：“复习旧知识时，又能领悟到新的东西，才可以做导师啊。”

9. 子曰：“君子周而不比，小人比而不周。”

译文 孔子说：“君子团结而不互相勾结，小人互相勾结而不团结。”

10. 子曰：“学而不思则罔，思而不学则殆。”

译文 孔子说：“读书却不深入思考，越学越糊涂；思考却不读书，就会心生迷惑。”

11. 子曰：“由，诲女（汝）知之乎？知之为知之，不知为不知，是知也。”

译文 孔子说：“仲由，教导你的道理都知道了吗？知道就是知道，不知道就是不知道，这种态度是聪明的啊！”

12. 子曰：“人而无信，不知其可也。大车无輗，小车无軏，其何以行之哉?”

译文 孔子说：“人无信誉，不知道他能干什么。（就像）大车没有车辕与轭相连接的木销子，小车没有车杠与横木相衔接的销钉，它怎样行驶呢？”

13. 孔子谓季氏：“八佾舞于庭，是可忍也，孰不可忍也?”

译文 孔子谈到季氏时说：“他用天子规格的舞蹈阵容在自己的庭院中奏乐舞蹈，这样的事他都忍心去做，还有什么事会不忍心做？”

14. 子曰：“《关雎》，乐而不淫，哀而不伤。”

译文 孔子说：“《关雎》这篇诗，主题快乐却不过分，忧愁却不悲伤。”

15. 子曰：“成事不说，遂事不谏，既往不咎。”

译文 孔子说：“以前的事不要再评说了，做完的事不要再议论了，过去了就不要再追究。”

16. 子曰：“朝闻道，夕死可矣。”

译文 孔子说：“早晨理解真理，晚上死也值得。”

17. 子曰：“君子喻于义，小人喻于利。”

译文 孔子说：“君子通晓道义，小人通晓私利。”

18. 子曰：“见贤思齐焉，见不贤而内自省也。”

译文 孔子说：“见到贤人，要向他看齐；见到不贤的人，要反省自己。”

19. 子曰：“朽木不可雕也，粪土之墙不可杇也，于予与何诛?”

译文 孔子说：“朽木无法雕琢，粪土垒砌的墙壁不堪粉刷，对于宰予这样的人，还有什么好责备的呢？”

20. 子曰：“敏而好学，不耻下问，是以谓之‘文’也。”

译文 孔子说：“聪明又好学的人，向地位比自己低，学问比自己差的人请教时，不觉得没面子，所以谥他‘文’的称号。”

21. 季文子三思而后行。子闻之，曰：“再，斯可矣。”

译文 季文子做事要思考三次再行动。孔子听了说：“两次，就可以了。”

22. 子曰：“宁武子，邦有道则知，邦无道则愚。其知可及也，其愚不可及也。”

译文 孔子说：“宁武子这人，国家太平时，就聪明，国家混乱时，就装愚笨。他的聪明别人可以做得到，他的愚笨别人就赶不上了。”

23. 子曰：“质胜文则野，文胜质则史。文质彬彬，然后君子。”

译文 孔子说："一个人内在的质朴胜过外在的文采就会粗野，文采胜过质朴就会浮华。只有文采和质朴配合恰当，才是君子。"

24. 子曰："知之者不如好之者，好之者不如乐之者。"

译文 孔子说："知道学习的人不如喜欢学习的人，喜欢学习的人不如以学习为快乐的人。"

25. 子曰："知者乐水，仁者乐山；知者动，仁者静；知者乐，仁者寿。"

译文 孔子说："聪明的人喜欢水，仁慈的人喜欢山；聪明的人好动，仁慈的人好静；聪明的人快乐，仁慈的人长寿。"

26. 子曰："默而识之，学而不厌，诲人不倦，何有于我哉?"

译文 孔子说："将知识默记在心，学习时，不感到满足；教人时，不感到疲倦，这些我做到了哪些呢?"

27. 子曰："不愤不启、不悱不发，举一隅不以三隅反，则不复也。"

译文 孔子说："不到他苦思冥想时，不去启发；不到欲说无语时，不去开导。不能举一例而理解三个类似的问题，就不要再重复教他了。"

28. 子在齐闻《韶》，三月不知肉味。曰："不图为乐之至于斯也。"

译文 孔子在齐国听《韶乐》，好长时间吃肉不觉滋味。他说："没想到音乐的创造竟能达到如此高的境界。"

29. 叶公问孔子于子路，子路不对。子曰："女（汝）奚不曰：其为人也，发愤忘食，乐以忘忧，不知老之将至云尔?"

译文 叶公问子路：孔子是怎样的人，子路不回答。孔子说："你怎么不说：他这个人啊，发愤时就忘记吃饭，高兴起来就忘记了忧愁，竟然连自己衰老了也不知道，如此而已。"

30. 子曰："三人行，必有我师焉。择其善者而从之，其不善者而改之。"

译文 孔子说："几个人一起走路，一定有值得我学习的人。选择他的优点向他学习，借鉴他的缺点进行自我改正并告诉他人。"

31. 子以四教：文、行、忠、信。

译文 孔子教学有四项内容：文献、品行、忠诚、信实。

32. 子曰："君子坦荡荡，小人长戚戚。"

译文 孔子说："君子胸怀宽广，小人忧愁悲伤。"

33. 曾子言曰："鸟之将死，其鸣也哀；人之将死，其言也善。"

译文 曾子说："鸟将死时，叫声都很悲哀；人快死时，说话都很善良。"

34. 曾子曰："士不可以不弘毅，任重而道远。仁以为己任，不亦重乎? 死而后已，不亦远乎?"

译文 曾子说："士不可不志向远大，意志坚强，因为他肩负重任，路途遥远。以实行仁道为己任，难道责任还不重大吗? 奋斗终身，死而后已，难道路程还不遥远吗?"

35. 子曰："不在其位，不谋其政。"

译文 孔子说："不在那个位置上，就不要想那个位置上的事。"

36. 子曰："后生可畏，焉知来者之不如今也?"

译文 孔子说："年轻人是值得敬畏的，怎么就知道后一代不如前一代呢?"

37. 子曰："三军可夺帅也，匹夫不可夺志也。"

译文 孔子说："三军可以剥夺主帅，匹夫不可剥夺志向。"

38. 子曰："知者不惑，仁者不忧，勇者不惧。"

译文 孔子说："聪明的人不会迷惑，仁爱的人不会忧愁，勇敢的人不会畏惧。"

39. 子曰："岁寒，然后知松柏之后凋也。"

译文 孔子说："碰到了一年中最寒冷的季节，（我）才知道松柏是最后凋谢的。"

40. 子曰："君子成人之美，不成人之恶。小人反是。"

译文 孔子说："君子成全别人的好事，而不助长别人的恶处。小人则相反。"

41. 子贡问曰："有一言而可以终身行之者乎?"

子曰："其恕乎！己所不欲，勿施于人。"

译文 子贡问孔子："有没有一句话可以终身奉行?"

孔子说："大概就是'恕'了，自己不愿做的事，不要强行施加在别人身上。"

42. 子夏曰："仕而优则学，学而优则仕。"

译文 子夏说："做官有余力时就去学习，学习能够游刃有余时就去做官。"

43. 子曰："饭疏食饮水，曲肱而枕之，乐亦在其中矣。不义而富且贵，于我如浮云。"

译文 孔子说："吃粗粮，喝白水，弯着胳膊当枕头，乐趣也就在这中间了。用不正当的手段得来的富贵，对于我来讲就像是天上的浮云一样。"

44. 子曰："其为人也孝弟（悌），而好犯上者，鲜矣；不好犯上而好作乱者，未之有也。君子务本，本立而道生。孝弟（悌）也者，其为仁之本与!"

译文 孔子说："如果在家中尊敬父母团结兄长，却在外边经常以下犯上，这种人很少；如果不犯上，却作乱的，从来没有。君子应该守本分，做好自己应做的事才是天地正道。尊敬父母团结兄长，这是做人的根本啊!"

《大学》《中庸》选读

阅读提示

《大学》《中庸》是儒家经典。原为《礼记》（西汉成书的《小戴礼记》）中的篇目。

《大学》约为秦汉之际的儒家作品。一说曾子（孔子弟子）作，但与《礼记》中《曾子立事》等篇不类。内容提出格物、致知、诚意、正心、修身、齐家、治国、平天下等条目，成为南宋后理学家讲伦理、政治、哲学的基本纲领。

《中庸》相传战国时子思（孔子之孙）作。内容肯定"中庸"是道德行为的最高标准，提出"诚者不勉而中，不思而得，从容中道，圣人也"的说法，把"诚"看作世界的本体，又提出"博学之、审问之、慎思之、明辨之，笃行之"的学习过程和认识方法。

《大学》《中庸》与《论语》《孟子》一脉相承，对孔孟有关思想做了重要的阐发和补充。其中关于博学慎思，明辨笃行的论述，至今可作为我们治学、为人的座右铭。

《大学》[1]（经一章）

古之欲明明德[2]于天下者，先治其国；欲治其国者，先齐[3]其家，欲齐其家者，先修其身；欲修其身者，先正其心；欲正其心者，先诚其意；欲诚其意者，先致其知[4]。致知在格物[5]。物格而后知至，知至而后意诚，意诚而后心正，心正而后身修，身修而后家齐，家齐而后国治，国治而后天下平。自天子以至于庶人，壹是皆以修身为本。其本乱而末治者否[6]矣，其所厚者薄，而其所薄者厚[7]，未之有也。

注释

[1] 大学：大人之学，指人的道德修养，与偏重文字、音韵、训诂的“小学”相对而言。

[2] 明：彰明，发扬。明德：美德。

[3] 齐：整治。

[4] 致其知：充实其认识。

[5] 格物：推究事物的道理。

[6] 否：不对，不行。

[7] 所厚者薄：对应看重的反而轻视。所薄者厚：对应看轻的反而重视。

《中庸》[1]（第二十章）

或生而知之[2]，或学而知之[3]，或困而知之[4]，及其知之一也[5]；或安而行之[6]，或利而行之[7]，或勉强而行之[8]，及其成功一也。子曰[9]：“好学近乎知，力行近乎仁，知耻近乎勇。”知斯[10]三者，则知所以修身；知所以修身，则知所以治人；知所以治人，则知所以治天下国家矣。

博学之，审问之，慎思之，明辨之，笃行之[11]。有弗学，学之弗能弗措也[12]；有弗问，问之弗知弗措也；有弗思，思之弗得弗措也；有弗辨，辨之弗明弗措也；有弗行，行之弗笃弗措也。人一能之己百之，人十能之己千之[13]。果能此道矣[14]，虽愚必明[15]，虽柔必强[16]。

注释

[1] 中庸：儒家思想。指处理事情不偏不倚、无过不及的态度，儒家认为是最高的道德标准。

[2] 或生而知之：有的人天资聪颖，能自然地从日常生活中获取经验和知识。

[3] 学而知之：通过学习获取知识。

[4] 困而知之：通过解决困惑、疑难问题获得知识。

[5] 及其知之一也：尽管（上述三者的）途径不一样，但获取知识的效果是相同的。

[6] 或安而行之：有的人心安理得，能出于本能自然地行道。

[7] 利而行之：出于对自己有利而行道。

[8] 勉强而行之：条件或力量不够，仍勉为其难，发愤用功而去行道。

[9] 子曰：孔子说。据朱熹《四书集注》的说法，此二字为衍文。

[10] 斯：此，这。

[11]“博学之”五句：这是讲如何达到“诚”的五层功夫。审：详审，详细。慎：谨慎，勤勉。笃：笃实。

[12] 有弗学，学之弗能弗措也：要么不学，学了就一定要学会，否则就不停止。有：有假设意味。措：停止，放弃。

[13]“人一能之”二句：别人用一倍功夫的，自己就用百倍功夫；别人用十倍功夫

的，自己就用千倍功夫。

[14] 果能此道矣：真的能具有这种精神。果：真。

[15] 虽愚必明：即使再愚昧的人也必定能达到聪明的境地。虽：即使。

[16] 虽柔必强：即使再软弱的人也必定能进至勇敢的境地。

微课：之字的用法

思考与练习

1. 概括两则内容的中心论点。

2. 结合今天的现实条件和个人学习实践，谈谈你对“格物致知”“博学慎思”“明辨笃行”的理解。

3. 联系课文，具体分析两则内容在论证上的特点。

4. 你认为，对“生而知之”的内涵应该怎样理解？

秋水[1]（节选）

庄　子

阅读提示

庄子（约前369—前286）名周，战国中期宋国蒙（今河南商丘东北）人。中国古代著名思想家。

庄子出身贫寒，曾借粟度日，一度担任过蒙地的漆园吏。楚威王闻其贤名，以厚礼聘任相职，庄子不就，终生穷困。

庄子是老子之后道家的主要代表，后世并称“老庄”。庄子的主要思想主张是顺应自然，提倡无为而无不为。追求精神上的绝对自由，其思想既有辩证的一面，又有唯心的一面；既有批判社会的一面，又有逃避现实的一面。

《庄子》，亦称《南华经》，道家学派的经典。今通行本收文三十三篇（内篇七、外篇十五、杂篇十一）。相传内篇为庄周自著，外、杂篇是庄周的门人和后学所撰。这些文章大都构思精巧，想象丰富，文笔恣肆，辞藻瑰丽，并多采用寓言形式，善作连类比喻，富有浪漫色彩。《庄子》一书，对后人的人生观、文艺观和文艺创作，都产生了深远影响。

秋水时[2]至，百川灌河[3]。泾流[4]之大，两涘渚崖[5]之间，不辩[6]牛马。于是焉河伯[7]欣然自喜，以天下之美为尽在己[8]。顺流而东行，至于北海，东面而视，不见水端[9]。于是焉河伯始旋其面目[10]，望洋向若[11]而叹曰：“野语[12]有之曰：‘闻道百，以为莫己若[13]者。’我之谓[14]也。且夫我尝闻少仲尼之闻而轻伯夷之义[15]者，始吾弗信。今我睹子之难穷[16]也，吾非至于子之门则殆[17]矣，吾长见笑于大方之家[18]。”

北海若曰：“井蛙不可以[19]语于海者，拘于虚[20]也；夏虫不可以语于冰者，笃于时[21]也；曲士[22]不可以语于道者，束于教[23]也。今尔[24]出于崖涘，观于大海，乃知尔丑[25]，尔将可与语大理[26]矣。天下之水，莫大于海：万川归之，不知何时止而不盈[27]；尾闾泄[28]之，不知何时已而不虚[29]；春秋不变，水旱不知。此其过[30]江河之流，不可为量数。而吾未尝以此自多[31]者，自以比形于天地，而受气于阴阳[32]，吾在于天地之间，犹小石小木之在大山也。方存乎见少[33]，又奚以[34]自多！计四海之在天地之间也，不似礨空[35]之在大泽乎？计中国[36]之在海内，不似稊米之在大仓[37]乎？号[38]物之数谓之万，人处一[39]焉；人卒[40]九州，谷食之所生[41]，舟车之所通[42]，人处一[43]焉。此其[44]比万物也，不似豪末[45]之在于马体乎？五帝之所连[46]，三王之所争[47]，仁人[48]之所忧，任士之所劳[49]，尽此[50]矣！伯夷辞[51]之以为名，仲尼语之以为博[52]。此其[53]自多也，不似尔向[54]之自多于水乎？”

注释

[1] 本文节选自《庄子》的《秋水》篇（属“外篇”部分）。原文由七部分组成，这里节选的是第一部分。

[2] 时：按季节。

[3] 灌：注入。河：黄河。

[4] 泾（jìng）流：水流。

[5] 两涘（sì）：岸的两边。涘：水边，河岸。渚（zhǔ）崖：河渚岸边。渚：水中小岛。

[6] 辩：通“辨”，辨别，识别。

[7] 河伯：黄河之神。

[8] 尽在己：全都集中在自己这里。

[9] 端：边，尽头。

[10] 旋其面目：改变了他（原先欣然自喜）的面容。旋：转，转变。

[11] 望洋：联绵词，仰视的样子。若：海若，海神。

[12] 野语：俗语，谚语。

[13] 莫己若：“莫若己”的倒装。

[14] 我之谓：也是倒装，即“谓我”。

[15] 尝闻：曾经听说。少仲尼之闻：小看孔子（仲尼）的学识。轻伯夷之义：轻视伯夷的义行。伯夷：商代诸侯孤竹君的长子，与其弟叔齐互让君位，逃亡到周；周武王伐商纣王时，伯夷、叔齐两人叩马谏阻，认为以臣伐君是不义之举；商亡后，伯夷兄弟不食周粟，最终饿死在首阳山。

[16] 子：你，本指海神若，这里借指整个北海。难穷：难以穷尽。

[17] 殆（dài）：危险。

[18] 大方之家：明白大道理的人。

[19] 以：与。

[20] 拘于虚：眼界受狭小居处、环境的局限。拘：受拘束，受局限。虚：同“墟”，狭小的居处。

[21] 笃：固，拘限。时：时令季节。

[22] 曲士：乡曲之士，指见识浅陋之人。

[23] 束于教：受所受教育情况的束缚。束：束缚，限制。

[24] 尔：你。

[25] 乃：才。丑：鄙陋。

[26] 大理：大道理。

[27] 盈：满。

[28] 尾闾：神话中排泄海水的地方。泄：排泄。

[29] 已：停止。虚：空虚。
[30] 此其过：大海的容水量超过了长江、黄河的水流。其：他，指大海。过：超过。
[31] 自多：自我夸耀。多：赞美，自负。
[32]“自以”句：我自以为列身于天地间，禀受了阴阳之气。比：并列。形：身形。
[33] 方存乎见少：正存有自己见识很少的想法。方：正。
[34] 奚以：何以，怎么。
[35] 礨（lěi）空：蚁穴，小孔穴。
[36] 中国：指中原地区。
[37] 稊（tí）米：一种稗草的籽粒。大仓：储粮的大仓库。
[38] 号：称。
[39] 人处一：这里意谓人类只是天下万物中的一类。
[40] 卒：尽。
[41] 生：生长。
[42] 通：通过，到达。
[43] 人处一：意思是个人只是天下人中的一个。
[44] 其：人。
[45] 豪末：毫毛的末梢。豪：通“毫”。
[46] 五帝：指传说中的黄帝、颛顼（zhuān xū）、帝喾（kù）、尧、舜。一说指伏羲、神农、黄帝、尧、舜。所连：所连续统治的。
[47] 三王：指夏启、商汤、周武王。所争：所争夺的。
[48] 仁人：崇尚仁的人。
[49] 任士：以天下为己任的贤能之士。劳：劳心劳力。
[50] 尽此：尽于此。
[51] 伯夷辞：伯夷以辞让君位而获得名声。
[52]“仲尼”句：孔子以谈说天下而显示知识渊博。
[53] 其：指伯夷、孔子。
[54] 向：刚才。

微课：庄子的政治思想

思考与练习

1. 本文的主要观点是什么？对今人有何启迪？
2. 本文是怎样把抽象的哲理化为具体的形象的？
3. 试析本文修辞运用的特点。

渔　父 [1]

屈　原

阅读提示

屈原（约前340—前278），名平，字原，战国楚人。先秦时期的伟大诗人。根据《离骚》“摄提贞于孟陬兮，惟庚寅吾以降”，推测屈原出生于楚威王元年（公元前339年）正月十四日。屈原以上古帝王颛顼氏为先祖，属楚国公族。据《史记·屈原贾生列传》，屈原曾任楚怀王左徒，他“博闻强志，明于治乱，娴于辞令”，“入则与王图议国事，以出号令；出则接遇宾客，应对诸侯”，对内主张举贤任能，对外主张联齐抗秦，深得楚怀王的信任。上官大夫靳尚出于妒忌，趁屈原为楚怀王拟定宪令之时，在怀王面前诬陷屈原，怀王于是 “怒而疏屈平”。此后，楚国一再见欺于秦，屈原曾谏楚怀王杀张仪，又劝谏怀王不要往秦国和秦王相会，都没有被采纳。楚怀王死于秦后，顷襄王即位，屈原再次受到令尹子兰和上官大夫靳尚的谗害，被顷襄王放逐，终投汨罗江而死。

屈原留存下来的作品，研究者多认为有《离骚》、《九歌》（十一篇）、《九章》（九篇）、《天问》和《招魂》等。这些诗篇，揭露了统治集团的腐朽、黑暗，表现了作者进步的政治理想、高尚的爱国情操和刚强不屈的斗争精神。作品中采用大量神话传说，构思奇特，想象丰富，文辞华丽，开创了浪漫主义文学流派。

《渔父》是在楚国命运危机四伏，屈原政治失意被流放居于困厄的背景下完成的。辞作通过屈原和渔父的对话，表现了屈原内心的矛盾，以及在矛盾面前最终的抉择。文章凸显了两种不同的人生态度、处世哲学、文化范形——一个顺应时势，全身远害；另一个坚守信念，宁为玉碎。

《渔父》是一篇可读性很强的散文。开头写屈原，结尾写渔父，着墨不多却十分传神；中间采用对话体，多用比喻、反问，生动、形象而又富有哲理。

屈原既放[2]，游于江潭[3]，行吟泽畔，颜色憔悴，形容枯槁。

渔父见而问之曰：“子非三闾大夫与[4]？何故至于斯[5]？”屈原曰：“举世皆浊我独清，众人皆醉我独醒，是以见放[6]。

渔父曰：“圣人不凝滞于物，而能与世推移[7]。世人皆浊，何不淈其泥而扬其波[8]？众人皆醉，何不餔其糟而歠其醨[9]？何故深思高举[10]，自令放为[11]？

屈原曰：“吾闻之，新沐[12]者必弹冠，新浴[13]者必振衣；安能以身之察察，受物之汶汶者乎[14]？宁赴湘流[15]，葬于江鱼之腹中。安能以皓皓之白[16]，而蒙世俗之尘埃乎？

渔父莞尔而笑，鼓枻[17]而去，乃歌曰：“沧浪之水清兮，可以濯吾缨；沧浪之水浊兮，可以濯吾足[18]。”遂去，不复与言。

注释

[1] 渔父（fǔ）：渔翁，捕鱼的老人。父，对老年男子的美称。

[2] 放：流放，放逐。

[3] 游于江潭：在江边漫游。潭，原指深渊，这里指江边，与下文的“泽畔”为互文。

[4] 三闾大夫：战国时期楚国的官职。主管楚国屈、景、昭三姓王族的事务。与：即“欤”，疑问词。

[5] 斯：这里，指示代词。

[6] 见放：被放逐。

[7] “圣人”二句：指圣人对现实形势不固执而能随机应变。凝滞，冻结不流，指固执不变。

[8] “何不”句：为什么不搅起泥沙扬起水波，即推波助澜、随波逐流的意思。淈

(gǔ)，搅浑。

[9] 餔（bǔ）：食。糟：酒渣。歠（chuò）：同“啜”，饮。醨（lí）：薄酒。

[10] 高举：指超脱，行为高洁。

[11] 为（wéi）：句末语气词。

[12] 沐：洗头。

[13] 浴：洗澡。

[14]“安能”二句：意为怎么能让纯洁的身（心），被外物的污秽（所沾染）呢？察察，清晰的样子。此处指清洁。汶汶（mén），不明的样子，这里指污秽。

[15] 赴：投入。湘流：湘水，在今湖南境内。

[16] 皓皓之白：指纯洁高尚的品质。

[17] 鼓枻（yì）：敲打船桨。枻：船桨。

[18]“沧浪”四句：楚地民歌《沧浪歌》，为隐者之歌。沧浪：水名，汉水的支流，在湖北境内，濯（zhuó）：洗涤。

楚辞

屈原

思考与练习

1. 屈原的执着和渔父的顺应，你更欣赏哪一个？为什么？

2. 当你面对理想与现实的矛盾时，你会采取什么样的态度？

3. 有人说：屈原的骨血之中，承载的是自贵族时代延续下来的贵族风骨与良知，以及以知识和学养淬炼出来的对真理、文明的永恒追求。他的自沉，既是对物欲横流功利时代的最后反抗，也是对人格独立的渴望，更是对理想自由的向往，他真正代表着我们民族的“心”，你怎么理解？

陶渊明诗两首

阅读提示

陶渊明（365或372或376—427），字元亮（一说名潜，字渊明），号靖节先生，浔阳柴桑（今江西九江）人，东晋著名诗人。

陶渊明出身于没落的官僚家庭。他先后担任过江州祭酒、镇军参军、彭泽县令等小官。辞彭泽令，是陶渊明一生前后两期的分界线。此前，他不断在官僚与隐士这两种社会角色中做选择，隐居时想出仕，出仕时要归隐，心情很矛盾。此后他坚定了隐居的决心，一直过着隐居躬耕的生活。宋文帝元嘉四年，陶渊明去世前写了一篇《自祭文》，文章最后说：“人生实难，死如之何？呜呼哀哉！”这成为他的绝笔。死后，朋友们给他以谥号“靖节先生”。他的好友颜延之为他写了诔文，这篇诔文是研究陶渊明的重要资料。《宋书》《晋书》《南史》都有他的传记。

陶渊明的作品，在他生前流传不广。（梁）萧统加以搜集整理，编了《陶渊明集》，并为之写序、作传。萧统所编陶集虽然已经佚失，但此后的陶集，如已佚的北齐阳休之本、北宋宋庠本、北宋僧思悦本，以及今存的一些宋代刻本：如汲古阁藏十卷本、曾集刻本，都是在此基础上重编而成的。

陶渊明被称为我国“田园诗人之父”。其诗质朴自然而韵味无穷，对唐以后的诗歌有很大影响。部分作品表达愤世嫉俗之情，呈现出“金刚怒目”的一面。

《饮酒》（其四）前半部分描写孤鸟的悲鸣与苦痛，无依无靠，无所适从，后半部分描写孤鸟托身孤松、欣幸不已的情状，发出了“托身已得所，千载不相违”的心声，颇有柳暗花明、绝处逢生的意味。通观全诗，失魂落魄的孤鸟，是作者悲苦命运的写照。然而孤松的岁寒而不凋，耿直而伟岸，也暗合诗人孤傲清高，洁身远俗的人格情操，这是诗人感到些许欣慰之所在。一花一天地，一鸟一人生。写鸟实乃写人，此诗真切地道出了这位伟大隐者的一生追求。

《归园田居》（其二）写作者归田园后的闲适自得和对于庄稼的浓厚情感。全诗分为三层：开端四句是写田园生活的静谧；中间四句是写生活在田园与田夫野老相得的志趣；末四句是写作者对农作物的关注和与之共命运的情感。全诗质朴自然，不借典故，不用丽藻，叙实写物，朴实无华；抒情遣兴真切直率，语言明白简洁，韵味幽深，耐人寻味。

饮酒（其四）[1]

栖栖[2]失群鸟，日暮犹独飞。
徘徊无定止，夜夜声转悲[3]。
厉响[4]思清远，去来何依依[5]。
因值孤生松[6]，敛翮遥来归[7]。
劲风无荣木，此荫独不衰[8]。
托身已得所，千载不相违[9]。

归园田居（其二）[10]

野外罕人事[11]，穷巷寡轮鞅[12]。
白日掩荆扉[13]，虚室绝尘想[14]。
时复墟曲中[15]，披[16]草共来往。
相见无杂言[17]，但道桑麻长。
桑麻日已长，我土日已广。
常恐霜霰[18]至，零落同草莽[19]。

注释

[1]《饮酒》组诗共二十首，是陶渊明的代表性作品。“采菊东篱下，悠然见南山”一诗是其三，本诗为其四。

[2] 栖栖（xī xī）：形容这只失群鸟内心恐慌不安的样子。

[3] 声转悲：声音悲凉呜咽，意指经过漫长的经历与追求，所感受到的艰难困苦。

[4] 厉响：谓鸣声激越。

[5] 依依：形容满怀归附依依之愿，欲寻一可靠的寄身之所。

[6] 值：遇。孤生松：能够忍受严寒侵袭的独立不羁的松树。

[7] 翮（hé）：意为羽毛中间的硬管，此处泛指鸟的翅膀。遥来归：从高远苍茫之处向着理想之地投奔。

[8]“劲风”二句：突出松树的坚强、繁华，不与其他树木同流。

[9]“托身”二句：表现作者抉择时态度的坚定与果断。

[10]《归园田居》组诗共五首，作于陶渊明辞官后的次年。本诗为其二，写田园生活的清静、淳朴和忧虑。

[11] 罕：少。人事：指与俗人结交往来的事。陶诗中“人事”“人境”都有贬义，“人事”即“俗事”，“人境”即“尘世”。

[12] 穷巷：偏僻的陋巷。轮鞅：代指车马。鞅（yāng），驾车时用于套住马颈的皮带。

[13] 荆扉：柴门。

[14] 绝尘想：断绝尘俗之念。

[15] 墟曲中：一作“墟里人”，指村里人。

[16] 披：拨开。

[17] 杂言：尘杂之言，指仕宦求禄等言论。

[18] 霰（xiàn）：小雪粒。

[19] 莽：草丛。

微课：田园诗之陶渊明

思考与练习

1. 细读两首诗，感受作者的隐士情怀，体味其返璞归真的人生志趣和人生境界。

2. 陶渊明素有“田园诗人”之称，是田园诗派的开创者。沿着古代文学发展脉络，找出历代作家中还有哪些人称得上是田园诗人，并比较他们作品的异同。

3. 农村劳作生活艰辛困苦，陶渊明却描写得沉醉恬淡，这是为什么？你熟悉农村生活吗？谈谈其中的苦与乐。

春江花月夜

张若虚

阅读提示

张若虚（约660—720），唐代诗人，扬州人，官兖州兵曹。与贺知章、张旭、包融齐名，号“吴中四士”。张若虚诗作存世的仅两首（《春江花月夜》和《代答闺梦还》）。但其中的《春江花月夜》却是唐诗的代表作之一。该诗描写细腻，音节和谐，颇受六朝诗风影响，流露出人生无常之感。后世包括词、曲在内的多种文学形式都可能受到该诗在音韵、场景描写等方面的创意影响，从而也奠定了张若虚在中国文学史上的地位。

《春江花月夜》被闻一多先生誉为“诗中的诗，顶峰上的顶峰”，一千多年来使无数的读者为之倾倒。一生仅留下两首诗的张若虚，“孤篇横绝，竟为大家”。究其原因，除了人所熟知的字面华美外，还在于诗人以明月为意象，创造出了清明澄澈的艺术境界，并自然而然地由明月引出宇宙与人生的感慨。

《春江花月夜》是乐府旧题，此前已有多人写过，大多空泛。而张若虚推陈出新，不仅写春江月夜的迷人景象，还以此为背景抒发游子思妇的愁苦情怀，更进一步表达了深沉的人生感慨。月亮的意象在中国古代诗歌中大量出现，从《诗经》开始，历代都有咏月的名篇，太白的“床前明月光”，东坡的“明月几时有”，几乎家喻户晓，甚至在某种程度上反映出文化基因和民族性格。

《春江花月夜》是七言歌行，与绝句的凝练含蓄，词曲的参差错落不同，其长在于铺排描写，气脉贯穿。张若虚把歌行的这一特点发挥得淋漓尽致，同时又巧妙地反复点染“月”与“水”，把月的变化与情绪的变化紧密连接，创造出情景交融的诗境。

春江潮水连海平，海上明月共潮生。
滟滟[1]随波千万里，何处春江无月明。
江流宛转绕芳甸[2]，月照花林皆似霰[3]。
空里流霜[4]不觉飞，汀[5]上白沙看不见。
江天一色无纤尘[6]，皎皎空中孤月轮[7]。
江畔何人初见月？江月何年初照人？
人生代代无穷已[8]，江月年年望（一作“只”）相似。
不知江月待何人，但见[9]长江送流水。
白云一片去悠悠[10]，青枫浦上[11]不胜愁。
谁家今夜扁舟[12]子？何处相思明月楼[13]？
可怜楼上月徘徊[14]，应照离人[15]妆镜台[16]。
玉户[17]帘中卷不去，捣衣砧[18]上拂还来。
此时相望不相闻[19]，愿逐[20]月华[21]流照君。
鸿雁长飞光不度，鱼龙潜跃水成文[22]。
昨夜闲潭[23]梦落花，可怜春半不还家。
江水流春去欲尽，江潭落月复西斜（古音xiá）。
斜月沉沉藏海雾，碣石潇湘[24]无限路[25]。
不知乘月[26]几人归，落月摇情[27]满江树。

注释

[1] 滟（yàn）滟：波光闪动的光彩。

[2] 芳甸（diàn）：遍生花草的原野。

[3] 霰（xiàn）：雪珠，小冰粒。

[4] 流霜：飞霜，古人以为霜和雪一样，是从空中落下来的，所以叫流霜。这里比喻月光皎洁，月色朦胧、流荡，所以不觉得有霜霰飞扬。

[5] 汀（tīng）：沙滩。

[6] 纤尘：微细的灰尘。

[7] 月轮：指月亮，因月圆时像车轮，故称月轮。

[8] 穷已：穷尽。

[9] 但见：只见、仅见。

[10] 悠悠：渺茫、深远。

[11] 青枫浦上：青枫浦，地名，今湖南浏阳市境内有青枫浦。这里泛指游子所在的地方。浦上：水边。

[12] 扁舟：孤舟，小船。

[13] 明月楼：月夜下的闺楼。这里指闺中思妇。

[14] 月徘徊：指月光移动。
[15] 离人：此处指思妇。
[16] 妆镜台：梳妆台。
[17] 玉户：形容楼阁华丽，以玉石镶嵌。
[18] 捣衣砧（zhēn）：捣衣石、捶布石。
[19] 相闻：互通音信。
[20] 逐：跟从、跟随。
[21] 月华：月光。
[22] 文：同“纹”。
[23] 闲潭：安静的水潭。
[24] 潇湘：湘江与潇水。
[25] 无限路：言离人相去很远。
[26] 乘月：趁着月光。
[27] 摇情：激荡情思，犹言牵情。

春江花月夜

思考与练习

1. 诗歌中的“人生代代无穷已，江月年年望相似”与刘希夷的名句“年年岁岁花相似，岁岁年年人不同”有什么区别？

2. 有人说《春江花月夜》的情感基调是“哀而不伤”，请谈谈你的认识。

李白诗两首

阅读提示

李白（701—762），字太白，号青莲居士。祖籍陇西成纪（今甘肃天水附近），隋末其先人流寓碎叶（今吉尔吉斯斯坦共和国境内）。幼时随父迁居绵州昌隆（今四川江油）青莲乡。青年时辞亲远游，遍历全国。天宝初，经吴筠推荐供奉翰林，后遭权贵谗毁去职。安史之乱中，曾为永王李璘幕府，后因李璘失败获罪，远谪夜郎，途中遇赦东还。晚年生活漂泊穷苦，卒于当涂，葬龙山。

李白是盛唐文化孕育出来的天才诗人，其非凡的自负和自信，狂傲的独立人格，豪放洒脱的气度和自由创造的浪漫情怀，充分体现了盛唐士人的时代性格和精神风貌。盛唐诗歌的气来、情来、神来，在李白的乐府歌行和绝句中，发挥得淋漓尽致。他的诗歌创作，充满了发兴无端的澎湃激情和神奇想象，既有气势浩瀚、变幻莫测的壮观奇景，又有标举风神情韵而自然天成的明丽意境，美不胜收。

赠孟浩然

吾爱孟夫子[1]，风流[2]天下闻。
红颜弃轩冕[3]，白首[4]卧松云。
醉月频中圣[5]，迷花[6]不事君[7]。
高山[8]安可仰，徒此揖清芬[9]。

注释

[1] 孟夫子：指孟浩然。夫子，一般的尊称。

[2] 风流：古人以风流赞美文人，主要是指有文采，善辞章，风度潇洒，不钻营苟且等。王士源《孟浩然集序》说孟“骨貌淑清，风神散朗，救患释纷，以立义表。灌蔬艺竹，以全高尚。”

[3] “红颜”句：意谓从青年时代起就对轩冕荣华（仕宦）不感兴趣。

[4] 白首：白头，指老年。

[5] “醉月”句：月下醉饮。中圣：“中圣人”的简称，即醉酒。曹魏时徐邈喜欢喝酒，称酒清者为圣人，酒浊者为贤人。中：读去声，动词，“中暑”“中毒”之“中”，此为饮清酒而醉，故曰中圣。

[6] 迷花：迷恋花草，此指陶醉于自然美景。

[7] 事君：侍奉皇帝。

[8] 高山：言孟品格高尚，令人敬仰。

[9] 徒此揖清芬：只有在此向您清高的人品致敬了。

宣州谢朓楼饯别校书叔云[1]

弃我去者，昨日之日不可留；
乱我心者，今日之日多烦忧。
长风万里送秋雁，对此[2]可以酣[3]高楼。
蓬莱文章建安骨[4]，中间小谢又清发[5]。
俱怀逸兴壮思[6]飞，欲上青天览[7]明月（一作“日月”）。
抽刀断水水更流，举杯销愁（一作“消愁”）愁更愁。
人生在世不称意[8]，明朝散发[9]弄扁舟[10]。

注释

[1] 唐玄宗天宝十二年（753年），李白从汴州梁园（在今河南开封）到宣州（治所在今安徽宣城），本篇作于逗留宣州期间。谢朓楼：一名北楼，又称谢公楼。南齐谢朓为宣城太守时所建。唐懿宗咸通年间，改名为叠嶂楼。校书：秘书省校书郎的省称。叔云：李白的族叔李云。题名一作《陪侍御叔云登楼歌》。

[2] 此：指上句所写的长风秋雁的景色。

[3] 酣：畅饮。

[4] “蓬莱”句：赞美李云的文章风格刚健。汉代官家著述和藏书之所称为东观，学者又称之为“老氏藏书室，道家蓬莱山”。唐人则多以蓬山、蓬阁指秘书省，李云是秘书省的校书郎，所以这里用“蓬莱文章”借指李云的文章。建安骨：建安风骨。建安为汉献帝年号。当时以曹操父子等所作诗颇负盛名，诗风明朗刚健，内容清新充实，后世称为建安风骨。

[5] 中间：指从建安到唐之间的南齐时代。小谢：即谢朓。南朝齐梁间著名诗人。世称南朝宋谢灵运为大谢，而称谢朓为小谢。清发：清新秀逸。这句意思是说：自己的诗歌也像谢朓（小谢）一样清新秀逸。

[6] 俱怀：两人都怀有。逸兴：高远的兴致。壮思：豪壮的情思。

[7] 览：同“揽”，摘取。

[8] 不称意：不如意。

[9] 散发：古人束发戴冠，而散发就是不束发、不戴冠，有狂放不羁和隐逸不仕的意思。

[10] 弄扁舟：驾小舟泛游于江湖之上。出自《史记·货殖列传》：“范蠡既雪会稽之耻”，“乃乘扁舟浮于江湖，变名易姓，适齐为鸱夷子皮”。扁舟，小舟。

思考与练习

1. 你对李白诗的创作特色有哪些认识，请举例说明。
2. 概括两首诗的情感内容。
3. 背诵这两首诗。

羌村三首[1]

杜　甫

阅读提示

杜甫（712—770），字子美，今河南巩义市人，因居陕西杜曲，在少陵原以东，自称“少陵野老”“杜陵布衣”。青年时代漫游吴越、齐赵等地。安史之乱期间，杜甫历经离乱，备尝艰辛，因仕途失意，弃官归蜀，一度在剑南节度使严武幕中任参谋，武表为校检工部员外郎，故世称杜工部。后因兵乱，携家漂泊西南，病死在湘江途中。一说死于耒阳。

杜甫是我国伟大的现实主义诗人之一，他经历了唐王朝由盛而衰的历史转变，真切认识现实的黑暗，饱尝百姓的痛苦，诗作广泛而深刻地反映了社会的风貌和时代的苦难，被后世称为“诗史”。尤其是十载长安时期，使杜甫历尽人生辛酸，忠君恋阙，仁民爱物的情怀，在这颠沛辛酸的生活里不但未曾衰退，反而更加强烈了。就在这段时间，他写下了《兵车行》《前出塞九首》《丽人行》和《自京赴奉先县咏怀五百字》等反映天宝后期动乱行将到来的社会风貌的名作。

杜甫诗作艺术成就极高，他兼长各体，尤工七古、七律，风格沉郁顿挫，格律规范严谨。有《杜工部集》。

天宝末年爆发的“安史之乱”，不仅使一度空前繁盛的唐王朝元气大伤，更给人民带来难以言喻的深重苦难。杜甫的《羌村三首》，通过作者回家探亲时的一些见闻感受，深刻地反映出在那兵荒马乱的非常岁月，人们饥寒交迫、妻离子散、朝不保夕的生存境况和苦海余生。与他的《北征》《自京赴奉先县咏怀五百字》“三吏三别”等作品一样，具有“诗史”的意味。三首诗均取材于作者回家省亲时的见闻感受，构成一组“回家三部曲”，生动地呈现出当时动荡不宁的社会现实和诗人忧国忧民的情怀。

第一首写刚到家时合家惊喜交集的情景，显现出战乱时期人们的反常心理；第二首写居家时矛盾苦闷的心情，蕴含着作者身处乱世欲有所作为而不甘心苟且偷生的心态；第三首写乡邻的深情慰问和作者的感喟，揭示了时世的艰难和诗人对此的深重忧虑。

其　一

峥嵘赤云[2]西，日脚[3]下平地。
柴门鸟雀噪，归客[4]千里至。
妻孥怪我在[5]，惊定还拭泪。
世乱遭飘荡，生还偶然遂[6]。
邻人满墙头，感叹亦歔欷[7]。
夜阑更[8]秉烛，相对如梦寐。

其　二

晚岁迫偷生[9]，还家少欢趣。
娇儿[10]不离膝，畏我复却去[11]。
忆昔好追凉[12]，故绕池边树[13]。
萧萧北风劲，抚事煎百虑[14]。
赖知[15]禾黍收，已觉糟床注[16]。
如今足斟酌[17]，且用慰迟暮[18]。

其　三

群鸡正乱叫，客至鸡斗争。
驱鸡上树木，始闻扣柴荆[19]。
父老四五人，问[20]我久远行。
手中各有携，倾榼浊复清[21]。
苦辞[22]酒味薄，黍地无人耕。
兵革[23]既未息，儿童[24]尽东征。
请为父老歌，艰难愧深情[25]。
歌罢仰天叹，四座[26]泪纵横。

注释

[1] 肃宗至德二年（757年）闰八月，杜甫从凤翔回鄜州（今陕西富县）探亲，这三首诗写于回鄜州之后。羌村在鄜州郊外，杜甫家人寄居在这里。

[2] 峥嵘：本形容山高，这里形容云层重叠突起的样子。赤云：夕阳把暮云映红，故称赤云。

[3] 日脚：太阳从云缝中透出的光线。

[4] 归客：杜甫自称。

[5] 妻孥（nú）：妻子和儿女。怪我在：惊讶我还活着。

[6] 偶然遂：不过是偶然如愿而已。

[7] 歔（xū）欷（xī）：哽咽，抽噎。

[8] 夜阑：夜深。更：再，又。

[9] 晚岁：老年。当时杜甫46岁，由于饱经战乱，自言未老先衰，意谓未能施展抱负。迫偷生：被迫苟且活着。

[10] 娇儿：爱子。

[11] “畏我”句：怕我还要离去。却：还，再。

[12] 好追凉：喜欢乘凉。

[13] 故：常常。绕池边树：指在池边树旁散步。

[14] 抚事：意为思忖起过去和眼前的事。煎百虑：内心为各种忧虑所煎熬。

[15] 赖知：幸亏知道。

[16] 糟床：造酒用的器具，即榨床。注：指酒流注，表示酒已酿成。

[17] 斟酌：指饮酒。

[18] 迟暮：指晚年。

[19] 柴荆：指用荆条编成的门。

[20] 问：有问候、慰问的意思。

[21] 倾榼（kē）：从酒器中倒出酒。榼，古代木制的盛酒器具。浊复清：有浊酒也有清酒。

[22] 苦辞：反复地说，表示歉意。

[23] 兵革：兵器衣甲，借指战争。

[24] 儿童：指家里未成年的人。

[25] 艰难：指父老们生活困苦，酒来之不易。愧深情：是说父老们的深情使自己感愧。

[26] 四座：所有在座的人。

思考与练习

1. 把本诗与杜甫的“三吏三别”联系起来阅读，体会杜甫诗歌的人民性的特点。
2. 杜甫诗歌语言凝练、苍劲，结合本诗谈谈你的理解。

八声甘州[1]

柳　永

阅读提示

柳永（约987—约1053），字耆卿，原名三变，福建崇安（今福建武夷山市）人。柳永一生落拓不遇，遂流连坊曲，近50岁改名为永，考取进士，官至屯田员外郎，世称柳屯田。他独擅词，是北宋第一个专事写词的婉约派词人，也是大量创制慢词的第一人。在两宋词坛上，柳永也是创用词调最多的词人。他现存213首词，用了133种词调。宋代所用的880多个词调中，有100多调是柳永首创或首次使用。词至柳永，体制始备。令、引、近、慢、单调、双调、三叠、四叠等长调短令，日益丰富。形式体制的完备，为宋词的发展和后继者在内容上的开拓提供了前提条件。他还扩大了词的内容，多写都市繁华、市民生活、羁旅行驿，蕴含身世穷愁之感。其词长于铺叙，音律和谐，善用口语、俚语，通俗晓畅，影响深远。据传“凡有市井饮水处，皆能歌柳词”。著有《乐章集》。

对潇潇[2]暮雨洒江天，一番洗清秋。
渐霜风凄紧（一作“凄惨”），关河冷落，残照当楼。

是处红衰翠减[3]，苒苒物华休[4]。
唯有长江水，无语东流。
不忍登高临远，望故乡渺邈[5]，归思难收。
叹年来踪迹，何事[6]苦淹留？
想佳人、妆楼颙望[7]，误几回、天际识归舟[8]。
争知我、倚阑干处，正恁[9]凝愁。

注释

微课：《八声甘州》

[1] 八声甘州：词调名。

[2] 潇潇：雨势急骤貌。

[3] 是处红衰翠减：到处花叶凋零。翠，一作“绿”。李商隐《赠荷花》：“此花此叶常相映，翠减红衰愁杀人。”

[4] “苒（rǎn）苒”句：谓景物逐渐衰残。苒苒，义同“荏苒”，形容时光消逝。物华，美好的景物。

[5] 渺邈：渺茫遥远。

[6] 何事：什么时候。

[7] 颙（yóng）望：抬头远望。

[8] “误几回”句：多少回错把远处驶来的船只当作所爱之人的归舟。谢朓《之宣城郡出新林浦向板桥》云：“天际识归舟，云中辨江树。”温庭筠《望江南》云：“过尽千帆皆不是。”此反用谢意而比温语曲折，失望之感更为突出。

[9] 恁（rèn）：如此，这么。

思考与练习

1. 归纳本词层层铺叙的特点，体会其思想感情。

2. 苏轼曾云：“人皆言柳耆卿词俗，然如‘霜风凄紧，关河冷落，残照当楼’，唐人佳处，不过如此。”你对此有何看法？

3. 背诵这首词。

水龙吟

次韵章质夫《杨花词》[1]

苏 轼

阅读提示

苏轼（1037—1101），字子瞻，号东坡居士，眉州眉山（今属四川）人。北宋著名文学家。与父苏洵、弟苏辙，合称“三苏”。

苏轼为宋仁宗嘉祐二年（1057年）进士。神宗熙宁年间，因与王安石政见不合，自请外放，历任杭州通判，后改知密州、徐州、湖州。元丰二年（1079年），因被诬作诗“谤讪朝廷”，遭御史弹劾，被捕入狱，史称“乌台诗案”。后贬为黄州（今湖北黄冈）团练副使。哲宗时累迁中书舍人、翰林学士，出知杭州、颍州等，官至礼部尚书。绍圣初，又以“为文讥斥朝廷”的罪名远谪今广东惠州、海南儋州。卒谥“文忠”。苏轼一生宦海浮沉、历经坎坷，虽处于出世与入世的矛盾之中，却能以旷达心态求得自解，失意时每能达观，始终保持积极进取、欲有所为的精神和人生态度。

苏轼在文艺创作的各方面都有突出的成就。散文自然畅达，随物赋形，如行云流水，为“唐宋八大家”之一；词开豪放一派，突破了唐五代以来的艳词藩篱，与辛弃疾并称“苏辛”；诗歌题材广泛，尤善言理，绘画、书法亦有很高造诣。著有《苏东坡集》《东坡乐府》。

似花还似非花，也无人惜从教[2]坠。
抛家傍[3]路，思量却是，无情有思[4]。
萦[5]损柔肠，困酣娇眼[6]，欲开还闭。
梦随风万里，寻郎去处，又还被、莺呼起[7]。
不恨此花飞尽，恨西园、落红难缀[8]。
晓来雨过，遗踪何在？一池萍[9]碎。
春色三分，二分尘土，一分流水。
细看来、不是杨花，点点是离人泪。

注释

[1] 这首词作于宋神宗元丰四年（1081年）春夏，时作者谪居黄州。次韵：按照原来诗词的韵脚写诗作词。章质夫：名楶。与苏轼颇多书信来往和唱和。

[2] 从教：听任，任凭。

[3] 傍：靠近，临近。

[4] 章质夫原词说杨花“轻飞乱舞，点画青林，全无才思”，苏轼此处故反其意。

[5] 萦：缠绕，此指愁思缠绕。

[6] 困酣：形容极度困倦。娇眼：柳眼，以柳叶比喻美人娇媚的睡眼。

[7] “梦随风”数句：唐金昌绪《春怨》诗：“打起黄莺儿，莫教枝上啼。啼时惊妾梦，不得到辽西。”此化用其意。

[8] 缀：联结，聚集。落红难缀，谓落花难以重上枝头。

[9] 萍：旧说杨花落水化为浮萍。

思考与练习

1. 苏轼作为宋代乃至我国古代杰出的豪放派词人，其婉约词写来空灵婉转，精妙绝伦，结合这首词加以体会。

2. 此词为咏物极品，作者是怎样将咏物与拟人浑然一体的？

3. 背诵这首词。

沈园二首[1]

陆　游

阅读提示

陆游（1125—1210），字务观，号放翁，越州山阴（今浙江绍兴）人。陆游出身于一个有文化传统的官僚地主家庭。祖父陆佃当过尚书右丞，父亲陆宰官至吏部尚书，他们在经学及文学方面很有造诣。陆游年少时期经历了历史上的“靖康之变”，在战乱中尝尽了颠沛流离的痛苦，这使他满怀忧国忧民的思想，立下“上马击狂胡”的壮志。他曾任镇江、隆兴、夔州通判，入王炎幕府，后官至宝谟阁待制。晚年长期赋闲，在山阴老家过着类似隐居的田园生活，前后约二十年。这段时间，虽然他也写了一些闲适细腻的清新平淡的诗歌，流露出对乡村宁静生活的喜爱，但萦绕在心头的还是那种要收复中原的百折不回的爱国热情。

陆游是南宋杰出的爱国诗人，与尤袤、杨万里、范成大并称“南宋四大家”，或称南宋“中兴四大家”。他的诗歌作品洋溢着浓烈的战斗激情和悲愤情绪，风格豪迈雄放，想象丰富，语言明快。词和散文的成就也很高。有《渭南文集》《剑南诗稿》。

其　一

城上斜阳画角[2]哀，沈园非复旧池台。
伤心桥下春波绿，曾是惊鸿[3]照影来。

其　二

梦断香销四十年[4]，沈园柳老不吹绵[5]。
此身行[6]作稽山[7]土，犹吊遗踪一泫然[8]。

注释

[1]《沈园》二首是陆游在宋宁宗庆元五年（1199年）春天重游此地时感伤往事而作。沈园：故址在今浙江省绍兴市禹迹寺南。据宋人陈鹄《耆旧续闻》卷十记载：因母亲的干预，陆游与前妻即他的表妹唐琬离异。唐琬改嫁后，曾在此园与陆游不期而遇，陆游触景伤情作《钗头凤》词，题于壁上。此后不久唐琬便抑郁而死。

[2] 画角：涂有色彩的军乐器，发声凄厉哀怨。

[3] 惊鸿：惊飞的鸿（一种水鸟），原为比喻女子体态轻盈美丽。三国时魏国的诗人曹植所作的《洛神赋》中有“翩若惊鸿”之句。这里指唐琬。

[4] 梦断香销：比喻自己过去生活的消逝和唐琬的死亡。四十年：陆游在禹迹寺遇到唐琬是在宋高宗绍兴二十五年（1155年），作此诗时与那次相遇已隔四十四年。这里的“四十年”乃举其整数而言。

[5] 不吹绵：不再飘柳絮了。

[6] 行：即将。

[7] 稽山：会稽山，在今浙江省绍兴市东南。

[8] 泫（xuàn）然：伤感流泪的样子。

思考与练习

1. 联系这两首诗谈谈诗人是如何运用反衬手法来表达感情的。
2. 从诗里的哪些描写可以知道作者曾经历过一场爱情悲剧？

始得西山宴游记[1]

柳宗元

阅读提示

柳宗元（773—819），字子厚，河东解（今山西运城市西南）人。唐代著名政治家、文学家。

唐德宗贞元九年（793年）进士，后又中博学宏辞科，曾任蓝田尉、监察御史里行等职。唐顺宗永贞元年（805年），他参与王叔文集团的政治革新运动，任礼部员外郎。不久，革新失败，贬官永州（今湖南零陵）司马，后迁柳州（今属广西）刺史，卒于任所。

柳宗元与韩愈齐名，同为中唐古文运动的倡导者，同是“唐宋八大家”之一。他的文学主张与韩愈相近，诗文创作注重针砭时弊，反映民瘼。他的政论思想深刻、传记鲜明生动、寓言意蕴深远，其山水游记清新秀美、寄慨深远，其诗歌委婉深沉，风貌独特。著有《柳河东集》。

自余为僇人[2]，居是州[3]，恒惴栗[4]。其隙也[5]，则施施而行[6]，漫漫[7]而游，日与其徒[8]上高山，入深林，穷回溪，幽泉怪石，无远不到。到则披草而坐，倾壶而醉，醉则更相枕以卧，卧而梦。意有所极[9]，梦亦同趣[10]。觉而起，起而归。以为凡是州之山水有异态者，皆我有也，而未始知西山之怪特[11]。

今年九月二十八日，因坐法华西亭[12]，望西山，始指异[13]之。遂命仆人，过湘江[14]，缘染溪[15]，斫榛莽[16]，焚茅茷[17]，穷山之高而止[18]。攀援而登，箕踞而遨[19]，则凡数州之土壤，皆在衽席之下[20]。其高下之势，岈然[21]，洼然[22]，若垤[23]，若穴[24]。尺寸千里[25]，攒蹙累积[26]，莫得遁隐[27]。萦青缭白[28]，外与天际[29]，四望如一。然后知是山之特立，不与培塿[30]为类。悠悠乎与颢气俱，而莫得其涯；洋洋乎与造物者游，而不知其所穷[31]。引觞[32]满酌，颓然就醉，不知日之入。苍然暮色，自远而至，至无所见，而犹不欲归。心凝形释，与万化冥合[33]。然后知吾向[34]之未始游，游于是[35]乎始。

故为之文以志[36]。是岁，元和[37]四年也。

注释

[1] 本篇为“永州八记”之首。西山：在今湖南省永州市。

[2] 僇（lù）人：受刑戮的人，犹言罪人，因作者贬官永州，故称。僇：同“戮”，刑辱的意思。

[3] 是州：此州，即永州（今湖南省永州市）。

[4] 恒：常常。惴（zhuì）栗：恐惧不安。

[5] 其隙也：在闲暇的时候。隙：指公务之暇。

[6] 施（yí）施而行：缓慢行走的样子。

[7] 漫漫：舒散无拘的样子。

[8] 日：每天。其徒：自己的随从。

[9] 极：至。

[10] 趣：通“趋”，往。

[11] 未始：未尝，不曾。怪特：奇怪独特。

[12] 法华西亭：法华，寺名，位于湖南省永州市零陵区。作者于元和四年（809年）建亭于寺西，因称西亭，并曾作《永州法华寺新作西亭记》记其事。

[13] 指异：指点而以为异。

[14] 湘江：源出广西，流经今湖南省境。

[15] 缘：沿着。染溪：潇水支流，在湖南省永州市西南。一名冉溪，柳宗元改其名为愚溪。

[16] 斫（zhuó）：砍伐。榛莽：草木丛。

[17] 焚（fén）：烧。茅筏（fá）：草茅之类。筏：草叶茂盛。

[18] “穷山”句：一直爬到山顶为止。穷：尽。

[19] 箕踞：古人席地而坐，两脚伸直岔开，成簸箕形，称箕踞。踞：坐。遨：游览。这里指用眼睛观赏。

[20] 衽（rèn）席之下：形容离自己很近，如在身旁。衽：衣服的大襟。

[21] 岈（xiā）然：山谷空洞的样子。

[22] 洼然：溪谷低凹的样子。

[23] 若垤（dié）：像蚁穴边的积土。

[24] 若穴：像穴洞。

[25] 尺寸千里：千里之远仿佛仅有尺寸大小。

[26] 攒蹙（cuán cù）：聚集收缩。累积：层层重叠。

[27] 莫得遁隐：意谓尽收眼底。遁隐：隐藏不见。

[28] 萦青缭白：青山与白水相互萦绕。

[29] 际：接；合。

[30] 培塿（pǒu lǒu）：小土堆。

[31] “悠悠”四句：意思是自己仿佛遨游于无边无际的天地宇宙之间，与浩渺广大的自然之气合而为一。悠悠乎：渺远的样子。颢（hào）气：即浩气，天地自然之气。俱：在一起。涯：边际。洋洋乎：广大的样子。造物者：即天地、自然。穷：尽头。

[32] 引觞：拿起酒杯。

[33] “心凝”二句：精神专一，忘掉自我，似乎与万物相融合。释：解除束缚。万化：自然界万物。冥合：犹言浑然一体。

[34] 向：以前。

[35] 于是：从此。

[36] 志：记。

[37] 元和：唐宪宗李纯年号（806—820）。

思考与练习

1. 文章的题目为什么要加“始得”二字？
2. 为何说本文以自然山水之美与作者人格之美相互映照？
3. 分析本文的主要艺术特色。

秋声赋[1]

欧阳修

阅读提示

欧阳修（1007—1072），字永叔，自号醉翁、六一居士，吉州吉水（今属江西）人。仁宗天圣八年（1030年）中进士，庆历三年（1043年）任谏官。为人耿直，敢于谏诤，支持范仲淹等开明派的政治革新，屡遭排挤打击。晚年官至枢密副使、参知政事。卒谥文忠。

欧阳修是北宋著名文学家、史学家，诗文革新运动的领袖。他主张文章应“明道”“致用”“事信”“言文”，反对宋初浮艳文风，倡导效法韩愈，在散文、诗、词、评论诸方面都有很高成就，尤以散文著称，是“唐宋八大家”之一。有《欧阳文忠公文集》、《新五代史》和《新唐书》（与宋祁合修）等。

欧阳子方[2]夜读书，闻有声自西南来者，悚然[3]而听之。曰：“异哉！”初淅沥以萧飒[4]，忽奔腾而砰湃[5]，如波涛夜惊，风雨骤至。其触于物也，𫓩𫓩铮铮[6]，金铁皆鸣，又如赴敌之兵，衔枚[7]疾走，不闻号令，但闻人马之行声。余谓童子：“此何声也？汝出视之！”童子曰：“星月皎洁[8]，明河[9]在天，四无人声，声在树间。”

余曰（一作“予曰”）：“噫嘻[10]悲哉！此秋声也，胡为而来哉？盖夫秋之为状[11]也：其色惨淡[12]，烟霏云敛[13]；其容清明，天高日晶[14]；其气栗冽[15]，砭[16]人肌骨；其意萧条[17]，山川寂寥[18]。故其为声也，凄凄切切，呼号愤发。丰草绿缛[19]而争茂，佳木葱茏而可悦[20]；草拂之而色变，木遭之而叶脱，其所以摧败零落[21]者，乃其一气之余烈[22]。夫秋，刑官[23]也，于时为阴[24]；又兵象[25]也，于行用金[26]；是谓天地之义气[27]，常以肃杀而为心。天之于物，春生秋实[28]。故其在乐也，商声主西方[29]之音；夷则[30]为七月之律。商，伤也，物既老而悲伤；夷，戮也，物过盛而当杀。”

“嗟乎！草木无情，有时飘零，人为动物，惟物之灵[31]，百忧感其心，万事劳其形，有动于中，必摇其精[32]。而况思其力之所不及，忧其智之所不能，宜其渥然丹者为槁木[33]，黟然黑者为星星[34]；奈何以非金石之质，欲与草木而争荣[35]？念谁为之戕贼，亦何恨乎秋声[36]！”

童子莫对，垂头而睡。但闻四壁虫声唧唧[37]，如助余（一作“予”）之叹息。

注释

[1] 本赋作于宋仁宗嘉祐四年（1059年），是宋代文赋中的名篇。

[2] 欧阳子：作者自称。方：正。

[3] 悚（sǒng）然：惊惧的样子。

[4] 淅沥（xī lì）：雨声。萧飒（sà）：风声。

[5] 砰湃（pēng pài）：波涛声。

[6] 纵（cōng）纵铮（zhēng）铮：金属器物相撞击的声音。

[7] 衔枚：古时行军，令士兵口中横衔一种形如筷子的小棒，防止讲话、喧哗，以保守行军的秘密。

[8] 皎洁：明亮洁白。

[9] 明河：银河。

[10] 噫嘻：感叹词。

[11] 盖夫（fú）：句首发语词。状：状貌。

[12] 惨淡：苍凉淡泊。

[13] 烟霏云敛：烟云飘散聚合。

[14] 晶：光亮。

[15] 栗冽（lì liè）：寒冷。

[16] 砭（biān）：刺。

[17] 萧条：寂寞，冷落。

[18] 寂寥：空旷寂静。

[19] 缛（rù）：繁盛。

[20] 葱茏（cōng lóng）：青翠茂盛。可悦：可爱。

[21] 零落：草木枯萎凋零。

[22] 一气：秋气。余烈：余威。

[23] 刑官：秋官。古代用天、地、四时之名命官，如天官冢宰、地官司徒、春官宗伯、夏官司马、秋官司寇、冬官司空，谓之六官。司寇掌刑法，故称刑官。

[24] 于时为阴：以阴阳配合四时，春夏属阳，秋冬属阴。

[25] 兵象：古代征伐多在秋天，故秋天象征着用兵。

[26] 于行用金：以五行（金、木、水、火、土）分配四时，秋天属金。行，五行。

[27] 天地之义气：天地严凝之气。《礼记·乡饮酒义》："天地严凝之气，始于西南，而盛于西北，此天地之尊严气也，此天地之义气也。"由西南方至西北方，属秋的方位。

[28] 春生秋实：春天生长，秋天结实。

[29] 商声：五声（宫商角徵羽）之一。五声配以四时，商属秋。西方：是秋天的方位。

[30] 夷则：十二律（黄钟、大吕、太簇、夹钟、姑洗、仲吕、蕤宾、林钟、夷则、南吕、无射、应钟）之一。古人把十二律分配于十二个月，七月相当于夷则。

[31] 惟物之灵：人为万物之灵。

[32]"有动于中"二句：心中有所触动，精神上必定受到影响。摇：消耗的意思。精：精力。

[33] 渥（wò）然丹者：指红润的容颜。槁木：枯木，指衰老。

[34] 黟（yī）然黑者为星星：指人的乌亮头发慢慢变白，即由健壮而衰老。黟然：黑黝黝的样子。星星：比喻白色点点。

[35]“奈何”二句：人没有金石般经久不磨的质地，怎么能与草木一样去争得常青永在的繁荣？奈何：怎么。

[36]“念谁”二句：意指草木凋零，不免怨恨秋声，那么人的忧劳悲伤又能怨恨谁呢？戕（qiāng）：伤害。乎：对于。

[37]唧唧：虫鸣声。

思考与练习

1. 本文紧扣“声”字来写，请你谈谈作者从哪些方面来描写秋声？
2. 本文如何通过对秋声的描写，隐约地讽喻现实政治？

西湖七月半[1]

张 岱

阅读提示

张岱（1597—1689），字宗子、又字石公，号陶庵、又号蝶庵，浙江山阴人（今绍兴）人，明末清初文学家。

张岱生于官宦之家，早年过的是十分奢华的贵公子生活，但为人淡泊名利，一生未仕。明亡后已过中年的张岱，深感国破家亡之痛，遂避居剡溪山中，寄情山水，从事著述，过着“布衣蔬食，常至断炊”的生活。其文学创作以小品见长，晚年的代表作大多记叙山川名胜、人情世俗、逸闻琐事，题材广泛。既反映了当时的社会风貌又寄予了家国漂流、身如浮萍的痛苦和悲伤。其作兼取公安、竟陵二家之长而弃其所短，结构精巧，文笔清新，风神绰约，诗意盎然，风格独特。著有《陶庵梦忆》《西湖梦寻》等。

西湖七月半，一无可看，只可看看七月半之人。看七月半之人，以五类看之：其一，楼船箫鼓，峨冠盛筵，灯火优傒[2]，声光相乱，名为看月而实不见月者，看之；其一，亦船亦楼，名娃[3]闺秀，携及童娈[4]，笑啼杂之，还坐露台[5]，左右盼望，身在月下而实不看月者，看之；其一，亦船亦声歌，名妓闲僧，浅斟低唱，弱管轻丝[6]，竹肉相发[7]，亦在月下，亦看月而欲人看其看月者，看之；其一，不舟不车，不衫不帻[8]，酒醉饭饱，呼群三五，跻入人丛，昭庆[9]、断桥，嘄[10]呼嘈杂，装假醉，唱无腔曲，月亦看，看月者亦看，不看月者亦看，而实无一看者，看之；其一，小船轻幌，净几暖炉，茶铛[11]旋煮，素瓷静递，好友佳人，邀月同坐，或匿影树下，或逃嚣里湖[12]，看月而人不见其看月之态，亦不作意[13]看月者，看之。

杭人游湖，巳出酉归[14]，避月如仇[15]。是夕好名，逐队争出，多犒门军[16]酒钱，轿夫擎燎[17]，列俟岸上。一入舟，速舟子急放[18]断桥，赶入胜会。以故二鼓[19]以前，人声鼓吹[20]，如沸如撼，如魇如呓，如聋如哑，大船小船一齐凑岸，一无所见，止见篙击篙，舟触舟，肩摩肩，面看面而已。少刻兴尽，官府席散，皂隶喝道去。轿夫叫船上人，怖以关门[21]，灯笼火把如列星，一一簇拥而去。岸上人亦逐队赶门，渐稀渐薄，顷刻散尽矣。

吾辈始舣[22]舟近岸。断桥石磴始凉，席其上，呼客纵饮。此时月色如镜新磨，山复满妆，湖复颒[23]面，向[24]之浅斟低唱者出，匿影树下者亦出，吾辈往通声气，拉与同坐。韵友来，名妓至，杯箸安，竹肉发。月色苍凉，东方将白，客方散去。吾辈纵舟[25]，酣睡于十里荷花之中，香气拍人，清梦甚惬。

注释

[1] 本文选自《陶庵梦忆》。

[2] 优傒（xī）：乐伎与奴仆。

[3] 名娃：美女。

[4] 童娈（luán）：俊童。娈：美貌。

[5] 还：通“环”，环绕。露台：露天的台榭。

[6] 管：箫笛之类管乐器。丝：阮筝之类弦乐器。

[7] 竹肉相发：器乐声伴着歌声。竹：本指竹制管乐器，此泛指器乐演奏。肉：歌喉。

[8] 衫：长衣。帻（zé）：头巾。

[9] 昭庆：昭庆寺，与断桥同为西湖名胜。

[10] 嚣（xiāo）：叫，呼喊。

[11] 茶铛（chēng）：煮茶的小锅。

[12] 逃嚣：躲避喧嚣。里湖：西湖苏堤以内的部分。

[13] 作意：刻意，特别用心。

[14] 巳：巳时，即上午九时至十一时。酉：酉时，即下午五时至七时。

[15] 避月如仇：讽刺语，指缺乏赏月这种雅兴。

[16] 门军：把守城门的兵士。

[17] 燎：火把。

[18] 速：催促。放：向……行船。

[19] 二鼓：二更。旧时夜间以鼓点声报时。

[20] 鼓吹：奏乐声。

[21] 怖以关门：用城门将闭来吓唬催促（游客）。

[22] 舣（yǐ）：使船靠岸。

[23] 颒（huì）面：洗脸。

[24] 向：先前。

[25] 纵舟：任船漂流。

思考与练习

1. 略谈作者所描写的五类游客同看月各有怎样不同的表现？

2. 本文第二、第三段以两个具体场面，对真假看月者做了比较，这样写与第一段有关描述是否重复？

3. 作者是怎样营造各类看月者看月时的不同氛围的？

鲁提辖拳打镇关西

施耐庵

《水浒传》是中国四大古典名著之一，全书描写北宋末年以宋江为首的108位好汉在梁山聚义，以及聚义之后接受招安、四处征战的故事。《水浒传》是中国历史上最早用白话文写成的章回小说之一，版本众多，流传极广，脍炙人口，对中国乃至东亚的叙事文学都有极其深远的影响。作者历来有争议，一般认为是施耐庵所著，而罗贯中则做了整理，金圣叹删修为七十回本（实七十一回）。

《水浒传》是一部以描写古代农民起义为题材的长篇小说。它形象地描绘了农民起义从发生、发展直至失败的全过程，深刻揭示了起义的社会根源，满腔热情地歌颂了起义英雄的反抗斗争和他们的社会理想，也具体揭示了起义失败的内在历史原因。

阅读提示

三人来到潘家酒楼上，拣个齐楚阁儿里坐下。提辖坐了主位，李忠对席，史进下首坐了。酒保唱了喏，认得是鲁提辖，便道："提辖官人，打多少酒？"鲁达道："先打四角酒来。"一面铺下菜蔬果品案酒，又问道："官人，吃甚下饭？"鲁达道："问甚么！但有，只顾卖来，一发算钱还你！这厮，只顾来聒噪！"酒保下去，随即烫酒上来，但是下口肉食，只顾将来，摆一桌子。

三个酒至数杯，正说些闲话，较量些枪法，说得入港，只听得隔壁阁子里有人哽哽咽咽啼哭。鲁达焦躁，便把碟儿盏儿都丢在楼板上。酒保听得，慌忙上来看时，见鲁提辖气愤愤地。酒保抄手道："官人要甚东西，分付卖来。"鲁达道："洒家要甚么！你也须认得洒家！却恁地教甚么人在间壁吱吱的哭，搅俺弟兄们吃酒？洒家须不曾少了你酒钱！"酒保道："官人息怒。小人怎敢教人啼哭，打搅官人吃酒？这个哭的是绰酒座儿唱的父女两人，不知官人们在此吃酒，一时间自苦了啼哭。"鲁提辖道："可是作怪！你与我唤得他来。"酒保去叫。不多时，只见两个到来：前面一个十八九岁的妇人，背后一个五六十岁的老儿，手里拿串拍板，都来到面前。看那妇人，虽无十分的容貌，也有些动人的颜色，拭着眼泪，向前来深深地道了三个万福。那老儿也都相见了。

鲁达问道："你两个是那里人家？为甚啼哭？"那妇人便道："官人不知，容奴告禀。奴家是东京人氏，因同父母来渭州投奔亲眷，不想搬移南京去了。母亲在客店里染病身故。女父二人流落在此生受。此间有个财主，叫作'镇关西'郑大官人，因见奴家，便使强媒硬保，要奴做妾。谁想写了三千贯文书，虚钱实契，要了奴家身体。未及三个月，他家大娘子好生利害，将奴赶打出来，不容完聚，着落店主人家追要原典身钱三千贯，父亲懦弱，和他争执不得，他又有钱有势。当初不曾得他一文，如今那讨钱来还他？没计奈何，父亲自小教得奴家些小曲儿，来这里酒楼上赶座子，每日但得些钱来，将大半还他，留些少女父们盘缠。这两日酒客稀少，违了他钱限，怕他来讨时受他羞耻。女父们想起这苦楚来，无处告诉，因此啼哭。不想误触犯了官人，望乞恕罪，高抬贵手！"

鲁提辖又问道："你姓甚么？在那个客店里歇？那个镇关西郑大官人在那里住？"老儿答道："老汉姓金，排行第二。孩儿小字翠莲。郑大官人便是此间状元桥下卖肉的郑屠，绰号镇关西。老汉父女两个只在前面东门里鲁家客店安下。"鲁达听了道："呸！俺只道那个郑大官人，却原来是杀猪的郑屠！这个腌臜泼才，投托着俺小种经略相公门下做个肉铺户，却原来这等欺负人！”回头看着李忠、史进道：“你两个且在这里，等洒家去打死了那厮便来！”史进、李忠抱住劝道：“哥哥息怒，明日却理会。”两个三回五次劝得他住。

鲁达又道：“老儿，你来！洒家与你些盘缠，明日便回东京去，何如?”父女两个告道：“若能彀（通‘够’）回乡去时，便是重生父母，再长爷娘。只是店主人家如何肯放?郑大官人须着落他要钱。”鲁提辖道：“这个不妨事，俺自有道理。”便去身边摸出五两来银子，放在桌上，看着史进道：“洒家今日不曾多带得些出来；你有银子，借些与俺，洒家明日便送还你。”史进道：“直甚么，要哥哥还！”去包裹里取出一锭十两银子放在桌上。鲁达看着李忠道：“你也借些出来与洒家。”李忠去身边摸出二两来银子。鲁提辖看了见少，便道：“也是个不爽利的人！”鲁达只把这十五两银子与了金老，分付道：“你父女两个将去做盘缠，一面收拾行李。俺明日清早来发付你两个起身，看那个店主人敢留你！”金老并女儿拜谢去了。鲁达把这二两银子丢还了李忠。

三人再吃了两角酒，下楼来叫道：“主人家，酒钱洒家明日送来还你。”主人家连声应道：“提辖只顾自去，但吃不妨，只怕是提辖不来赊。”三个人出了潘家酒肆，到街上分手。史进、李忠各自投客店去了。

只说鲁提辖回到经略府前下处，到房里，晚饭也不吃，气愤愤地睡了。主人家又不敢问他。

再说金老得了这一十五两银子，回到店中，安顿了女儿，先去城外远处觅下一辆车儿，回来收拾了行李，还了房宿钱，算清了柴米钱，只等来日天明。当夜无事。次早五更起来，父女两个先打火做饭，吃罢，收拾了。天色微明，只见鲁提辖大踏步走入店里来，高声叫道：“店小二，那里是金老歇处?”小二道：“金公，鲁提辖在此寻你。”金老开了房门道：“提辖官人，里面请坐。”鲁达道：“坐甚么！你去便去，等甚么！”金老引了女儿，挑了担儿，作谢提辖，便待出门。店小二拦住道：“金公，那里去?”鲁达问道：“他少你房钱?”小二道：“小人房钱，昨夜都算还了；须欠郑大官人典身钱，着落在小人身上看管他哩。”鲁提辖道：“郑屠的钱，洒家自还他，你放这老儿还乡去！”那店小二那里肯放。鲁达大怒，揸开五指，去那小二脸上只一掌，打得那店小二口中吐血；再复一拳，打落两个当门牙齿。小二爬将起来，一道烟跑向店里去躲了。店主人那里敢出来拦他。金老父女两个忙忙离了店中，出城自去寻昨日觅下的车儿去了。

且说鲁达寻思，恐怕店小二赶去拦截他，且向店里掇条凳子，坐了两个时辰。约莫金老去得远了，方才起身，迳到状元桥来。

且说郑屠开着两间门面，两副肉案，悬挂着三五片猪肉。郑屠正在门前柜身内坐定，看那十来个刀手卖肉。鲁达走到门前，叫声“郑屠！”郑屠看时，见是鲁提辖，慌忙出柜身来唱喏道：“提辖恕罪！”便叫副手掇条凳子来，“提辖请坐。”鲁达坐下道：“奉着经略相公钧旨：要十斤精肉，切做臊子，不要见半点肥的在上面。”郑屠道：“使得，——你们快选好的切十斤去。”鲁提辖道：“不要那等腌臜厮们动手，你自与我切。”郑屠道：“说得是，小人自切便了。”自去肉案上拣了十斤精肉，细细切做臊子。

那店小二把手帕包了头，正来郑屠家报说金老之事，却见鲁提辖坐在肉案门边，不敢拢来，只得远远的立住，在房檐下望。

这郑屠整整的自切了半个时辰，用荷叶包了道：“提辖，叫人送去?”鲁达道：“送甚么！且住，再要十斤都是肥的，不要见些精的在上面，也要切做臊子。”郑屠道：“却才精的，怕府里要裹馄饨，肥的臊子何用?”鲁达睁着眼道：“相公钧旨分付洒家，谁敢问他?”郑屠道：“是合用的东西，小人切便了。”又选了十斤实膘的肥肉，也细细地切做臊子，把荷叶包了。整弄了一早辰，却得饭罢时候。

那店小二那里敢过来，连那正要买肉的主顾也不敢拢来。

郑屠道：“着人与提辖拿了，送将府里去?”鲁达道：“再要十斤寸金软骨，也要细细地剁做臊子，不要见些肉在上面。”郑屠笑道：“却不是特地来消遣我?”鲁达听得，跳起身来，拿着那两包臊子在手，睁着眼，看着郑屠道：“洒家特地要消遣你!”把两包臊子劈面打将去，却似下了一阵的“肉雨”。郑屠大怒，两条忿气从脚底下直冲到顶门，心头那一把无明业火焰腾腾的按捺不住，从肉案上抢了一把剔骨尖刀，托地跳将下来。鲁提辖早拔步在当街上。

众邻居并十来个火家，那个敢向前来劝。两边过路的人都立住了脚，和那店小二也惊得呆了。

郑屠右手拿刀，左手便来要揪鲁达；被这鲁提辖就势按住左手，赶将入去，望小腹上只一脚，腾地踢倒在当街上。鲁达再入一步，踏住胸脯，提起那醋钵儿大小拳头，看着这郑屠道：“洒家始投老种经略相公，做到关西五路廉访使，也不枉了叫作‘镇关西’！你是个卖肉的操刀屠户，狗一般的人，也叫作‘镇关西’！你如何强骗了金翠莲?”扑（噗）的只一拳，正打在鼻子上，打得鲜血迸流，鼻子歪在半边，却便似开了个油酱铺，咸的、酸的、辣的一发都滚出来。郑屠挣不起来，那把尖刀也丢在一边，口里只叫：“打得好!”鲁达骂道：“直娘贼！还敢应口!”提起拳头来就眼眶际眉梢只一拳，打得眼睖缝裂，乌珠迸出，也似开了个彩帛铺，红的、黑的、绛的都绽将出来。

两边看的人惧怕鲁提辖，谁敢向前来劝。

郑屠当不过，讨饶。鲁达喝道：“咄！你是个破落户！若只和俺硬到底，洒家倒饶了你！你如今对俺讨饶，洒家偏不饶你!”又只一拳，太阳上正着，却似做了一个全堂水陆的道场，磬儿、钹儿、铙儿一齐响。鲁达看时，只见郑屠挺在地上，口里只有出的气，没了入的气，动掸（弹）不得。

鲁提辖假意道：“你这厮诈死，洒家再打!”只见面皮渐渐的变了。鲁达寻思道：“俺只指望痛打这厮一顿，不想三拳真个打死了他。洒家须吃官司，又没人送饭，不如及早撒开。”拔步便走，回头指着郑屠尸道：“你诈死，洒家和你慢慢理会!”一头骂，一头大踏步去了。

街坊邻居并郑屠的火家，谁敢向前来拦他。

鲁提辖回到下处，急急卷了些衣服盘缠，细软银两，但是旧衣粗重都弃了；提了一条齐眉短棒，奔出南门，一道烟走了。

节选自《水浒传》（七十一回本）第三回

思考与练习

1. 选文中作者是用什么方法来塑造鲁达形象的?

2. 从原文中分别找出描写鲁达语言、动作和心理活动的句子，并分析这些句子各体现了鲁达怎样的性格特点。

3.《水浒传》里有许多类似鲁达这样打抱不平的故事，你怎样评价这类故事?

现当代文学

你是人间的四月天

林徽因[1]

阅读提示

《你是人间的四月天》是民国时期诗人林徽因的经典诗作，最初发表于《学文》一卷一期（1934年4月5日）。作品将内容与形式完美地结合，将中国诗歌传统中的音乐感、绘画感与英国古典商籁体诗歌对韵律的追求完美地结合起来，是一首可以不断吟诵、可以不断生长出新意的天籁之作。

我说你是人间的四月天[2]；
笑响点亮了四面风；
轻灵在春的光艳中交舞着变。

你是四月早天里的云烟，
黄昏吹着风的软，
星子在无意中闪，
细雨点洒在花前。
那轻，那娉婷，你是，
鲜妍百花的冠冕你戴着，
你是天真，庄严，
你是夜夜的月圆。

雪化后那片鹅黄，你像；
新鲜初放芽的绿，你是；
柔嫩喜悦，
水光浮动着你梦期待中的白莲。

你是一树一树的花开，
是燕在梁间呢喃，
——你是爱，是暖，是希望，
你是人间的四月天！

注释

[1] 林徽因（1904—1955），汉族，福建闽侯人，出生于浙江杭州。原名林徽音，其名出自《诗·大雅·思齐》：“大姒嗣徽音，则百斯男。”后因常被人误认为当时一男作家“林微音”，故改名“徽因”。

中国著名女建筑师、诗人和作家，人民英雄纪念碑和中华人民共和国国徽深化方案的设计者之一、建筑师梁思成的第一任妻子。20世纪30年代初，同梁思成一起用现代科学方法研究中国古代建筑，成为这个学术领域的开拓者，后来在这方面获得了巨大的学术成就，为中国古代建筑研究奠定了坚实的科学基础。文学上，著有散文、诗歌、小说、剧本、译文和书信等，代表作《你是人间的四月天》《莲灯》《九十九度中》等。其中，《你是人间的四月天》最为大众熟知，广为传诵。

[2] 人间的四月天有四种意思：

①形容好时节：四月，春意正浓，万物刚刚复苏，一切都是崭新、充满希望的样子，生机勃勃，所以人间四月天最是好时节。

②形容好情愫：如果在情窦初开的时候要我形容自己心仪的他，我一定会说他是人间的四月天——温和，就像初春的朝阳，耀眼得刚刚好。

③形容好念想：如果用人间的四月天来形容一个事件，那么这个事件一定是充满光明与希望的，有着良好的发展趋势。

④形容好心境：如果有人用人间的四月天来形容自己当前的心境，那么他一定正如沐春风，人生正得意，有方向有希望。

思考与练习

1. 分析这首诗的抒情特点。
2. 这首诗抒发了诗人怎样的思想感情，试简要加以说明。

雨　巷

戴望舒[1]

阅读提示

《雨巷》写于1927年夏天，血腥的“四一二”大屠杀之后，诗人时年22岁。曾因投身革命而被捕的诗人，面对笼罩全国的白色恐怖，在痛苦中陷于彷徨、迷惘。他隐居在江苏松江（今上海市松江区）朋友家，孤独中嚼味着“在这个时代做中国人的苦恼”，“夜坐听风，昼眠听雨”，在阴霾中盼望飘起绚丽的彩虹。可生活贫乏，整天“窗头明月枕边书”，诗人只能在“旧时的脚印”“青春的彩衣”和星光下的盘桓中寻求慰藉。个性的轻柔、忧郁和时代的重压，使《雨巷》成为现实黑暗和理想幻灭在诗人心中的投影，贮满了彷徨失望和感伤痛苦的情绪。

《雨巷》是戴望舒的成名作，作者通过对狭窄阴沉的雨巷，在雨巷中徘徊的独行者，以及那个像丁香一样结着愁怨的姑娘的描写，含蓄地暗示出作者既迷惘感伤又有期待的情怀，并给人一种朦胧而又幽深的美感。也有人把这些意象解读为反映当时黑暗的社会的缩影，或者是在革命中失败的人和朦胧的、时有时无的希望。

撑着油纸伞，独自
彷徨在悠长，悠长
又寂寥的雨巷，
我希望逢着
一个丁香一样的
结着愁怨的姑娘。
她是有
丁香一样的颜色，
丁香一样的芬芳，
丁香一样的忧愁，
在雨中哀怨，
哀怨又彷徨；
她彷徨在这寂寥的雨巷，
撑着油纸伞
像我一样，
像我一样地
默默彳亍[2]着，
冷漠，凄清，又惆怅。
她静默地走近
走近，又投出
太息一般的眼光，
她飘过
像梦一般的，
像梦一般的凄婉迷茫。
像梦中飘过
一枝丁香的，
我身旁飘过这女郎；
她静默地远了，远了，
到了颓圮[3]的篱墙，
走尽这雨巷。
在雨的哀曲里，
消了她的颜色，
散了她的芬芳
消散了，甚至她的
太息般的眼光，
丁香般的惆怅[4]。
撑着油纸伞，独自
彷徨在悠长，悠长
又寂寥的雨巷，

我希望飘过
一个丁香一样的
结着愁怨的姑娘。

注释

[1] 戴望舒（1905—1950），男，名承，字朝安，小名海山。浙江杭县（今杭州）人。后曾用笔名梦鸥、梦鸥生、信芳、江思等。诗人，翻译家。

他先后在鸳鸯蝴蝶派的刊物上发表过三篇小说：《债》《卖艺童子》《母爱》，曾经和杜衡、张天翼、施蛰存等人成立了一个名为“兰社”的文学小团体，创办了《兰友》旬刊。

[2] 彳（chì）亍（chù）：慢步走，走走停停。

[3] 颓（tuí）圮（pǐ）：坍塌，衰败。

[4] 惆（chóu）怅（chàng）：伤感，失意。

思考与练习

谈谈这首诗的抒情意境和抒情方法。

桨声灯影里的秦淮河[1]

朱自清

阅读提示

朱自清（1898—1948），原名自华，号秋实，字佩弦，江苏扬州人，原籍浙江绍兴。现代著名文学家、学者。大学时代开始新诗创作。1920年毕业于北京大学哲学系。1921年参加文学研究会。1925年任清华大学国文教授，并从事散文创作和文学研究。1931年赴英国伦敦学习英国文学，次年回国。曾任清华大学、昆明西南联合大学等校教授。抗日战争结束后，积极支持反对蒋介石独裁统治的学生运动。1948年8月在《抗议美国扶日政策并拒绝领取美援面粉宣言》上签字，8月12日病逝于北京。

朱自清不满现实的黑暗，追求光明的未来。在追求中，也曾感到过苦闷迷惘，甚至流露出伤感和哀愁。但他始终严肃地直面人生，是一位坚强的革命民主主义战士。

朱自清的散文大多讲述自身的经历，描绘美丽的河山，抒发个人的情思。结构严谨缜密，笔触委婉细致，具有诗画的情韵，形成了他独具的清新秀丽的艺术风格。有散文集《背影》《欧游杂记》，诗文集《踪迹》，文艺论著《诗言志辨》《论雅俗共赏》等。

一九二三年八月的一晚，我和平伯[2]同游秦淮河；平伯是初泛，我是重来了。我们雇了一只“七板子”，在夕阳已去，皎月方来的时候，便下了船。于是桨声汩——汩，我们开始领略那晃荡着蔷薇色的历史的秦淮河的滋味了。

秦淮河里的船，比北京万生园[3]、颐和园的船好，比西湖的船好，比扬州瘦西湖的船也好。这几处的船不是觉着笨，就是觉着简陋、局促；都不能引起乘客们的情韵，如秦淮河的船一样。秦淮河的船约略可分为两种：一是大船；一是小船，就是所谓“七板子”。大船舱口阔大，可容二三十人。里面陈设着字画和光洁的红木家具，桌上一律嵌着冰凉的大理石面。窗格雕镂颇细，使人起柔腻之感。窗格里映着红色蓝色的玻璃；玻璃上有精致的花纹，也颇悦人目。“七板子”规模虽不及大船，但那淡蓝色的栏杆，空敞的舱，也足系人情思。而最出色处却在它的舱前。舱前是甲板上的一部，上面有弧形的顶，两边用疏疏的栏杆支着。里面通常放着两张藤的躺椅。躺下，可以谈天，可以望远，可以顾盼两岸的河房。大船上也有这个，但在小船上更觉清隽罢了。舱前的顶下，一律悬着灯彩；灯的多少，明暗，彩苏的精粗，艳晦，是不一的，但好歹总还你一个灯彩。这灯彩实在是最能钩人的东西。夜幕垂垂地下来时，大小船上都点起灯火。从两重玻璃里映出那辐射着的黄黄的散光，反晕出一片朦胧的烟霭；透过这烟霭，在黯黯的水波里，又逗起缕缕的明漪。在这薄霭和明漪里，听着那悠然的间歇的桨声，谁能不被引入他的美梦去呢？只愁梦太多了，这些大小船儿如何载得起呀？我们这时模模糊糊的谈着明末的秦淮河的艳迹，如《桃花扇》及《板桥杂记》[4] 里所载的。我们真神往了。我们仿佛亲见那时华灯映水，画舫凌波的光景了。于是我们的船便成了历史的重载了。我们终于恍然秦淮河的船所以雅丽过于他处，而又有奇异的吸引力的，实在是许多历史的影象使然了。

秦淮河的水是碧阴阴的；看起来厚而不腻，或者是六朝金粉[5] 所凝么？我们初上船的时候，天色还未断黑，那漾漾的柔波是这样恬静、委婉，使我们一面有水阔天空之想，一面又憧憬着纸醉金迷之境了。等到灯火明时，阴阴的变为沈沈（沉沉）了：黯淡的水光，象梦一般；那偶然闪烁着的光芒，就是梦的眼睛了。我们坐在舱前，因了那隆起的顶棚，仿佛总是昂着首向前走着似的；于是飘飘然如御风而行的我们，看着那些自在的湾泊着的船，船里走马灯般的人物，便象是下界一般，迢迢的远了，又象在雾里看花，尽朦朦胧胧的。这时我们已过了利涉桥，望见东关头了。沿路听见断续的歌声：有从沿河的妓楼里飘来的，有从河上船里度来的。我们明知那些歌声，只是些因袭的言词，从生涩的歌喉里机械的发出来的；但它们经了夏夜的微风的吹漾和水波的摇拂，袅娜着到我们耳边的时候，已经不单是她们的歌声，而混着微风和河水的密语了。于是我们不得不被牵惹着，震撼着，相与浮沉于这歌声里了。从东关头转湾，不久就到大中桥。大中桥共有三个桥拱，都很阔大，俨然是三座门儿；使我们觉得我们的船和船里的我们，在桥下过去时，真是太无颜色了。桥砖是深褐色，表明它的历史的长久，但都完好无缺，令人太息于古昔工程的坚美。桥上两旁都是木壁的房子，中间应该有街路？这些房子都破旧了，多年烟熏的迹，遮没了当年的美丽。我想象秦淮河的极盛时，在这样宏阔的桥上，特地盖了房子，必然是髹漆得富富丽丽的；晚间必然是灯火通明的，现在却只剩下一片黑沈沈（沉沉）！但是桥上造着房子，毕竟使我们多少可以想见往日的繁华；这也慰情聊胜无了。过了大中桥，便到了灯月交辉，笙歌彻夜的秦淮河，这才是秦淮河的真面目哩。

大中桥外，顿然空阔，和桥内两岸排着密密的人家的景象大异了。一眼望去，疏疏纵横着的画舫，悠扬着的笛韵，夹着那吱吱的胡琴声，终于使我们认识绿如茵陈酒[6] 的秦淮水了。此地天裸露着的多些，故觉夜来得独迟些，从清清的水影里，我们感到的只是薄薄的夜——这正是秦淮河的夜。大中桥外，本来还有一座复成桥，是船夫口中的我们的游迹尽处，或也是秦淮河繁华的尽处了。我的脚曾踏过复成桥的脊，在十三四岁的时候。但是两次游秦淮河，却都不曾见着复成桥的面；明知总在前面的，却常觉得有些虚无缥缈似的。我想，不见倒也好。这时正是盛夏。我们下船后，藉着新生的晚凉和河上的微风，暑气已渐渐消散；到了此地，豁然开朗，身子顿然轻了——习习的清风荏苒在面上，手上，衣上，这便又感到了一缕新凉了。南京的日光，大概没有杭州猛烈；西湖的夏夜老是热蓬蓬的，水象沸着一般，秦淮河的水却尽是这样冷冷地绿着。任你人影的憧憧，歌声的扰扰，总象隔着一层薄薄的绿纱面幂似的；它尽是这样静静的，冷冷的绿着。我们出了大中桥，走不上半里路，船夫便将船划到一旁，停了桨由它宕着。他以为那里正是繁荣的极点，再过去就是荒凉了；所以让我们多多赏鉴一会儿。他自己却静静的蹲着。他是看惯这光景的了，大约只是一个无可无不可。这无可无不可，无论是升的沈（沉）的，总之，都比我们高了。

那时河里热闹极了；船大半泊着，小半在水上穿梭似的来往。停泊着的都在近市的那一边，我们的船自然也夹在其中。因为这边略略的挤，便觉得那边十分的疏了。在每一只船从那边过去时，我们能画出它的轻轻的影和曲曲的波，在我们的心上；这显着是空，且显着是静了。那时处处都是歌声和凄厉的胡琴声，圆润的喉咙，确乎是很少的。但那生涩的，尖脆的调子能使人有少年的，粗率不拘的感觉，也正可快我们的意。况且多少隔开些儿听着，因为想象与渴慕的做美，总觉更有滋味；而竞发的喧嚣，抑扬的不齐，远近的杂沓，和乐器的嘈嘈切切，合成另一意味的谐音，也使我们无所适从，如随着大风而走。这实在因为我们的心枯涩久了，变为脆弱；故偶然润泽一下，便疯狂似的不能自主了。但秦淮河确也腻人。即如船里的人面，无论是和我们一堆儿泊着的，无论是从我们眼前过去的，总是模模糊糊的，甚至渺渺茫茫的；任你张圆了眼睛，揩净了眦垢，也是枉然。这真够人想呢。在我们停泊的地方，灯光原是纷然的；不过这些灯光都是黄而有晕的。黄已经不能明了，再加上了晕，便更不成了。灯愈多，晕就愈甚；在繁星般的黄的交错里，秦淮河仿佛笼上了一团光雾。光芒与雾气腾腾的晕着，什么都只剩了轮廓了，所以人面的详细的曲线，便消失于我们的眼底了。但灯光究竟夺不了那边的月色；灯光是浑的，月色是清的。在浑沌的灯光里，渗入一派清辉，却真是奇迹!那晚月儿已瘦削了两三分。她晚妆才罢，盈盈的上了柳梢头。天是蓝得可爱，仿佛一汪水似的；月儿便更出落得精神了。岸上原有三株两株的垂杨树，淡淡的影子，在水里摇曳着。它们那柔细的枝条浴着月光，就象一支支美人的臂膊，交互的缠着，挽着，又象是月儿披着的发。而月儿偶然也从它们的交叉处偷偷窥看我们，大有小姑娘怕羞的样子。岸上另有几株不知名的老树，光光的立着，在月光里照起来，却又俨然是精神矍铄的老人。远处——快到天际线了，才有一两片白云，亮得现出异彩，象美丽的贝壳一般。白云下便是黑黑的一带轮廓，是一条随意画的不规则的曲线。这一段光景，和河中的风味大异了。但灯与月竟能并存着，交融着，使月成了缠绵的月，灯射着渺渺的灵辉；这正是天之所以厚秦淮河，也正是天之所以厚我们了。

这时却遇着了难解的纠纷。秦淮河上原有一种歌妓，是以歌为业的。从前都在茶舫上，唱些大曲之类。每日午后一时起，什么时候止，却忘记了。晚上照样也有一回，也在黄晕的灯光里。我从前过南京时，曾随着朋友去听过两次。因为茶舫里的人脸太多了，觉得不大适意，终于听不出所以然。前年听说歌妓被取缔了，不知怎的，颇涉想[7]了几次——却想不出什么。这次到南京，先到茶舫上去看看，觉得颇是寂寥，令我无端的怅怅了。不料她们却仍在秦淮河里挣扎着，不料她们竟会纠缠到我们，我于是很张皇了。她们也乘着“七板子”，她们总是坐在舱前的。舱前点着石油汽灯，光亮眩人眼目：坐在下面的，自然是纤毫毕见了——引诱客人们的力量，也便在此了。舱里躲着乐工等人，映着汽灯的余辉蠕动着；他们是永远不被注意的。每船的歌妓大约都是二人；天色一黑，她们的船就在大中桥外往来不息的兜生意。无论行着的船，泊着的船，都是要来兜揽的。这都是我后来推想出来的。那晚不知怎样，忽然轮着我们的船了。我们的船好好的停着，一只歌舫划向我们来了；渐渐和我们的船并着了。烁烁的灯光逼得我们皱起了眉头；我们的风尘色全给它托出来了，这使我踧踖[8]不安了。那时一个伙计跨过船来，拿着摊开的歌折，就近塞向我的手里，说，“点几出吧!”他跨过来的时候，我们船上似乎有许多眼光跟着。同时相近的别的船上也似乎有许多眼睛炯炯的向我们船上看着。我真窘了!我也装出大方的样子，向歌妓们瞥了一眼，但究竟是不成的!我勉强将那歌折翻了一翻，却不曾看清了几个字，便赶紧递还那伙计，一面不好意思地说，“不要。我们……不要。”他便塞给平伯。平伯掉转头去，摇手说，“不要!”那人还腻着不走。平伯又回过脸来，摇着头道，“不要!”于是那人重到我处。我窘着再拒绝了他。他这才有所不屑似的走了。我的心立刻放下，如释了重负一般。我们就开始自白了。

我说我受了道德律的压迫，拒绝了她们；心里似乎很抱歉的。这所谓抱歉，一面对于她们，一面对于我自己。她们于我们虽然没有很奢的希望；但总有些希望的。我们拒绝了她们，无论理由如何充足，却使她们的希望受了伤，这总有几分不做美了。这是我觉得很怅怅的。至于我自己，更有一种不足之感。我这时被四面的歌声诱惑了，降服了；但是远远的，远远的歌声总仿佛隔着重衣搔痒似的，越搔越搔不着痒处。我于是憧憬着贴耳的妙音了。在歌舫划来时，我的憧憬，变为盼望；我固执的盼望着，有如饥渴。虽然从浅薄的经验里，也能够推知，那贴耳的歌声，将剥去了一切的美妙；但一个平常的人象我的，谁愿凭了理性之力去丑化未来呢? 我宁愿自己骗着了。不过我的社会感性是很敏锐的；我的思力能拆穿道德律的西洋镜，而我的感情却终于被它压服着。我于是有所顾忌了，尤其是在众目昭彰的时候。道德律的力，本来是民众赋予的；在民众的面前，自然更显出它的威严了。我这时一面盼望，一面却感到了两重的禁制：一，在通俗的意义上，接近妓者总算一种不正当的行为：二，妓是一种不健全的职业，我们对于她们，应有哀矜勿喜之心，不应赏玩的去听她们的歌。在众目睽睽之下，这两种思想在我心里最为旺盛。她们暂时压倒了我的听歌的盼望，这便成就了我的灰色[9]的拒绝。那时的心实在异常状态中，觉得颇是昏乱。歌舫去了，暂时宁静之后，我的思绪又如潮涌了。两个相反的意思在我心头往复：卖歌和卖淫不同，听歌和狎妓不同，又干道德甚事? ——但是，但是，她们既被逼的以歌为业，她们的歌必无艺术味的；况她们的身世，我们究竟该同情的。所以拒绝倒也是正办。但这些意思终于不曾撇开我的听歌的盼望。它力量异常坚强；它总想将别的思绪踏在脚下。从这重重的争斗里，我感到了浓厚的不足之感。这不足之感使我的心盘旋不安，起坐都不安宁了。唉!我承认我是一个自私的人!平伯呢，却与我不同。他引周启明[10]先生的诗，“因为我有妻子，所以我爱一切的女人；因为我有子女，所以我爱一切的孩子。”他的意思可以见了。他因为推及的同情，爱着那些歌妓，并且尊重着她们，所以拒绝了她们。在这种情形下，他自然以为听歌是对于她们的一种侮辱。但他也是想听歌的，虽然不和我一样。所以在他的心中，当然也有一番小小的争斗；争斗的结果，是同情胜了，至于道德律，在他是没有什么的；因为他很有蔑视一切的倾向，民众的力量在他是不大觉着的。这时他的心意的活动比较简单，又比较松弱，故事后还怡然自若；我却不能了。这里平伯又比我高了。

在我们谈话中间，又来了两只歌舫。伙计照前一样的请我们点戏，我们照前一样的拒绝了。我受了三次窘，心里的不安更甚了。清艳的夜景也为之减色。船夫大约因为要赶第二趟生意，催着我们回去；我们无可无不可的答应了。我们渐渐和那些晕黄的灯光远了，只有些月色冷清清的随着我们的归舟。我们的船竟没个伴儿，秦淮河的夜正长哩!到大中桥近处，才遇着一只来船。这是一只载妓的板船，黑漆漆的没有一点光。船头上坐着一个妓女；暗里看出，白地小花的衫子，黑的下衣。她手里拉着胡琴，口里唱着青衫的调子。她唱得响亮而圆转；当她的船箭一般驶过去时，余音还袅袅的在我们耳际，使我们倾听而向往。想不到在弩末[11]的游踪里，还能领略到这样的清歌!这时船过大中桥了，森森的水影，如黑暗张着巨口，要将我们的船吞了下去。我们回顾那渺渺的黄光，不胜依恋之情；我们感到了寂寞了!这一段地方夜色甚浓，又有两头的灯火招邀着；桥外的灯火不用说了，过了桥另有东关头疏疏的灯火。我们忽然仰头看见依人的素月，不觉深悔归来之早了!走过东关头，有一两只大船湾泊着，又有几只船向我们来着。嚣嚣的一阵歌声人语，仿佛笑我们无伴的孤舟哩。东关头转湾，河上的夜色更浓了；临水的妓楼上，时时从帘缝里射出一线一线的灯光；仿佛黑暗从酣睡里眨了一眨眼。我们默然的对着，静听那汩——汩的桨声，几乎要入睡了；朦胧里却温寻着适才的繁华的余味。我那不安的心在静里愈显活跃了!这时我们都有了不足之感，而我的更其浓厚。我们却又不愿回去，于是只能由懊悔而怅惘了。船里便满载着怅惘了。直到利涉桥下，微微嘈杂的人声，才使我豁然一惊；那光景却又不同。右岸的河房里，都大开了窗户，里面亮着晃晃的电灯，电灯的光射到水上，蜿蜒曲折，闪闪不息，正如跳舞着的仙女的臂膊。我们的船已在她的臂膊里了；如睡在摇篮里一样，倦了的我们便又入梦了。那电灯下的人物，只觉象蚂蚁一般，更不去萦念。这是最后的梦；可惜是最短的梦!黑暗重复落在我们面前，我们看见傍岸的空船上一星两星的，枯燥无力又摇摇不定的灯光。我们的梦醒了，我们知道就要上岸了；我们心里充满了幻灭的情思。

一九二三年十月十一日作于温州

注释

［1］1923年8月，作者与好友俞平伯到南京度假，曾同游秦淮河。当月22日，俞平伯在北京追忆了当时情景，写成《桨声灯影里的秦淮河》。10月，作者在温州也以同一题目写下了自己的所见所感。本文最初发表于1924年1月《东方杂志》第21卷第2号，后收入作者的诗文集《踪迹》。

［2］平伯：即俞平伯，现代作家、诗人，著名红学家。

［3］万生园：或称万牲园，今北京动物园所在地。

［4］《桃花扇》：传奇剧本，清孔尚任作。以明末才子侯方域和秦淮名妓李香君的爱情故事为线索，反映了南明弘光王朝的政治动乱。《板桥杂记》：笔记，清余怀作。所记都是南京旧日游乐琐事，反映了一些当时的社会生活面貌。

［5］六朝：三国吴，东晋，南朝宋、齐、梁、陈，都以建康（今江苏南京）为首都，合称“六朝”。金粉：脂粉。

［6］茵陈酒：以茵陈蒿（亦称“茵陈”）制作的酒。

［7］涉想：念及，想到。

［8］踧（cù）踖（jí）：局促不安的样子。

［9］灰色：这里有态度暧昧的意思。

［10］周启明：即周作人。这里所引的诗原为：“我为了自己的儿女才爱小孩子，为了自己的妻才爱女人。”

［11］弩（nǔ）末：成语“强弩之末”的缩用。强弩射出的箭，到了最后力量也弱了。

比喻很强的力量已经衰微。在这里有兴致衰竭，游程将尽的意思。弩：一种利用机械力量发箭的弓。

思考与练习

1. 从作者所描写的月光、水色、灯影中，你能体察到他内在的情感细流吗？
2. 本文体现了作者怎样的生活态度？
3. 本文的状物写景有什么特点？

家书一封[1]

傅　雷

阅读提示

傅雷（1908—1966），我国现代著名的文艺翻译家、外国文学研究家，字怒安，号怒庵。笔名傅汝霖、移山、疾风、风、雷等。13岁入上海徐汇公学初中，开始攻读法文。17岁就读于大同大学附中期间，曾参加“五卅”运动。其时，发表习作短篇小说《梦中》。19岁，自费赴法留学，进巴黎大学文科学习，同时到卢浮美术史学校听课。21岁，到瑞士游历，翻译《圣扬乔而夫的传说》，这是他最早发表的译作。23岁时应罗马意大利皇家地理学会之邀，赴意大利演讲。是年离法回国，受聘于上海美专，讲授美术史及法文。26岁，与叶常青合办《时事汇报》周刊，任总编辑。37岁，与周煦良合编《新语》半月刊，为柯灵主编的《周报》积极提供材料。41岁，赴香港，同年由香港回到天津，应邀为第一次全国文化大会代表。中华人民共和国成立后，于1954年被吸收为中国作家协会会员，历任上海政协委员、中国作家协会上海理事及书记处书记等职。于1966年9月3日受迫害含冤辞世。

从1929年起，傅雷就开始致力于法国文学的翻译介绍工作。他一生所译世界名著达30余部，其中巴尔扎克长篇小说14部，由于他对巴尔扎克深有研究，曾被法国巴尔扎克研究协会吸收为会员。

亲爱的孩子，八月二十日报告的喜讯使我们心中说不出的欢喜和兴奋。你在人生的旅途中踏上一个新的阶段，开始负起新的责任来，我们要祝贺你，祝福你，鼓励你。希望你拿出像对待音乐艺术一样的毅力、信心、虔诚，来学习人生艺术中最高深的一课。但愿你将来在这一门艺术中得到像你在音乐艺术中一样的成功!发生什么疑难或苦闷，随时向一二个正直而有经验的中老年人讨教，（你在伦敦已有一年八个月，也该有这样的老成的朋友吧?）深思熟虑，然后决定，切勿单凭一时冲动。只要你能做到这几点，我们也就放心了。

对终身伴侣的要求，正如对人生一切的要求一样不能太苛。事情总有正反两面：追得你太迫切了，你觉得负担重；追得不紧了，又觉得不够热烈。温柔的人有时会显得懦弱，刚强了又近乎专制。幻想多了未免不切实际，能干的管家太太又觉得俗气。只有长处没有短处的人在哪儿呢？世界上究竟有没有十全十美的人或事物呢？抚躬自问，自己又完美到什么程度呢？这一类的问题想必你考虑过不止一次。我觉得最主要的还是本质的善良，天性的温厚，开阔的胸襟。有了这三样，其他都可以逐渐培养；而且有了这三样，将来即使遇到大大小小的风波也不致变成悲剧。做艺术家的妻子比做任何人的妻子都难。你要不预先明白这一点，即使你知道“责人太严，责己太宽”，也不容易学会明哲、体贴、容忍。只要能代你解决生活琐事，同时对你的事业感兴趣就行，对学问的钻研等等暂时不必期望过奢，还得看你们婚后的生活如何。眼前双方先学习相互的尊重、谅解、宽容。

对方把你作为她整个的世界固然很危险，但也很宝贵!你既已发觉，一定会慢慢点醒她；最好旁敲侧击而勿正面提出，还要使她感到那是为了维护她的人格独立，扩大她的世界观。倘若你已经想到奥里维的故事，不妨就把那部书叫她细读一二篇，特别要她注意那一段插曲。像雅葛丽纳那样只知道love，love，love!（爱，爱，爱!）的人只是童话中人物，在现实世界中非但得不到love，连日子都会过不下去，因为她除了love一无所知，一无所有，一无所爱。这样狭窄的天地哪像一个天地!这样片面的人生观哪会得到幸福!无论男女，只有把兴趣集中在事业上，学问上，艺术上，尽量抛开渺小的自我（ego），才有快活的可能，才觉得活得有意义。未经世事的少女往往会存一个荒诞的梦想，以为恋爱时期的感情的高潮也能在婚后维持下去。这是违反自然规律的妄想。古语说，“君子之交淡如水”；又有一句话说，“夫妇相敬如宾”。可见只有平静、含蓄、温和的感情方能持久；另外一句的意义是说，夫妇到后来完全是一种知己朋友的关系，也即是我们所谓的终身伴侣。未婚之前双方能深切领会到这一点，就为将来打定了最可靠的基础，免除了多少不必要的误会与痛苦。

你是以艺术为生命的人，也是把真理、正义、人格等等看作高于一切的人，也是以工作为乐生的人，我用不着唠叨，想你早已把这些信念表白过，而且竭力灌输给对方的了。我只想提醒你几点：第一，世界上最有力的论证莫如实际行动，最有效的教育莫如以身作则；自己做不到的事千万勿要求别人；自己也要犯的毛病先批评自己，先改自己的。第二，永远不要忘了我教育你的时候犯的许多过严的毛病。我过去的错误要是能使你避免同样的错误，我的罪过也可以减轻几分；你受过的痛苦不再施之于他人，你也不算白白吃苦。总的来说，尽管指点别人，可不要给人“好为人师”的感觉。奥诺丽纳（你还记得巴尔扎克那个中篇吗?）的不幸一大半是咎由自取，一小部分也因为丈夫教育她的态度伤了她的自尊心。凡是童年不快乐的人都特别脆弱（也有训练得格外坚强的，但只是少数），特别敏感，你回想一下自己，就会知道对付你的恋人要如何delicate（温柔），如何discreet（谨慎）了。

我相信你对爱情问题看得比以前更郑重更严肃了。就在这考验时期，希望你更加用严肃态度对待一切，尤其要对婚后的责任先培养一种忠诚、庄严、虔敬的心情!

注释

[1] 本文选自《傅雷家书》，三联书店1981年8月第1版，文章标题系编者所加。

思考与练习

1. 这封书信中，贯穿着作者怎样的思想感情?
2. 读了这封信，你对爱情这一人生最重要的课题有了哪些理解?
3. 联系本文，深入体会书信体在表情达意方面有何特点?结合实际，谈谈你的认识。

示　众[1]

鲁　迅

阅读提示

钱理群先生曾赞《示众》是鲁迅“代表20世纪中国短篇小说艺术最高水平”的两篇小说中的一篇。在鲁迅诸多批判“看客”文化的作品中，《示众》是最为深刻也是最为纯粹的小说之一。

整篇文章围绕着年龄、体态不同却又分享“看客”这样一个相同特征的人们进行细致的描写，充分揭露了看客文化的本质及其危害性。

在故事一开始，巡警押着一个人站在马路旁。在整篇文章中巡警只是在那里站着，没有其他的动作，而这样做是为了对被押的人，也就是白背心，进行“示众”的刑罚。

而前来围观的人虽然同为被压迫者，却在不自觉中成了统治阶级施暴的工具，这一点从他们纷纭而至前来围观的事实就可以看出来。当这种看客行为成为广泛的常态，违反常态而去追根究底的人就会受到人们的鄙夷，比如文章中的工人，并被施以同样的惩罚。

而其他人其实都是“不明真相的围观群众”，他们并不知道白背心犯了什么罪，这样看只是为了打发无聊。就像抱着孩子的老妈子说的那样“阿，阿，看呀！多么好看哪！……”

这种无意义的围观行为和扭曲的审美，反映了当时人们内心的空虚，从广义上来讲就是鲁迅所说的中国人的“劣根性”。

为了把看客行为体现得淋漓尽致，鲁迅放弃了许多小说中不可或缺的一个部分，即个体人物形象。在《示众》里，众多人物虽然外表有区别，但内心其实根本没有任何不同。与其说是不同的人物，不如说是同一个人物性格在不同外表上的体现。

而这种人物性格即是鲁迅所要展现的看客文化。为了凸显出这种文化，那些可能起到干扰作用的人物性格都被抹去。当背景消失之后，本文要体现的主体也就显得格外刺眼。与此同时，这种毫无思想内涵而是只剩下看客符号的人物形象也更进一步展现了当时中国人思想的空洞。

对于抹去人物性格带来的缺陷，鲁迅用细致入微的描写加以弥补。整篇文章中几乎没有人有什么大的动作，而且很少有人说话，沉默持续地笼罩，营造一种压抑的气氛。在这压抑的气氛之下，细微的动作则是涌动着的暗流。就像鲁迅其他许多作品一样，《示众》的主要价值不在于其审美意义而在于社会意义。通过把社会行为荒谬的本质清晰地展现出来，唤醒沉睡的中国人，而《示众》正是对这种目的恰到好处的体现。

首善之区[2]的西城的一条马路上，这时候什么扰攘也没有。火焰焰的太阳虽然还未直照，但路上的沙土仿佛已是闪烁地生光；酷热满和在空气里面，到处发挥着盛夏的威力。许多狗都拖出舌头来，连树上的乌老鸦也张着嘴喘气，——但是，自然也有例外的。远处隐隐有两个铜盏[3]相击的声音，使人忆起酸梅汤，依稀感到凉意，可是那懒懒的单调的金属音的间作，却使那寂静更其深远了。

只有脚步声，车夫默默地前奔，似乎想赶紧逃出头上的烈日。

“热的包子咧！刚出屉的……”

十一二岁的胖孩子，细着眼睛，歪了嘴在路旁的店门前叫喊。声音已经嘶嗄了，还带些睡意，如给夏天的长日催眠。

他旁边的破旧桌子上，就有二三十个馒头包子，毫无热气，冷冷地坐着。

“荷阿！馒头包子咧，热的……”

像用力掷在墙上而反拨过来的皮球一般，他忽然飞在马路的那边了。在电杆旁，和他对面，正向着马路，其时也站定了两个人：一个是淡黄制服的挂刀的面黄肌瘦的巡警，手里牵着绳头，绳的那头就拴在别一个穿蓝布大衫上罩白背心的男人的臂膊上。这男人戴一顶新草帽，帽檐四面下垂，遮住了眼睛的一带。但胖孩子身体矮，仰起脸来看时，却正撞见这人的眼睛了。那眼睛也似乎正在看他的脑壳。他连忙顺下眼，去看白背心，只见背心上一行一行地写着些大大小小的什么字。

刹时间，也就围满了大半圈的看客。待到增加了秃头的老头子之后，空缺已经不多，而立刻又被一个赤膊的红鼻子胖大汉补满了。这胖子过于横阔，占了两人的地位，所以续到的便只能屈在第二层，从前面的两个脖子之间伸进脑袋去。

秃头站在白背心的略略正对面，弯了腰，去研究背心上的文字，终于读起来：

“嗡，都，哼，八，而，……”

胖孩子却看见那白背心正研究着这发亮的秃头，他也便跟着去研究，就只见满头光油油的，耳朵左近还有一片灰白色的头发，此外也不见得有怎样新奇。但是后面的一个抱着孩子的老妈子却想乘机挤进来了；秃头怕失了位置，连忙站直，文字虽然还未读完，然而无可奈何，只得另看白背心的脸：草帽檐下半个鼻子，一张嘴，尖下巴。

又像用了力掷在墙上而反拨过来的皮球一般，一个小学生飞奔上来，一手按住了自己头上的雪白的小布帽，向人丛中直钻进去。但他钻到第三——也许是第四——层，竟遇见一件不可动摇的伟大的东西了，抬头看时，蓝裤腰上面有一座赤条条的很阔的背脊，背脊上还有汗正在流下来。他知道无可措手，只得顺着裤腰右行，幸而在尽头发见了一条空处，透着光明。他刚刚低头要钻的时候，只听得一声“什么”，那裤腰以下的屁股向右一歪，空处立刻闭塞，光明也同时不见了。

但不多久，小学生却从巡警的刀旁边钻出来了。他诧异地四顾：外面围着一圈人，上首是穿白背心的，那对面是一个赤膊的胖小孩，胖小孩后面是一个赤膊的红鼻子胖大汉。他这时隐约悟出先前的伟大的障碍物的本体了，便惊奇而且佩服似的只望着红鼻子。胖小孩本是注视着小学生的脸的，于是也不禁依了他的眼光，回转头去了，在那里是一个很胖的奶子，奶头四近有几枝很长的毫毛。

“他，犯了什么事啦？……”

大家都愕然看时，是一个工人似的粗人，正在低声下气地请教那秃头老头子。

秃头不作声，单是睁起了眼睛看定他。他被看得顺下眼光去，过一会再看时，秃头还是睁起了眼睛看定他，而且别的人也似乎都睁了眼睛看定他。他于是仿佛自己就犯了罪似的局促起来，终至于慢慢退后，溜出去了。一个挟洋伞的长子就来补了缺；秃头也旋转脸去再看白背心。

长子弯了腰，要从垂下的草帽檐下去赏识白背心的脸，但不知道为什么忽又站直了。于是他背后的人们又须竭力伸长了脖子；有一个瘦子竟至于连嘴都张得很大，像一条死鲈鱼。

巡警，突然间，将脚一提，大家又愕然，赶紧都看他的脚；然而他又放稳了，于是又看白背心。长子忽又弯了腰，还要从垂下的草帽檐下去窥测，但即刻也就立直，擎起一只手来拼命搔头皮。

秃头不高兴了，因为他先觉得背后有些不太平，接着耳朵边就有唧咕唧咕的声响。他双眉一锁，回头看时，紧挨他右边，有一只黑手拿着半个大馒头正在塞进一个猫脸的人的嘴里去。他也就不说什么，自去看白背心的新草帽了。

忽然，就有暴雷似的一击，连横阔的胖大汉也不免向前一跄踉。同时，从他肩膊上伸出一只胖得不相上下的臂膊来，展开五指，拍的一声正打在胖孩子的脸颊上。

“好快活！你妈的……”同时，胖大汉后面就有一个弥勒佛[4]似的更圆的胖脸这么说。

胖孩子也跄踉了四五步，但是没有倒，一手按着脸颊，旋转身，就想从胖大汉的腿旁的空隙间钻出去。胖大汉赶忙站稳，并且将屁股一歪，塞住了空隙，恨恨地问道：

“什么?”

胖孩子就像小鼠子落在捕机里似的，仓皇了一会，忽然向小学生那一面奔去，推开他，冲出去了。小学生也返身跟出去了。

“吓，这孩子……”总有五六个人都这样说。

待到重归平静，胖大汉再看白背心的脸的时候，却见白背心正在仰面看他的胸脯；他慌忙低头也看自己的胸脯时，只见两乳之间的洼下的坑里有一片汗，他于是用手掌拂去了这些汗。

然而形势似乎总不甚太平了。抱着小孩的老妈子因为在骚扰时四顾，没有留意，头上梳着的喜鹊尾巴似的“苏州俏”[5]便碰了站在旁边的车夫的鼻梁。车夫一推，却正推在孩子上；孩子就扭转身去，向着圈外，嚷着要回去了。老妈子先也略略一跄踉，但便即站定，旋转孩子来使他正对白背心，一手指点着，说道：

“阿，阿，看呀！多么好看哪！……”

空隙间忽而探进一个戴硬草帽的学生模样的头来，将一粒瓜子之类似的东西放在嘴里，下颚向上一磕，咬开，退出去了。这地方就补上了一个满头油汗而粘着灰土的椭圆脸。

挟洋伞的长子也已经生气，斜下了一边的肩膊，皱眉疾视着肩后的死鲈鱼。大约从这么大的大嘴里呼出来的热气，原也不易招架的，而况又在盛夏。秃头正仰视那电杆上钉着的红牌上的四个白字，仿佛很觉得有趣。胖大汉和巡警都斜了眼研究着老妈子的钩刀般的鞋尖。

“好!”

什么地方忽有几个人同声喝采。都知道该有什么事情起来了，一切头便全数回转去。连巡警和他牵着的犯人也都有些摇动了。

“刚出屉的包子咧！荷阿，热的……”

路对面是胖孩子歪着头，磕睡似的长呼；路上是车夫们默默地前奔，似乎想赶紧逃出头上的烈日。大家都几乎失望了，幸而放出眼光去四处搜索，终于在相距十多家的路上，发见了一辆洋车停放着，一个车夫正在爬起来。

圆阵立刻散开，都错错落落地走过去。胖大汉走不到一半，就歇在路边的槐树下；长子比秃头和椭圆脸走得快，接近了。车上的坐客依然坐着，车夫已经完全爬起，但还在摩自己的膝髁。周围有五六个人笑嘻嘻地看他们。

“成么?”车夫要来拉车时，坐客便问。

他只点点头，拉了车就走；大家就惘惘然目送他。起先还知道那一辆是曾经跌倒的车，后来被别的车一混，知不清了。

马路上就很清闲，有几只狗伸出了舌头喘气；胖大汉就在槐阴下看那很快地一起一落的狗肚皮。

老妈子抱了孩子从屋檐阴下蹩过去了。胖孩子歪着头，挤细了眼睛，拖长声音，磕睡地叫喊——“热的包子咧！荷阿！……刚出屉的……”

一九二五年三月一八日。

注释

[1] 本篇最初发表于一九二五年四月十三日北京《语丝》周刊第二十二期。

[2] 首善之区：指首都。《汉书·儒林传》载：“故教化之行也，建首善自京师始。”这里指北洋军阀时代的首都北京。

[3] 铜盏：一种杯状小铜器。旧时北京卖酸梅汤的商贩，常用两个铜盏相击，发出有节奏的声音，以招引顾客。

[4] 弥勒佛：佛教菩萨之一，佛经说他继承释迦牟尼的佛位而成佛。常见的他的塑像是胖圆笑脸，袒胸露腹，俗称大肚子弥勒佛。

[5] “苏州俏”：旧时妇女所梳发髻的一种式样，先流行于苏州一带，故有此称。

微课：鲁迅和他的作品

思考与练习

1. 文中刻画了什么样的人物形象，指出其典型意义。
2. 分析作品的艺术特色。

十年看山

余光中[1]

阅读提示

《十年看山》创作于诗人余光中旅居香港期间，届时香港还未回归到祖国母亲的怀抱，海峡两岸同胞都在渴盼着祖国统一。余光中作为祖国母亲漂泊在外的孩子，正如同未能回归的香港一样对祖国朝思暮想、渴盼团圆。《十年看山》通过洗练的描述，再一次把时空拉回到看山的时刻，却依然不能被眼前的景色所吸引，祖国的山水和历史幻化成了眼前的盆景，终于“顿悟那才是失去的梦土”。在丝丝入扣的情思中，作者将渴望祖国统一的心声再次喊出。

不是看香港的青山
是这些青山的背后
那片无穷无尽的后土

四海漂泊的龙族，叫它做大陆
壮士登高叫它做九州
英雄落难叫它做江湖
看山十年，恨这些青山挡在门前
把那片朝北的梦土遮住
只为了小时候，一点顽固的回忆
看山十年，竟然青山都不曾入眼
却让紫荆花开了，唉，又谢了
十年过去，这门外的群峰
在诀别的前夕，猛一抬头
忽然轻轻都涌到了眼里，猛一回头
早已青青绵亘在心里
每当有人问起了行期
青青山色便梗塞在喉际
他日在对海，只怕这一片苍青
更将历历入我梦来
——凌波的八仙，覆地的大帽
镇关的狮子，昂首的飞鹅
讲缩成一堆多妩媚的盆景
再一回头，十年的缘分
都化了盆中的寸水寸山
顿悟那才是失去的梦土
十年一觉的酣甜，有青山守护
门前这一列，唉，无言的青山
把嚣嚣的市声挡在外面

注释

[1] 余光中（1928—2017），当代著名诗人、散文家、学者，祖籍福建永春，生于南京，1949年随父母前往香港，后定居台湾。1952年毕业于台湾大学外文系，1959年于美国爱荷华大学获艺术学硕士学位，毕业后先后执教于东吴大学、台湾师范大学、台湾大学、台湾政治大学，并两赴美国多家大学任客座教授。余光中学识渊博，学贯中西，建树广泛。其文学创作多受中国古诗、五四新诗、英美古典诗歌传统影响，作品有着强烈的历史感和深广的文化底蕴。其主要的成就在文学创作方面，他一生出版诗集21种、散文集11种、评论集5种、翻译集13种，代表作有诗集《蓝色的羽毛》《白玉苦瓜》，散文集《听听那冷雨》等。余光中的小诗《乡愁》曾在华语世界引起广泛关注，故有“乡愁诗人”之美誉。2017年12月14日，诗人在高雄医院辞世。著名作家韩少功曾评论道：“余光中先生才兼诗文，情系两岸，学融中西，为人温良敦厚，是中国当代文学灿烂群星之一。巨星陨落，我心悲伤。今夜星光，地久天长。”

思考与练习

1. 诗人“看山十年”，为什么却“竟然青山都不曾入眼”？
2. 你还读过哪些表现乡愁的作品？请与大家一起分享。
3. 谈谈你对祖国的感情。

百合花

茹志鹃[1]

阅读提示

《百合花》是女作家茹志鹃的成名作。作品描写的是发生在前沿包扎所的一个插曲：小通讯员被派去跟我一起到老乡家借被子，他没借到，于是我帮他向刚过门的新媳妇借了一条印着百合花的被子。战斗打响之后，通讯员牺牲了，新媳妇把自己唯一的嫁妆——那条百合花新被子盖在了通讯员的身上。作品描写战争，却没有直接描写战争场面，而是着重表现战争中人性的美好。

《百合花》通过细节表现了人物内心世界的细腻变化：小通讯员衣服肩头的“破洞”、给我开饭的“馒头”、枪口上插着的“野菊花”、印着百合花的“新被子”等，写出了战争年代人性的纯真，反映了解放军的崇高品质和人民爱护解放军的真诚，被称为是“一曲没有爱情的爱情牧歌”。这篇作品注重构思和裁剪，故事发展与人物刻画密切结合，结构细致严密且富有节奏感，是中华人民共和国成立之后短篇小说中的翘楚。

一九四六年的中秋。

这天打海岸的部队决定晚上总攻。我们文工团创作室的几个同志，就由主攻团的团长分派到各个战斗连去帮助工作。

大概因为我是个女同志吧！团长对我抓了半天后脑勺，最后才叫一个通讯员送我到前沿包扎所去。

包扎所就包扎所吧！反正不叫我进保险箱就行。我背上背包，跟通讯员走了。

早上下过一阵小雨，现在虽放了晴，路上还是滑得很，两边地里的秋庄稼，却给雨水冲洗得青翠水绿，珠烁晶莹。空气里也带有一股清鲜湿润的香味。要不是敌人的冷炮，在间歇地盲目地轰响着，我真以为我们是去赶集的呢！

通讯员撒开大步，一直走在我前面。一开始他就把我撂下几丈远。我的脚烂了，路又滑，怎么努力也赶不上他。我想喊他等等我，却又怕他笑我胆小害怕；不叫他，我又真怕一个人摸不到那个包扎所。我开始对这个通讯员生起气来。

嗳！说也怪，他背后好像长了眼睛似的，倒自动在路边站下了。但脸还是朝着前面。没看我一眼。等我紧走慢赶地快要走近他时，他又蹬蹬蹬地自个向前走了，一下又把我甩下几丈远。我实在没力气赶了，索性一个人在后面慢慢晃。不过这一次还好，他没让我撂得太远，但也不让我走近，总和我保持着丈把远的距离。我走快，他在前面大踏步向前；我走慢，他在前面就摇摇摆摆。奇怪的是，我从没见他回头看我一次，我不禁对这通讯员发生了兴趣。

刚才在团部我没注意看他，现在从背后看去，只看到他是高挑挑的个子，块头不大，但从他那副厚实实的肩膀看来，是个挺棒的小伙，他穿了一身洗淡了的黄军装，绑腿直打到膝盖上。肩上的步枪筒里，稀疏地插了几根树枝，这要说是伪装，倒不如算作装饰点缀。

没有赶上他，但双脚胀痛得像火烧似的。我向他提出了休息一会后，自己便在做田界的石头上坐了下来。他也在远远的一块石头上坐下，把枪横搁在腿上，背向着我，好像没我这个人似的。凭经验，我晓得这一定又因为我是个女同志的缘故。女同志下连队，就有这些困难。我着恼地带着一种反抗情绪走过去，面对着他坐下来。这时，我看见他那张十分年轻稚气的圆脸，顶多有十八岁。他见我挨他坐下，立即张皇起来，好像他身边埋下了一颗定时炸弹，局促不安，掉过脸去不好，不掉过去又不行，想站起来又不好意思。我拼命忍住笑，随便地问他是哪里人。他没回答，脸涨得像个关公，讷讷半晌，才说清自己是天目山人。原来他还是我的同乡呢！

"在家时你干什么？"

"帮人拖毛竹。"

我朝他宽宽的两肩望了一下，立即在我眼前出现了一片绿雾似的竹海，竹海中间，一条窄窄的石级山道，盘旋而上。一个肩膀宽宽的小伙，肩上垫了一块老蓝布，扛了几枝青竹，竹梢长长的拖在他后面，刮打得石级哗哗作响。……这是我多么熟悉的故乡生活啊！我立刻对这位同乡，越加亲热起来。

我又问："你多大了？"

"十九。"

"参加革命几年了？"

"一年。"

"你怎么参加革命的？"我问到这里自己觉得这不像是谈话，倒有些像审讯。不过我还是禁不住地要问。

"大军北撤时我自己跟来的。"

"家里还有什么人呢？"

"娘，爹，弟弟妹妹，还有一个姑姑也住在我家里。"

"你还没娶媳妇吧？"

"……"他飞红了脸，更加忸怩起来，两只手不停地数摸着腰皮带上的扣眼。半晌他才低下了头，憨憨地笑了一下，摇了摇头。我还想问他有没有对象，但看到他这样子，只得把嘴里的话，又咽了下去。

两人闷坐了一会儿，他开始抬头看看天，又掉过来扫了我一眼，意思是在催我动身。

当我站起来要走的时候，我看见他摘了帽子，偷偷地在用毛巾拭汗。这是我的不是，人家走路都没出一滴汗，为了我跟他说话，却害他出了这一头大汗，这都怪我了。

我们到包扎所，已是下午两点钟了。这里离前沿有三里路，包扎所设在一个小学里，大小六个房子组成品字形，中间一块空地长了许多野草，显然，小学已有多时不开课了。我们到时屋里已有几个卫生员在弄着纱布棉花，满地上都是用砖头垫起来的门板，算作病床。

我们刚到不久，来了一个乡干部，他眼睛熬得通红，用一片硬拍纸插在额前的破毡帽下，低低地遮在眼睛前面挡光。

他一肩背枪，一肩挂了一杆秤；左手挎了一篮鸡蛋，右手提了一口大锅，呼哧呼哧的走来。他一边放东西，一边对我们又抱歉又诉苦，一边还喘息地喝着水，同时还从怀里掏出一包饭团来嚼着。我只见他迅速地做着这一切。他说的什么我就没大听清。好像是说什么被子的事，要我们自己去借。我问清了卫生员，原来因为部队上的被子还没发下来，但伤员流了血，非常怕冷，所以就得向老百姓去借。哪怕有一二十条棉絮也好。我这时正愁工作插不上手，便自告奋勇讨了这件差事，怕来不及就顺便也请了我那位同乡，请他帮我动员几家再走。他踌躇了一下，便和我一起去了。

我们先到附近一个村子，进村后他向东，我往西，分头去动员。不一会，我已写了三张借条出去，借到两条棉絮，一条被子，手里抱得满满的，心里十分高兴，正准备送回去再来借时，看见通讯员从对面走来，两手还是空空的。

“怎么，没借到?”我觉得这里老百姓觉悟高，又很开通，怎么会没有借到呢？我有点惊奇地问。

“女同志，你去借吧！……老百姓死封建。……”

“哪一家？你带我去。”我估计一定是他说话不对，说崩了。借不到被子事小，得罪了老百姓影响可不好。我叫他带我去看看。但他执拗地低着头，像钉在地上似的，不肯挪步，我走近他，低声地把群众影响的话对他说了。他听了，果然就松松爽爽地带我走了。

我们走进老乡的院子里，只见堂屋里静静的，里面一间房门上，垂着一块蓝布红额的门帘，门框两边还贴着鲜红的对联。我们只得站在外面向里“大姐、大嫂”的喊，喊了几声，不见有人应，但响动是有了。一会，门帘一挑，露出一个年轻媳妇来。这媳妇长得很好看，高高的鼻梁，弯弯的眉，额前一溜蓬松松的刘海。穿的虽是粗布，倒都是新的。我看她头上已硬挠挠地挽了髻，便大嫂长大嫂短地向她道歉，说刚才这个同志来，说话不好别见怪等等。她听着，脸扭向里面，尽咬着嘴唇笑。我说完了，她也不作声，还是低头咬着嘴唇，好像忍了一肚子的笑料没笑完。这一来，我倒有些尴尬了，下面的话怎么说呢！我看通讯员站在一边，眼睛一眨不眨地看着我，好像在看连长做示范动作似的。我只好硬了头皮，讪讪地向她开口借被子了，接着还对她说了一遍共产党的部队，打仗是为了老百姓的道理。这一次，她不笑了，一边听着，一边不断向房里瞅着。我说完了，她看看我，看看通讯员，好像在掂量我刚才那些话的斤两。半晌，她转身进去抱被子了。

通讯员乘这机会，颇不服气地对我说道：“我刚才也是说的这几句话，她就是不借，你看怪吧！……”

我赶忙白了他一眼，不叫他再说。可是来不及了，那个媳妇抱了被子，已经在房门口了。被子一拿出来，我方才明白她刚才为什么不肯借的道理了。这原来是一条里外全新的新花被子，被面是假洋缎的，枣红底，上面撒满白色百合花。

她好像是在故意气通讯员，把被子朝我面前一送，说：“抱去吧。”

我手里已捧满了被子，就一努嘴，叫通讯员来拿。没想到他竟扬起脸，装作没看见。我只好开口叫他，他这才绷了脸，垂着眼皮，上去接过被子，慌慌张张地转身就走。不想他一步还没有走出去，就听见“嘶”的一声，衣服挂住了门钩，在肩膀处，挂下一片布来，口子撕得不小。那媳妇一面笑着，一面赶忙找针拿线，要给他缝上。通讯员却高低不肯，挟了被子就走。

刚走出门不远，就有人告诉我们，刚才那位年轻媳妇，是刚过门三天的新娘子，这条被子就是她唯一的嫁妆。我听了，心里便有些过意不去，通讯员也皱起了眉，默默地看着手里的被子。我想他听了这样的话一定会有同感吧！果然，他一边走，一边跟我嘟哝起来了。

“我们不了解情况，把人家结婚被子也借来了，多不合适呀！……”我忍不住想给他开个玩笑，便故作严肃地说：“是呀！也许她为了这条被子，在做姑娘时，不知起早熬夜，多干了多少零活，才积起了做被子的钱，或许她曾为了这条花被，睡不着觉呢。可是还有人骂她死封建。……”

他听到这里，突然站住脚，呆了一会，说：“那！……那我们送回去吧！”

“已经借来了，再送回去，倒叫她多心。”我看他那副认真、为难的样子，又好笑，又觉得可爱。不知怎么的，我已从心底爱上了这个傻呼呼的小同乡。

他听我这么说，也似乎有理，考虑了一下，便下了决心似的说：“好，算了。用了给她好好洗洗。”他决定以后，就把我抱着的被子，统统抓过去，左一条、右一条的披挂在自己肩上，大踏步地走了。

回到包扎所以后，我就让他回团部去。他精神顿时活泼起来了，向我敬了礼就跑了。走不几步，他又想起了什么，在自己挂包里掏了一阵，摸出两个馒头，朝我扬了扬，顺手放在路边石头上，说：“给你开饭啦！”说完就脚不点地地走了。我走过去拿起那两个干硬的馒头，看见他背的枪筒里不知在什么时候又多了一枝野菊花，跟那些树枝一起，在他耳边抖抖地颤动着。

他已走远了，但还见他肩上撕挂下来的布片，在风里一飘一飘。我真后悔没给他缝上再走。现在，至少他要裸露一晚上的肩膀了。

包扎所的工作人员很少。乡干部动员了几个妇女，帮我们打水，烧锅，做些零碎活。那位新媳妇也来了，她还是那样，笑眯眯地抿着嘴，偶然从眼角上看我一眼，但她时不时地东张西望，好像在找什么。后来她到底问我说：“那位同志弟到哪里去了？”我告诉她同志弟不是这里的，他现在到前沿去了。她不好意思地笑了一下说：“刚才借被子，他可受我的气了！”说完又抿了嘴笑着，动手把借来的几十条被子、棉絮，整整齐齐的分铺在门板上、桌子上（两张课桌拼起来，就是一张床）。我看见她把自己那条白百合花的新被，铺在外面屋檐下的一块门板上。

天黑了，天边涌起一轮满月。我们的总攻还没发起。敌人照例是忌怕夜晚的，在地上烧起一堆堆的野火，又盲目地轰炸，照明弹也一个接一个地升起，好像在月亮下面点了无数盏的汽油灯，把地面的一切都赤裸裸地暴露出来了。在这样一个“白夜”里来攻击，有多困难，要付出多大的代价啊！

我连那一轮皎洁的月亮，也憎恶起来了。

乡干部又来了，慰劳了我们几个家做的干菜月饼。原来今天是中秋节了。

啊，中秋节，在我的故乡，现在一定又是家家门前放一张竹茶几，上面供一副香烛，几碟瓜果月饼。孩子们急切地盼那炷香快些焚尽，好早些分摊给月亮娘娘享用过的东西，他们在茶几旁边跳着唱着：“月亮堂堂，敲锣买糖，……”或是唱着：“月亮嬷嬷，照你照我，……”我想到这里，又想起我那个小同乡，那个拖毛竹的小伙，也许，几年以前，他还唱过这些歌吧！

……我咬了一口美味的家做月饼，想起那个小同乡大概现在正趴在工事里，也许在团指挥所，或者是在那些弯弯曲曲的交通沟里走着哩！……

一会儿，我们的炮响了，天空划过几颗红色的信号弹，攻击开始了。不久，断断续续地有几个伤员下来，包扎所的空气立即紧张起来。

我拿着小本子，去登记他们的姓名、单位，轻伤的问问，重伤的就得拉开他们的符号，或是翻看他们的衣襟。我拉开一个重彩号的符号时，“通讯员”三个字使我突然打了个寒战，心跳起来。我定了下神才看到符号上写着×营的字样。啊！不是，我的同乡他是团部的通讯员。但我又莫名其妙地想问问谁，战地上会不会漏掉伤员。通讯员在战斗时，除了送信，还干什么，——我不知道自己为什么要问这些没意思的问题。

战斗开始后的几十分钟里，一切顺利，伤员一次次带下来的消息，都是我们突破第一道鹿砦，第二道铁丝网，占领敌人前沿工事打进街了。但到这里，消息忽然停顿了，下来的伤员，只是简单地回答说：“在打。”或是“在街上巷战。”

但从他们满身泥泞，极度疲乏的神色上，甚至从那些似乎刚从泥里掘出来的担架上，大家明白，前面在进行着一场什么样的战斗。

包扎所的担架不够了，好几个重彩号不能及时送后方医院，耽搁下来。

我不能解除他们任何痛苦，只得带着那些妇女，给他们拭脸洗手，能吃得的喂他们吃一点，带着背包的，就给他们换一件干净衣裳，有些还得解开他们的衣服，给他们拭洗身上的污泥血迹。

做这种工作，我当然没什么，可那些妇女又羞又怕，就是放不开手来，大家都要抢着去烧锅，特别是那新媳妇。我跟她说了半天，她才红了脸，同意了。不过只答应做我的下手。

前面的枪声，已响得稀落了。感觉上似乎天快亮了，其实还只是半夜。

外边月亮很明，也比平日悬得高。前面又下来一个重伤员。屋里铺位都满了，我就把这位重伤员安排在屋檐下的那块门板上。担架员把伤员抬上门板，但还围在床边不肯走。一个上了年纪的担架员，大概把我当作医生了，一把抓住我的膀子说：“大夫，你可无论如何要想办法治好这位同志呀！你治好他，我……我们全体担架队员给你挂匾……”他说话的时候，我发现其他的几个担架员也都睁大了眼盯着我，似乎我点一点头，这伤员就立即会好了似的。我心想给他们解释一下，只见新媳妇端着水站在床前，短促地“啊”了一声。我急拨开他们上前一看，我看见了一张十分年轻稚气的圆脸，原来棕红的脸色，现已变得灰黄。他安详地合着眼，军装的肩头上，露着那个大洞，一片布还挂在那里。

“这都是为了我们，……”那个担架员负罪地说道，“我们十多副担架挤在一个小巷子里，准备往前运动，这位同志走在我们后面，可谁知道狗日的反动派不知从哪个屋顶上撂下颗手榴弹来，手榴弹就在我们人缝里冒着烟乱转，这时这位同志叫我们快趴下，他自己就一下扑在那个东西上了……”

新媳妇又短促地“啊”了一声。我强忍着眼泪，给那些担架员说了些话，打发他们走了。我回转身看见新媳妇已轻轻移过一盏油灯，解开他的衣服，她刚才那种忸怩羞涩已经完全消失，只是庄严而虔诚地给他拭着身子，这位高大而又年轻的小通讯员无声地躺在那里。……我猛然醒悟地跳起身，磕磕绊绊地跑去找医生，等我和医生拿了针药赶来，新媳妇正侧着身子坐在他旁边。

她低着头，正一针一针地在缝他衣肩上那个破洞。医生听了听通讯员的心脏，默默地站起身说：“不用打针了。”我过去一摸，果然手都冰冷了。新媳妇却像什么也没看见，什么也没听到，依然拿着针，细细地、密密地缝着那个破洞。我实在看不下去了，低声地说：“不要缝了。”她却对我异样地瞟了一眼，低下头，还是一针一针地缝。我想拉开她，我想推开这沉重的氛围，我想看见他坐起来，看见他羞涩的笑。但我无意中碰到了身边一个什么东西，伸手一摸，是他给我开的饭，两个干硬的馒头。……

卫生员让人抬了一口棺材来，动手揭掉他身上的被子，要把他放进棺材去。新媳妇这时脸发白，劈手夺过被子，狠狠地瞪了他们一眼。自己动手把半条被子平展展地铺在棺材底，半条盖在他身上。卫生员为难地说："被子……是借老百姓的。"

"是我的——"她气汹汹地嚷了半句，就扭过脸去。在月光下，我看见她眼里晶莹发亮，我也看见那条枣红底色上洒满白色百合花的被子，这象征纯洁与感情的花，盖上了这位平常的、拖毛竹的青年人的脸。

1958年3月

注释

[1] 茹志鹃（1925—1998），中国女作家，浙江杭州人。1943年随兄参加新四军，做过话剧团演员、文工团创作组组员等。1955年转业，担任上海《文艺月报》编辑，1959年在《延河》上发表成名作《百合花》，受到茅盾的好评。同年出版第一个短篇小说集《高高的白杨树》，之后又出版《静静的产院》和《出山》等短篇小说集。茹志鹃著作颇丰，以短篇小说见长。名作《剪辑错了的故事》曾获1979年全国优秀短篇小说奖。茹志鹃的作品风格清新，情节明快，细节传神，被著名批评家侯金镜称为"常常是生活激流中的一朵浪花，社会主义建设大合奏里的一首插曲"。

思考与练习

1. 作品通过细腻的笔触，表现了通讯员和新媳妇怎样的性格特征？
2. 你觉得这篇文章写得美吗？美在什么地方？

谈学好语文

苏步青[1]

阅读提示

在这篇文章里，苏步青教授结合自己的人生历程现身说法，阐述了学好语文的重要性，生动有力地论证了语文是各门学科最基本的工具；对今天的读者来说，此文仍令人深省，有很大的参考价值。

文章开篇提出了明确的观点。作为中国人，首先要学好中国的语文，举出中国古诗词的特色：对偶工整，严格的韵律，美不胜收的词语。并用"特别好"予以概括，说明不能忽视对祖国语文、文学的学习。接着，针对当前青年学生在学习中的偏颇，批评了一种错误看法："只要学好数、理、化就可以了，语文学不好没关系。"遗憾的是，这种看法至今仍有市场。忽视语文学习的中学生恐怕不在少数。语文是学好各门功课的最基本的工具。"语文学得好，有较高的阅读写作水平，就有助于学好其他学科，有助于知识的增长和思想的开展。"这真是一位大师的肺腑之言。当前有的学生读写能力太差，有些数理化例题读几遍都弄不懂，怎么去解题呢，更不要说未来写实验报告和科研论文了。至于想著书立说那更是不可能的。苏教授指出，从小打好语文基础，不仅为学习其他学科提供了很大方便，而且对训练一个人的思维有很大的帮助。一个人思维能力的高低直接影响到各门学科的学习以及未来的发展，因而更应该高度重视语文基础。由此得出结论：“语文学得好不好，不但直接关系到青少年知识的增长，而且与整个民族的科学文化的提高和社会主义建设的进展有很大关系。”

文章不仅阐述了语文学习的重要性，还给我们指出了学习语文的正确态度和方法。

学好语文很重要。语文是表达思想感情的工具，没有一定的语文基础，就不能很好地表达思想感情。1976年天安门出现了那么多动人的好诗，表达了对周总理的深切哀悼和对“四人帮”的愤怒控诉。你没有相当的语文表达能力，就写不出来；即使写了，也表现不出那样的怒火，那样的激情。

作为中国人，总要先学好中国的语文。中国的语文有特别好的地方。譬如诗歌吧，“绿水”对“青山”，“大漠孤烟直”对“长河落日圆”，对得多么好!外国的诗虽然也讲究押韵，但没有像中国诗歌这样工整的对偶和平仄的韵律。一个国家总有自己的语言文字，作为中国人，怎能不爱好并学好本国的语文呢?

有人认为只要学好数、理、化就可以了，语文学不好没关系。这个看法不对。数、理、化当然重要，但语文却是各门学科的最基本的工具。语文学得好，有较高的阅读写作水平，就有助于学好其他学科，有助于知识的增长和思想的开展。反之，如果语文学得不好，数、理、化等其他学科也就学不好，常常是一知半解。就是其他学科学得很好，你要写实验报告，写科研论文，没有一定的语文表达能力也不行。一些文章能够长期传下来，不仅因为它的内容有用，而且它的文字也是比较好的。

我出生在浙江平阳的山区，穷乡僻壤。家前屋后都是山。父亲是种田的，很穷，没念过书。但他常在富裕人家门口听人读书，识了一些字，还能记账。父亲很知道读书识字的好处，他对我们教育很严。我九岁那年，有一次，一个“足”字我不会解释。母亲生怕父亲回来打我，就站在村口找人问字，可是站到天黑问了许多人，还是没人能解释这个字。幸而这天晚上我没挨打，也没挨骂。我们村里没有学校，十来个孩子请了个没考上秀才的先生教书。他教我们读《论语》，读《左传》。

12岁那年，父亲送我到100多里外平阳县城里的高等小学念书。我不但学习勤勉，而且养成良好习惯。不论在少年时代还是在日本留学期间，我总是每晚11时睡觉，早上5时起床，严寒季节亦如此。

1915年，我进了当时温州唯一的一所中学。那时，我立志要学文学、历史。我会背《左传》，《史记》中不少文章我也会背，《项羽本纪》那样的长文，我也背得烂熟。我还喜欢读《昭明文选》。“暮春三月，江南草长，杂树生花，群莺乱飞。”（丘迟《与陈伯之书》）我喜欢极了。还有《资治通鉴》，共有200多卷，我打算在中学四年里全部读完；第一年末，我已念完20来卷。后来，学校来了两位从日本学习回来的教师教我们几何，我很感兴趣，从此，我就放弃了学文学和历史的志愿而致力于攻读数学。但我还是喜欢写文章。四年级的时候，校长贪污，学生闹风潮，我带头写了反对校长的文章。

后来，我成了数学专家，但仍然爱好语文。我经常吟诵唐宋诗词，也喜欢毛主席的诗词。现在，每晚睡觉前，我总要花二三十分钟时间念念诗词，真是乐在其中也。一个人一天到晚捧着数学或其他专业书，太紧张了，思想要僵化的。适当的调节很重要，可以帮助你更好地学习专业。我写的诗也不少，但不是为了发表，大多是自娱之作。有时也写政治性的诗，这也是一种战斗嘛。我那篇《夜读〈聊斋〉偶成》“幼爱聊斋听说书，长经世故渐生疏。老来尝尽风霜味，始信人间有鬼狐。”（见1978年11月3日《解放日报》）是批判“四人帮”的。

从小打好了语文基础，这为我学习其他学科提供了很大的方便。我还觉得学好语文对训练一个人的思维很有帮助，可以使思想更有条理。这些对我后来学好数学都有很大好处。当然，不一定都要读《论语》，其实即使是《论语》，其中也有不少可学的。“学而时习之，不亦乐乎”，不是很好吗？“每事问”，不要不懂装懂，这也对。《古文观止》220篇不一定要全部读，但《前赤壁赋》《前出师表》等几篇一定要读。有些文章虽然是宣扬忠君爱国思想的，但辞章很好，可以学学它的文笔。此外，《唐诗三百首》《宋词选》中都有很多好作品，值得一读。

读书，第一遍可以先读个大概；第二遍、第三遍逐步加深体会。我小时候读《红楼梦》《西游记》《三国演义》，都是这样。《聊斋》我最喜欢，不知读了多少遍。起初，有些地方不懂，又无处查，我就读下去再说；以后再读，就逐步加深了理解。读数学书也是这样，要把一部书一下子全部读懂不容易。我一般是边读、边想、边做习题；到读最末一遍，题目也全部做完。读书不必太多，要读得精。要读到你知道这本书的优点、缺点和错误了，这才算读好、读精了。一部书也不是一定要完全读通、读熟；即使全部读通了，读熟了，以后不用也会忘记的。但这样做可以训练读书的方法，尤其是学会精读的方法，也可以从中学习并掌握一本本书的思想方法和艺术性。

人的生命是短暂的，不过几十岁，但充分利用起来，这个价值是不可低估的。细水长流，积少成多；锲而不舍，金石可镂；坚持到底，就是胜利。学习语文也是这样。我对数学系的青年同志要求一直很严，一般要学4门外语，当然，首先是中文的基础要好。我还要他们挑选一本自己喜欢的文学书，经常看看、读读，当作休息。

注释

[1] 苏步青（1902—2003），中国科学院院士，中国杰出的数学家、教育家和社会活动家，被誉为数学之王。在道德、文章方面也堪称楷模。苏步青有很深厚的语文功底。他一生写有五百余首古诗词，有诗集面世。他的散文也是情真意切，朴实无华。

苏步青在数学上的成就是非同一般的，这不仅来自他的勤奋、他的聪颖、他的悟性，恐怕与他深厚的文字功底也不无关系。他出版了一本书《数与诗的交融》（百花文艺出版社2000年版），收有一批散文、随笔、古诗词。从中可看出他迈向数学王国的足迹，也充分显示出他驾驭语言的高深功夫。特别值得称道的是他对语文的重视。书中单语文学习的文章就有十余篇，另外还附有50首诗、25首词。其中，《要重视语文学习》一文，全面体现了一位数学家的语文观。

微课：谈学好语文——如何阅读一本书

思考与练习

1. 你认为语文学习的核心是什么？
2. 书不必读得太多，要读得精。你认同这种观点吗？

葡萄月令

汪曾祺[1]

阅读提示

《葡萄月令》是一篇描写葡萄生长过程的优美散文。在这篇散文中，作者以时间为线索，描述了葡萄在各个月份的成长，但作者只把笔触涉及观赏葡萄生长的视觉、听觉、触觉等，并对其做了审美化描述。本篇散文清新隽秀，摒弃了时下流行的欧化散文路数，绍续了明清散文的格调，字里行间透露出淡泊、老成，既有现世品格，又有超脱情怀。

一月，下大雪。

雪静静地下着。果园一片白。听不到一点声音。

葡萄睡在铺着白雪的窖里。

二月里刮春风。

立春后，要刮四十八天“摆条风”。风摆动树的枝条，树醒了，忙忙地把汁液送到全身。树枝软了。树绿了。

雪化了，土地是黑的。

黑色的土地里，长出了茵陈蒿。碧绿。

葡萄出窖。

把葡萄窖一锹一锹挖开。挖下的土，堆在四面。葡萄藤露出来了，乌黑的。有的梢头已经绽开了芽苞，吐出指甲大的苍白的小叶。它已经等不及了。

把葡萄藤拉出来，放在松松的湿土上。

不大一会，小叶就变了颜色，叶边发红；——又不大一会，绿了。

三月，葡萄上架。

先得备料。把立柱、横梁、小棍，槐木的、柳木的、杨木的、桦木的，按照树棵大小，分别堆放在旁边。立柱有汤碗口粗的、饭碗口粗的、茶杯口粗的。一棵大葡萄得用八根，十根，乃至十二根立柱。中等的，六根、四根。

先刨坑，竖柱。然后搭横梁。用粗铁丝摽紧。然后搭小棍，用细铁丝缚住。

然后，请葡萄上架。把在土里趴了一冬的老藤扛起来，得费一点劲。大的，得四五个人一起来。“起！——起！”哎，它起来了，把它放在葡萄架上，把枝条向三面伸开，像五个指头一样的伸开，扇面似的伸开。然后，用麻筋在小棍上固定住。葡萄藤舒舒展展，凉凉快快地在上面呆着。

上了架，就施肥。在葡萄根的后面，距主干一尺，挖一道半月形的沟，把大粪倒在里面。葡萄上大粪，不用稀释，就这样把原汁大粪倒下去。大棵的，得三四桶。小葡萄，一桶也就够了。

四月，浇水。

挖窖挖出的土，堆在四面，筑成垄，就成一个池子。池里放满了水。葡萄园里水气泱泱，沁人心肺。

葡萄喝起水来是惊人的。它真是在喝哎！葡萄藤的组织跟别的果树不一样，它里面是一根一根细小的导管。这一点，中国的古人早就发现了。《图经》云："根苗中空相通。圃人将货之，欲得厚利，暮溉其根，而晨朝水浸子中矣，故俗呼其苗为木通。""暮溉其根，而晨朝水浸子中矣"，是不对的，葡萄成熟了，就不能再浇水了。再浇，果粒就会涨破。"中空相通"却是很准确的。浇了水，不大一会，它就从根直吸到梢，简直是小孩嘬奶似的拼命往上嘬。浇过了水，你再回来看看吧：梢头切断过的破口，就嗒嗒地往下滴水了。

是一种什么力量使葡萄拼命地往上吸水呢？

施了肥，浇了水，葡萄就使劲抽条、长叶子。真快！原来是几根根枯藤，几天工夫，就变成青枝绿叶的一大片。

五月，浇水，喷药，打梢，掐须。

葡萄一年不知道要喝多少水，别的果树都不这样。别的果树都是刨一个"树碗"，往里浇几担水就得了，没有像它这样的："漫灌"，整池子的喝。

喷波尔多液。从抽条长叶，一直到坐果成熟，不知道要喷多少次。喷了波尔多液，太阳一晒，葡萄叶子就都变成蓝的了。

葡萄抽条，丝毫不知节制，它简直是瞎长！几天工夫，就抽出好长的一截的新条。这样长法还行呀，还结不结果呀？因此，过几天就得给它打一次条。葡萄打条，也用不着什么技巧，是个人就能干，拿起树剪，劈劈啪啪，把新抽出来的一截都给它铰了就得了。一铰，一地的长着新叶的条。

葡萄的卷须，在它还是野生的时候是有用的，好攀附在别的什么树木上。现在，已经有人给它好好地固定在架上了，就一点用也没有了。卷须这东西最耗养分，——凡是作物，都是优先把养分输送到顶端，因此，长出来就给它掐了，长出来就给它掐了。

葡萄的卷须有一点淡淡的甜味。这东西如果腌成咸菜，大概不难吃。

五月中下旬，果树开花了。果园，美极了。梨树开花了，苹果树开花了，葡萄也开花了。

都说梨花像雪，其实苹果花才像雪。雪是厚重的，不是透明的。梨花像什么呢？——梨花的瓣子是月亮做的。

有人说葡萄不开花，哪能呢，只是葡萄花很小，颜色淡黄微绿，不钻进葡萄架是看不出的，而且它开花期很短。很快，就结出了绿豆大的葡萄粒。

六月，浇水、喷药、打条、掐须。

葡萄粒长了一点了，一颗一颗，像绿玻璃料做的纽子。硬的。

葡萄不招虫。葡萄会生病，所以要经常喷波尔多液。但是它不像桃，桃有桃食心虫；梨，梨有梨食心虫。葡萄不用疏虫果。——果园每年疏虫果是要费很多工的。虫果没有用，黑黑的一个半干的球，可是它耗养分呀！所以，要把它"疏"掉。

七月，葡萄"膨大"了。

掐须、打条、喷药，大大地浇一次水。

追一次肥。追硫铵。在原来施粪肥的沟里撒上硫铵。然后，就把沟填平了，把硫铵封在里面。

汉朝是不会追这次肥的，汉朝没有硫铵。

八月，葡萄"着色"。

别以为我这里是把画家的术语借用来了。不是的。这是果农的语言，他们就叫"着色"。

下过大雨，你来看看葡萄园吧，那叫好看！白的像白玛瑙，红的像红宝石，紫的像紫水晶，黑的像黑玉。一串一串，饱满、磁棒、挺括，璀璨琳琅。你就把《说文解字》里的玉字偏旁的字都搬了来吧，那也不够用呀！

可是你得快来！明天，对不起，你全看不到了。我们要喷波尔多液了。一喷波尔多液，它们的晶莹鲜艳全都没有了，它们蒙上一层蓝兮兮、白糊糊的东西，成了磨砂玻璃。我们不得不这样干。葡萄是吃的，不是看的。我们得保护它。

过不了两天，就下葡萄了。

一串一串剪下来，把病果、瘪果去掉，妥妥地放在果筐里。果筐满了，盖上盖，要一个棒小伙子跳上去蹦两下，用麻筋缝的筐盖。——新下的果子，不怕压，它很结实，压不坏。倒怕是装不紧，逛当逛当的。那，来回一晃悠，全得烂！

葡萄装上车，走了。

去吧，葡萄，让人们吃去吧！

九月的果园像一个生过孩子的少妇，宁静、幸福，而慵懒。

我们还给葡萄喷一次波尔多液。哦，下了果子，就不管了？人，总不能这样无情无义吧。

十月，我们有别的农活。我们要去割稻子。葡萄，你愿意怎么长，就怎么长着吧。

十一月，葡萄下架。

把葡萄架拆下来。检查一下，还能再用的，搁在一边。糟朽了的，只好烧火。立柱、横梁、小棍，分别堆垛起来。

剪葡萄条。干脆得很，除了老条，一概剪光。葡萄又成了一个秃子。

剪下的葡萄条，挑有三个芽眼的，剪成二尺多长的一截，捆起来，放在屋里，准备明春插条。

其余的，连枝带叶，都用竹笤帚扫成一堆，装走了。

葡萄园光秃秃。

十一月下旬，十二月上旬，葡萄入窖。

这是个重活。把老本放倒，挖土把它埋起来。要埋得很厚实。外面要用铁锹拍平。这个活不能马虎。都要经过验收，才给记工。

葡萄窖，一个一个长方形的土墩墩。一行一行，整整齐齐地排列着。风一吹，土色发了白。

这真是一年的冬景了。热热闹闹的果园，现在什么颜色都没有了。眼界空阔，一览无余，只剩下发白的黄土。

下雪了。我们踏着碎玻璃碴似的雪，检查葡萄窖，扛着铁锹。

一到冬天，要检查几次。不是怕别的，怕老鼠打了洞。葡萄窖里很暖和，老鼠爱往这里面钻。它倒是暖和了，咱们的葡萄可就受了冷啦！

注释

［1］汪曾祺（1920—1997），江苏高邮人，当代著名作家，京派文学的主要传人。1939年夏考入西南联合大学中国文学系学习，曾受京派代表作家沈从文的指点，故一生为沈从文执弟子礼。代表作品有小说《受戒》《大淖记事》等，散文集《逝水》《蒲桥集》《孤蒲深处》《人间草木》等，也曾参与京剧样板戏《沙家浜》的改编。汪曾祺被学者称为

“士大夫文化熏陶出来的最后一位作家”，他明确表示自己的创作要“回到民族传统”。汪曾祺的作品文字老到、洒脱，继承了明清散文和五四散文传统，具体深厚的民族特色，为余华、格非、苏童等先锋派作家所推崇。除了文学创作，汪曾祺还擅长书画创作，其书画作品满富情趣及性灵，体现了中国传统的“中和”“淡泊”的美学观。

思考与练习

1. 有感情地朗读本文。

2. 说说这篇散文与你曾经读过的中国现代散文有什么不同之处，你更喜欢哪一种散文?

3 .请为大家介绍一种你家乡的特产。

命若琴弦（节选）

史铁生[1]

阅读提示

初中毕业后史铁生去延安插队，从二十一岁起不幸双腿瘫痪，从此无法站立行走。人生受到如此重创，尘世的梦不再绚丽。然而，史铁生寄梦想于文字中，在孜孜不倦地追求中，实现了人生的另一种站立。他以小说《我那遥远的清平湾》扬名文坛，随后佳作不断，《命若琴弦》《我与地坛》《插队的故事》《奶奶的星星》等作品，一次又一次地震动文坛，打动着无数的读者为之感动或者深思。

《命若琴弦》也是一部反映残疾人命运的小说。一老一少两个瞎子，每人一把三弦琴，走乡串户、说书为生。在老瞎子的琴槽里，他的师父为他封着一张药方，在他弹断一千根琴弦之时，就可以取出这张药方，抓药治病，眼睛复明。然而，当老瞎子终于弹断了一千根琴弦之后，那张他珍贵地保存了五十年的药方，居然只是一张无字白纸。但是，老瞎子没有把这个真相告诉小瞎子，他郑重地把那张无字白纸封进了小瞎子的琴槽，对他说：“记住，得弹断一千二百根。”

盲眼艺人的命就在这琴弦上。师父的师父说：“人的命就像这琴弦，拉紧了才能弹好，弹好了就够了。”琴槽里的药方，永远只是虚设的目的、永远是不可能实现的。然而，这是人的精神支柱。失去了这样的支柱，生命的原动力就没有了，就只能等待着死亡。一代又一代盲眼艺人就这样在一个虚幻的目标激励下，走向生命的终点。

史铁生在小说中所揭示的生命哲理发人深思。于盲人而言，命若琴弦是宿命，活下去，是严峻的现实。“永远扯紧欢跳的琴弦，不必去看那张无字的白纸。”事实上，那是人类共同的命运。我们终其一生，都生活在美丽的梦想与虚设的目的之中，而生命的过程是色彩各异的。

老瞎子回到野羊坳时已经是冬天。

漫天大雪，灰暗的天空连接着白色的群山。没有声息，处处也没有生气，空旷而沉寂。所以老瞎子那顶发了黑的草帽就尤其攒动得显著。他蹒蹒跚跚地爬上野羊岭。庙院中衰草瑟瑟，蹿出一只狐狸，仓皇逃远。

村里人告诉他，小瞎子已经走了些日子。

“我告诉他我回来。”

“不知道他干嘛就走了。”

“他没说去哪儿？留下什么话没？”

“他说让您甭找他。”

“什么时候走的？”

人们想了好久，都说是在兰秀儿嫁到山外去的那天。

老瞎子心里便一切全都明白。

众人劝老瞎子留下来，这么冰天雪地的上哪去？不如在野羊坳说一冬书。老瞎子指指他的琴，人们见琴柄上空荡荡已经没了琴弦。老瞎子面容也憔悴，呼吸也孱弱，嗓音也沙哑了，完全变了个人。他说得去找他的徒弟。

若不是还想着他的徒弟，老瞎子就回不到野羊坳。那张他保存了五十年的药方原来是一张无字的白纸。他不信，请了多少个识字而又诚实的人帮他看，人人都说那果真就是一张无字的白纸。

老瞎子在药铺前的台阶上坐了一会儿，他以为是一会儿，其实已经几天几夜，骨头一样的眼珠在询问苍天，脸色也变成骨头一样的苍白。有人以为他是疯了，安慰他，劝他。老瞎子苦笑：七十岁了再疯还有什么意思？他只是再不想动弹，吸引着他活下去、走下去、唱下去的东西骤然间消失干净。就像一根不能拉紧的琴弦，再难弹出赏心悦耳的曲子。老瞎子的心弦断了。现在发现那目的原来是空的。老瞎子在一个小客店里住了很久，觉得身体里的一切都在熄灭。他整天躺在炕上，不弹也不唱，一天天迅速地衰老。

直到花光了身上所有的钱，直到忽然想起了他的徒弟，他知道自己的死期将至，可那孩子在等他回去。

茫茫雪野，皑皑群山，天地之间攒动着一个黑点。走近时，老瞎子的身影弯得如一座桥。他去找他的徒弟。他知道那孩子目前的心情、处境。

他想自己先得振作起来，但是不行，前面明明没有了目标。

他一路走，便怀恋起过去的日子，才知道以往那些奔奔忙忙兴致勃勃的翻山、赶路、弹琴，乃至心焦、忧虑都是多么欢乐！那时有个东西把心弦扯紧，虽然那东西原是虚设。老瞎子想起他师父临终时的情景。他师父把那张自己没用上的药方封进他的琴槽。

“您别死，再活几年，您就能睁眼看一回了。”说这话时他还是个孩子。他师父久久不言语，最后说：“记住，人的命就像这琴弦，拉紧了才能弹好，弹好了就够了。”……不错，那意思就是说：目的本来没有。老瞎子知道怎么对自己的徒弟说了。可是他又想：能把一切都告诉小瞎子吗？老瞎子又试着振作起来，可还是不行，总摆脱不掉那张无字的白纸……

在深山里，老瞎子找到了小瞎子。小瞎子正跌倒在雪地里，一动不动，想那么等死。老瞎子懂得那绝不是装出来的悲哀。老瞎子把他拖进一个山洞，他已无力反抗。

老瞎子捡了些柴，打起一堆火。

小瞎子渐渐有了哭声。老瞎子放了心，任他尽情尽意地哭。只要还能哭就还有救，只要还能哭就有哭够的时候。

小瞎子哭了几天几夜，老瞎子就那么一声不吭地守候着。火头和哭声惊动了野兔子、山鸡、野羊、狐狸和鹞鹰……

终于小瞎子说话了："干嘛咱们是瞎子！"

"就因为咱们是瞎子。"老瞎子回答。

终于小瞎子又说："我想睁开眼看看，师父，我想睁开眼看看！"

哪怕就看一回。"你真那么想吗？"

"真想，真想——"

老瞎子把篝火拨得更旺些。

雪停了。铅灰色的天空中，太阳像一面闪光的小镜子。鹞鹰在平稳地滑翔。

"那就弹你的琴弦，"老瞎子说，"一根一根尽力地弹吧。"

"师父，您的药抓来了？"小瞎子如梦方醒。

"记住，得真正是弹断的才成。"

"您已经看见了吗？师父，您现在看得见了？"

小瞎子挣扎着起来，伸手去摸师父的眼窝。老瞎子把他的手抓住。

"记住，得弹断一千二百根。"

"一千二？"

"把你的琴给我，我把这药方给你封在琴槽里。"老瞎子现在才弄懂了他师父当年对他说的话——咱的命就在这琴弦上。

目的虽是虚设的，可非得有不行，不然琴弦怎么拉紧；拉不紧就弹不响。

"怎么是一千二，师父？"

"是一千二，我没弹够，我记成了一千。"老瞎子想：这孩子再怎么弹吧，还能弹断一千二百根？永远扯紧欢跳的琴弦，不必去看那张无字的白纸……

这地方偏僻荒凉，群山不断。荒草丛中随时会飞起一对山鸡，跳出一只野兔、狐狸或者其他小野兽。山谷中鹞鹰在盘旋。

现在让我们回到开始：莽莽苍苍的群山之中走着两个瞎子，一老一少，一前一后，两顶发了黑的草帽起伏攒动，匆匆忙忙，像是随着一条不安静的河水在漂流。无所谓从哪儿来、到哪儿去，也无所谓谁是谁……

一九八五年四月二十日

注释

[1] 史铁生（1951—2010），河北涿县（今涿州市）人，著名小说家、文学家。生前曾任北京作家协会副主席、驻会作家，中国作家协会第五、六、七届全国委员会委员，中国残疾人联合会副主席。

1958年入北京东城区王大人胡同小学读书，1967年毕业于北京清华大学附属中学。1969年到陕西延川插队落户。1972年回北京，1974年至1981年在北京新桥街道工厂做工，后因瘫痪而停薪留职，回家养病。1979年发表第一篇小说《法学教授及其夫人》，以后陆续发表中、短篇小说多篇，1983年参加中国作家协会。从1986年起，即为北京作家协会合同制作家，后为北京作家协会驻会作家，一级作家职称。1996年11月，短篇小说《老屋小记》获得《东海》文学月刊"三十万东海文学巨奖"金奖。小说《我的遥远的清平湾》《奶奶的星星》分获1983年、1984年全国优秀短篇小说奖，作品风格清新、温馨，富有哲理和幽默感，在表现方法上追求现实主义和象征手法的结合，在真实反映生活的基础上注意吸收现代小说的表现技巧，从成名作《我的遥远的清平湾》到《插队的故事》，作品从内容到形式技巧都显出异乎寻常的平淡和拙朴，属意蕴深沉的“散文化”作品。

另外，他还创作了电影剧本《多梦时节》(与人合作)、《死神与少女》等，《死神与少女》属于一种新的电影类型——诗电影，这为电影类型的发展做出了新的贡献，这两部影片都由林洪洞执导，《多梦时节》以其新颖的视角获第九届金鸡奖最佳儿童片奖，广电部1988年优秀影片奖，第三届儿童电影童牛奖艺术追求特别奖，《死神与少女》以其对人生价值的探索于1989年获保加利亚第十三届瓦尔纳国际红十字会与卫生电影节荣誉奖。

史铁生著有短篇小说《午餐半小时》《我们的角落》《我的遥远的清平湾》《奶奶的星星》《命若琴弦》《第一人称》《别人》《老屋小记》；中篇小说《关于詹牧师的报告文学》《插队的故事》《礼拜日》《原罪·宿命》《一个谜语的几种简单的猜法》《小说三篇》《中篇1或短篇4》等；散文《好运设计》《我与地坛》《墙下短记》《足球内外》；长篇小说《务虚笔记》《我的丁一之旅》。曾先后获全国优秀短篇小说奖、鲁迅文学奖，以及多种全国文学刊物奖。一些作品被译成英、法、日等文字，单篇或结集在海外出版。已出版作品散文集《一个人的记忆》《灵魂的事》《答自己问》《我与地坛》《病隙碎笔》《扶轮问路》；长篇小说《务虚笔记》。

2010年12月30日，史铁生因突发脑溢血在北京宣武医院抢救无效去世。根据其生前遗愿，他的脊椎、大脑捐给医学研究；他的肝脏捐给需要的患者。

微课：对生命意义的探索

思考与练习

1. 小说中的“老瞎子”有哪些特征？请简要分析。

2. 这篇小说的题目叫“命若琴弦”，结合小说的主旨与情节等，联系现实，谈谈你对题目“命若琴弦”意蕴的理解。

3. 结合全文，研讨结尾一段的象征意义。

外国文学

西风颂

雪　莱[1]

阅读提示

《西风颂》是雪莱“三大颂”诗歌中的一首，写于1819年。这首诗是诗人“骄傲、轻捷而不驯的灵魂”的自白，是时代精神的写照。这里，西风已经成了一种象征，它是一种无处不在的宇宙精神，一种打破旧世界，追求新世界的西风精神。诗人以西风自喻，表达了自己对生活的信念和向旧世界宣战的决心。

这首《西风颂》，讴歌了秋风摧枯拉朽、荡涤一切污秽腐败的磅礴气势，诅咒严冬，而呼唤着生机盎然的大好春光。它是雪莱的代表作，也是歌颂自由理想、向往美好生活、赞咏大无畏的奋斗精神的不朽颂歌。

一

哦，狂暴的西风，秋之生命的呼吸！
你无形，但枯死的落叶被你横扫，
有如鬼魅碰上了巫师，纷纷逃避：
黄的，黑的，灰的，红得像患肺痨，
呵，重染疫疠的一群：西风呵，
是你以车驾把有翼的种子催送到
黑暗的冬床上，它们就躺在那里，
像是墓中的死尸，冰冷，深藏，低贱，
直等到春天，你碧空的姊妹吹起
她的喇叭，在沉睡的大地上响遍，
（唤出嫩芽，像羊群一样，觅食空中）
将色和香充满了山峰和平原：
不羁的精灵呵，你无处不远行；
破坏者兼保护者：听吧，你且聆听！

二

没入你的急流，当高空一片混乱，
流云像大地的枯叶一样被撕扯
脱离天空和海洋的纠缠的枝干，

成为雨和电的使者；它们飘落
在你的磅礴之气的蔚蓝的波面，
有如狂女的飘扬的头发在闪烁，
从天穹最遥远而模糊的边沿
直抵九霄的中天，到处都在摇曳
欲来雷雨的鬈发。对濒死的一年
你唱出了葬歌，而这密集的黑夜
将成为它广大墓陵的一座圆顶，
里面正有你的万钧之力在凝结；
那是你的浑然之气，从它会迸涌
黑色的雨、冰雹和火焰：哦，你听！

三

是你，你将蓝色的地中海唤醒，
而它曾经昏睡了一整个夏天，
被澄澈水流的回旋催眠入梦，
就在巴亚海湾的一个浮石岛边，
它梦见了古老的宫殿和楼阁
在水天映辉的波影里抖颤，
而且都生满青苔，开满花朵，
那芬芳真迷人欲醉！呵，为了给你
让一条路，大西洋的汹涌的浪波，
把自己向两边劈开，而深在渊底
那海洋中的花草和泥污的树林
虽然树叶扶疏，却没有精力；
听到你的声音，它们已吓得发青：
一边颤栗，一边自动萎缩：哦，你听！

四

唉，假如我是一片枯叶被你浮起，
假如我是能和你飞跑的云雾，
是一个波浪，和你的威力同喘息，
假如我分有你的脉搏，仅仅不如
你那么自由，哦，无法约束的生命！
假如我能像在少年时，凌风而舞
便成了你的伴侣，悠游太空
因为呵，那时候，要想追你上云霄，
似乎并非梦幻，我就不致像如今
这样焦躁地要和你争相祈祷。
哦，举起我吧，当我是水波、树叶、浮云！

我跌在生活的荆棘上，我流血了！
这被岁月的重轭所制服的生命
原是和你一样的：骄傲、轻捷而不驯。

五

把我当作你的竖琴吧，有如树林：
尽管我的叶落了，那有什么关系！
你巨大的合奏所振起的乐音
将染有树林和我的深邃的秋意：
虽忧伤而甜蜜。呵，但愿你给予我
狂暴的精神！奋勇者呵，让我们合一！
请把我枯死的思想向世界吹落，
让它像枯叶一样促成新的生命！
哦，请听从这一篇符咒似的诗歌，
就把我的话语，像是灰烬和火星
从还未熄灭的炉火向人间播散！
让预言的喇叭通过我的嘴唇
把昏睡的大地唤醒吧！要是冬天
已经来了，西风呵，春日怎会遥远？

注释

[1] 雪莱（1792—1822），19世纪英国著名浪漫主义诗人。出生在一个古老而保守的贵族家庭。少年时在皇家的伊顿公学就读。1810年入牛津大学学习，开始追求民主自由。1811年，诗人因为写作哲学论文推理上帝的不存在，宣传无神论，被学校开除；也因此得罪父亲，离家独居。1812年，诗人又偕同新婚的妻子赴爱尔兰参加那儿人们反抗英国统治的斗争，遭到英国统治阶级的忌恨。1814年，雪莱与妻子离婚，与玛丽小姐结合。英国当局趁机对雪莱大加诽谤中伤，雪莱愤然离开祖国，旅居意大利。1822年7月8日，雪莱出海航行遭遇暴风雨，溺水而亡。雪莱一生创作了大量优秀的抒情诗及政治诗，《云雀颂》《西风颂》《自由颂》《解放了的普罗米修斯》《暴政的假面游行》等诗都一直为人们传唱不衰。

思考与练习

1.《西风颂》是雪莱的代表作之一。这首诗是在何时何地在什么情况下创作的？
2. 在理解句意的基础上概括各节大意，并进而思考诗歌表达了怎样的思想感情。
3. 怎样理解这首诗的浪漫主义特点？
4. 举例说明这首诗是怎样运用比喻和象征手法的？
5. 阅读雪莱的《云》，谈谈它在写作手法上与《西风颂》有何相似之处？

论言谈

培 根[1]

阅读提示

本文是培根《论说文集》中的一篇。此书初版于1597年，卷首题词中说明该书献给作者的哥哥安东尼·培根。书中共收有《论学问》《论言谈》《论礼仪》等10篇文章，以精悍的文笔、丰富的内涵、深刻的哲理、机敏的警句，受到读者的喜爱和推崇。此后，该书多次再版，培根也经常将文集带在身边，不断地加以增删修改，使文集越加完善。1962年，《论说文集》的最后修正本出版，篇幅增加到58篇，原来的10篇均已经过较大程度的修改，有几篇甚至是重新写过的。该书为培根在世界文坛赢得很高的赞誉，成为他在文学领域最主要的代表作。

有些人的讲话，只图博得机敏的虚名，却并不关心对真理的讨论。仿佛语言形式比思想实质还有价值。有些人津津乐道于某种陈词滥调，而其意态却盛气凌人。这种人一经识破，就难免成为笑柄。真正精于谈话艺术者，是善于引导话题的人。同时又是那种善于使无意义的谈话转变方向者。这种人可算作社交谈话中的指挥师。单调无聊的谈话会令人生厌，因此，善于言谈者必善幽默。但这种幽默，并不意味着对一切事物都可以拿来打趣。例如关于宗教、政治、伟人以及别人的令人同情的苦恼，等等，决不应用作话题加以取笑。在有的人看来，如果说话不够刻薄，便不足以显示自己聪明，其实这种习性应该加以根绝。正如古人关于骑术所说的：

"要紧掣缰绳，但少打鞭子。"

那些喜欢出口伤人者，恐怕常常过低估计了被伤害者的记忆力和报复心。谈话中善于提问，必能多有受益。而所提问题，如果又恰是被问者的特长，那就比直接恭维他还有利。这不仅能使听者获得教益，也能使被请教者感到愉快。但提问应当掌握好分寸，以免使询问变成盘问，使被问者难堪。作为客厅中的主人，应当使在座的每个人都分享发表意见的机会，以免有人产生被冷落之感。遇到有人独占谈局，主人就应当设法将话题转移。还要记住，善于保持沉默也是谈话的一种艺术。因为如果你对于你有所了解的话题不动声色，那么下次遇到你所不懂的话题，你保持沉默，人们也不会以为你无知。关于自己个人的话题应尽量少讲，至少不要讲得不得当。我有个朋友，他总用这样的话讽刺一个自吹自擂的人，说："此公真聪明，因为他居然对自己无所不知。"人只有在这样一种形式下宣扬自己，才可以不招致反感。这就是以赞扬他人优点的形式来衬托自己的优点。谈话的范围应当广泛，好像一片原野，每个人行走其中都能左右逢源。而不要成为一条单行道，只能容纳自己一个人。谈话时切不可出口伤人。我有两位贵族朋友，其中一位豪爽好客，就是喜欢骂人。于是另一位便经常这样询问那些参加过他家宴会的人，"请说实话，这次席上难道没有人挨骂吗?"等客人谈完，这位贵族就微笑着说："我早猜到他那嘴，能使一切好菜改变味道。"关于谈话的艺术还应当了解：温和的语言，其力量胜过雄辩。不善答问者是笨拙的，但没有原则的诡辩却是轻浮的。讲话绕弯子太多令人厌烦，但过于直截了当又会显得唐突。能掌握此分寸的人，才算精通了谈话的艺术。

注释

[1] 弗兰西斯·培根（Francis Bacon，1561—1626），是第一代圣阿尔本子爵，英国散文作家、法学家、哲学家、政治家，英国唯物主义和现代实验科学的始祖。培根是一位经历了诸多磨难的贵族子弟，复杂多变的生活丰富了他的阅历。他不但在文学、哲学上多有建树，在自然科学领域里，也取得了重大成就。他是一位理性主义者而不是迷信的崇拜者，是一位经验论者而不是诡辩学者。

思考与练习

1. 本文的主要观点是什么？
2. 为什么说“善于保持沉默也是谈话的一种艺术”？
3. 作者认为“能掌握此分寸的人，才算精通了谈话的艺术”。怎样才能掌握好谈话的分寸？
4. 试分析说明本文在写作风格上的主要特点。
5. 你认为应怎样讲究谈话的艺术？谈谈你在实际生活中是如何去做的？

求知若饥，虚心若愚

——在斯坦福大学毕业典礼上的演讲

乔布斯[1]

阅读提示

2011年10月5日，乔布斯，这位美国苹果公司的联合创始人离世了。苹果公司在声明中称：“他丰富并改变了我们所有人的生活。世界因乔布斯而变得更好！”乔布斯“从来没有从大学毕业过”，却七次登上了《时代》杂志封面，被誉为当代最杰出的计算机专家和最成功的企业家之一。这位“苹果教父”巨大的创造力来自哪里？2005年6月12日乔布斯在斯坦福大学毕业典礼上的演讲，有所揭示。他讲述了他人生中的三个故事，阐释了学习、热爱和勇气的人生主题，对于每个人的职场生涯都有重要的启发意义。

我今天很荣幸能和你们一起参加毕业典礼，斯坦福大学是世界上最好的大学之一。我从来没有从大学毕业过。说实话，今天也许是我的生命中离大学毕业最近的一天了。今天我想向你们讲述我生活中的三个故事。不是什么大不了的事情，只是三个故事而已。

第一个故事是关于如何把生命中的点点滴滴串联起来。

我在里德学院读了六个月之后就退学了，但是在十八个月以后——我真正地做出退学决定之后，我还经常去学校。我为什么要退学呢？

故事从我出生的时候讲起。我的亲生母亲是一个年轻的，没有结婚的大学毕业生。她决定让别人收养我，她十分想让我被大学毕业生收养。所以在我出生的时候，她已经做好了一切的准备工作，能使得我被一个律师和他的妻子所收养。但是她没有料到，当我出生之后，律师夫妇突然决定他们想要一个女孩。所以我的养父母（他们在待选名单上）突然在半夜接到了一个电话：“我们现在这儿有一个不小心生出来的男婴，你们想要他吗？”他们回答道："当然!"但是我亲生母亲随后发现，我的养母从来没有上过大学，我的养父甚至没有读过高中。她拒绝签这个收养合同。只是在几个月以后，我的父母答应她一定会让我上大学，那个时候她才软化同意。这是我人生的开始。

在十七岁那年，我真的上了大学。但是我很愚蠢地选择了一个几乎和你们斯坦福大学一样贵的学校，我父母还处于蓝领阶层，他们几乎把所有积蓄都花在了我的学费上面。在六个月后，我已经看不到其中的价值所在。我不知道我真正想要做什么，我也不知道大学能怎样帮助我找到答案。但是在这里，我几乎花光了我父母这一辈子的全部积蓄。所以我决定要退学，我觉得这是个正确的决定。不能否认，我当时确实非常的害怕，但是现在回头看看，那的确是我这一生中最棒的一个决定。在我做出退学决定的那一刻，我终于可以不必去读那些令我提不起丝毫兴趣的课程了。然后我可以开始去修那些看起来有点意思的课程。

但是这并不是那么罗曼蒂克。我失去了我的宿舍，所以我只能在朋友房间的地板上面睡觉，我去捡可以换5美分的可乐罐，仅仅为了填饱肚子，在星期天的晚上，我需要走七英里的路程，穿过这个城市到克利须那（Hare Krishna）神庙（注：位于纽约布鲁克林区下城），只是为了能吃上好饭——这个星期唯一一顿好一点的饭，我喜欢那里的饭菜。我跟着我的直觉和好奇心走，遇到的很多东西，此后被证明是无价之宝。让我给你们举一个例子吧：

里德学院在那时提供也许是全美国最好的美术字课程。在这个大学里面的每个海报、每个抽屉的标签上面全都是漂亮的美术字。因为我退学了，不必去上正规的课程，所以我决定去参加这个课程，去学学怎样写出漂亮的美术字。我学到了sans serif 和serif字体，我学会了怎么样在不同的字母组合之中改变空白间距，还有怎么样才能做出最棒的印刷式样。那种美好、历史感和艺术精妙，是科学永远不能捕捉到的，我发现那实在是太迷人了。

当时看起来这些东西在我的生命中，好像都没有什么实际应用的可能。但是十年之后，当我们在设计第一台麦金塔（Macintosh）计算机电脑的时候，就不是那样了。我把当时我学的那些东西全都设计了进去。那是第一台使用了漂亮的印刷字体的电脑。如果我当时没有退学，就不会有机会去参加这个我感兴趣的美术字课程，Mac就不会有这么多丰富的字体，以及赏心悦目的字体间距。当然我在大学的时候，还不可能把从前的点点滴滴串联起来，但是当我十年后回顾这一切的时候，真的豁然开朗了。

再次说明的是，你在向前展望的时候不可能将这些片段串联起来；你只能在回顾的时候将点点滴滴串联起来。所以你必须相信这些片段会在你未来的某一天串联起来。你必须要相信某些东西：你的勇气、目的、生命、因缘……因为相信你生命中的点滴将在日后相连，将会给你听从自己心灵的信心，即使这样做会使你离开熟悉的道路。这将使一切大不相同。

我的第二个故事是关于爱和失去。

我非常幸运，因为我在很早的时候就找到了我钟爱的东西。沃兹和我在二十岁的时候就在父母的车库里面开创了苹果公司。我们工作得很努力，十年之后，这个公司从车库中的那两个穷小子发展成了雇员超过四千名、价值超过二十亿的大公司。在公司成立的第九年，我们刚刚发布了最好的产品，那就是Macintosh。我也快要三十岁了。在那一年，我被炒了鱿鱼。你怎么可能被你自己创立的公司炒了鱿鱼呢？嗯，在苹果公司快速成长的时候，我们雇用了一个很有天分的家伙和我一起管理这个公司，在最初的几年，公司运转得很好。但是后来我们对未来的看法发生了分歧，最终我们吵了起来。当吵得不可开交的时候，董事会站在了他的那一边。所以在三十岁的时候，我被炒了。在这么多人的目光下我被炒了。在而立之年，我生命的全部支柱离自己远去，这真是毁灭性的打击。

在最初的几个月里，我真是不知道该做些什么。我觉得我令上一代的创业家们很失望，我把他们交给我的接力棒弄丢了。我和创办惠普的戴维·帕卡德（David Pack）、创办英特尔的鲍勃·诺伊斯（Bob Noyce）见面，并试图向他们道歉。我把事情弄得糟糕透顶了。但是我渐渐发现了曙光，我仍然喜爱我从事的这些东西。苹果公司发生的这些事情丝毫没有改变这些，一点也没有。我被驱逐了，但是我仍然钟爱我所做的事情。所以我决定从头再来。

我当时没有觉察，但是事后证明，从苹果公司被炒是我这辈子发生的最棒的事情。因为，作为一个成功者的负重感被作为一个创业者的轻松感所代替，没有比这更确定的事情了。这让我觉得如此自由，进入了我生命中最有创造力的一个阶段。

在接下来的五年里，我创立了NeXT电脑公司（简称“NeXT”），还有皮克斯动画工作室（简称：皮克斯），然后和一个后来成为我妻子的优雅女人相识。皮克斯制作了世界上第一个用电脑制作的动画电影——玩具总动员，皮克斯现在也是世界上最成功的电脑制作工作室。在后来的一系列运转中，苹果公司收购了NeXT，然后我又回到了苹果公司。我们在NeXT发展的技术在苹果公司今天的复兴中发挥了关键的作用。而且，我还和劳伦斯（Laurence）一起建立了一个幸福完美的家庭。

我可以非常肯定，如果我不被苹果公司开除的话，这其中一件事情也不会发生。这个良药的味道实在是太苦了，但是我想病人需要这个药。有些时候，生活会拿起一块砖头向你的脑袋猛拍一下。不要失去信仰。我很清楚唯一使我一直走下去的，就是我做的事情令我无比钟爱。你需要去找到你所爱的东西。对于工作是如此，对于你的爱人也是如此。你的工作将会占据生活中很大的一部分。你只有相信自己所做的是伟大的工作，你才能怡然自得。如果你现在还没有找到，那么继续找、不要停下来，只要全心全意地去找，在你找到的时候，你的心会告诉你的。就像任何真诚的关系，随着岁月的流逝只会越来越紧密。所以继续找，直到你找到它，不要停下来！

我的第三个故事是关于死亡的。

当我十七岁的时候，我读到了一句话：“如果你把每一天都当作生命中最后一天去生活的话，那么有一天你会发现你是正确的。”这句话给我留下了深刻的印象。从那时开始，过了33 年，我在每天早晨都会对着镜子问自己：“如果今天是我生命中的最后一天，你会不会完成你今天想做的事情呢?”当答案连续多天是“不”的时候，我知道自己需要改变某些事情了。

“记住你即将死去”是我一生中遇到的最重要的箴言。它帮我指明了生命中重要的选择。因为几乎所有的事情，包括所有的荣誉、所有的骄傲、所有对难堪和失败的恐惧，这些在死亡面前都会消失。我看到的是留下的真正重要的东西。你有时候会思考你将会失去某些东西，“记住你即将死去”是我知道的避免这些想法的最好办法。你已经赤身裸体了，你没有理由不去跟随自己内心的声音。

大概一年以前，我被诊断出癌症。我在早晨七点半做了一个检查，检查清楚地显示在我的胰腺有一个肿瘤。我当时都不知道胰腺是什么东西。医生告诉我那很可能是一种无法治愈的癌症，我还有三到六个月的时间活在这个世界上。我的医生叫我回家，然后整理好我的一切，那是医生对临终病人的标准程序。那意味着你将要把未来十年对你小孩说的话在几个月里说完；那意味着要把每件事情都安排好，让你的家人能尽可能轻松的生活；那意味着你要说“再见了”。

我拿着那个诊断书过了一整天，那天晚上我做了一个活切片检查，医生将一个内窥镜从我的喉咙伸进去，通过我的胃，然后进入我的肠子，用一根针在我胰腺的肿瘤上取了几个细胞。我当时是被麻醉的，但是我的妻子在那里，后来告诉我，当医生在显微镜下观察这些细胞的时候他们开始尖叫，因为这些细胞竟然是一种罕见的可以用手术治愈的胰腺癌症细胞。我做了这个手术，现在我痊愈了。

那是我最接近死亡的时候，我希望这也是以后的几十年最接近的一次。从死亡线上又活了过来，我可以比以前把死亡只当成一种想象中的概念的时候，更肯定一点地对你们说：

没有人愿意死，即使人们想上天堂，也不会为了去那里而死。但死亡是我们每个人共同的终点。从来没有人能够逃脱它。也应该如此。因为死亡就是生命中最好的一个发明。它将旧的清除以便给新的让路。你们现在是新的，但是从现在开始不久以后，你们将会逐渐变成旧的然后被送离人生舞台。我很抱歉这很戏剧性，但是这十分的真实。

你们的时间很有限，所以不要将它们浪费在重复其他人的生活上。不要被教条束缚，那意味着你和其他人思考的结果一起生活。不要被其他人喧嚣的观点掩盖你内心真正的声音。还有最重要的是，你要有勇气去听从你直觉和心灵的指示——它们在某种程度上知道你想要成为什么样子，所有其他的事情都是次要的。

当我年轻的时候，有一本叫作《全球概览》的杂志，它是我们那一代人的圣经之一。它是一个叫斯图尔特·布兰德（Stewart Brand）的家伙在离这里不远的门罗帕克编辑的，他像诗一般神奇地将这本书带到了这个世界。那是60年代后期，在个人电脑出现之前，所以这本书全部是用打字机、剪刀还有偏光镜制造的。有点像用软皮包装的谷歌，在谷歌出现三十五年之前：这是理想主义的，其中有许多灵巧的工具和伟大的想法。

斯图尔特·布兰德和他的伙伴出版了几期“全球概览”，当它完成了自己使命的时候，他们做出了最后一期的目录。那是在70年代的中期，我正是你们的年纪。在最后一期的封底上是清晨乡村公路的照片（如果你有冒险精神的话，你可以自己找到这条路），在照片之下有这样一段话：“求知若饥，虚心若愚。”这是他们停止发刊的告别语。“求知若饥，虚心若愚。”我总是希望自己能够那样，现在，在你们即将毕业，开始新的旅程的时候，我也希望你们能这样：

求知若饥，虚心若愚。

非常感谢你们。

注释

［1］史蒂夫·乔布斯，1955年2月24日生于美国加利福尼亚州旧金山，美国发明家、企业家、美国苹果公司联合创办人。1976年4月1日，乔布斯签署了一份合同，决定成立一家电脑公司。1977年4月，乔布斯在美国第一次计算机展览会展示了苹果Ⅱ号样机。1997年苹果公司推出iMac，创新的外壳颜色透明设计使得产品大卖，并让苹果公司度过财政危机。2011年8月24日，史蒂夫·乔布斯向苹果董事会提交辞职申请。乔布斯被认为

是计算机业界与娱乐业界的标志性人物，他经历了苹果公司几十年的起落与兴衰，先后领导和推出了Macintosh、iMac、iPod、iPhone、iPad等风靡全球的电子产品，深刻地改变了现代通信、娱乐、生活方式。乔布斯同时也是皮克斯动画公司的前董事长及行政总裁。2011年10月5日，因胰腺癌病逝，享年56岁。

思考与练习

1.“求知若饥，虚心若愚”的含义是什么？给我们即将进入的职业生涯以怎样的启示？

2.请简要分析乔布斯这篇演讲词的艺术特色。

3.乔布斯“从来没有从大学毕业过”，却拥有大学生梦寐以求的事业，那么，上大学的价值何在？对此你有怎样的思考呢？

我为何而生

罗 素[1]

阅读提示

这是罗素为其自传所写的序言，篇幅虽短，但包含巨大的情感容量，因此历来被人们所传诵。

“我为何而生？”这是一个难参的人生之题，但是任何人都无法回避。罗素的回答是：爱、知识和怜悯，这三者囊括了西方文化的精髓。纵观罗素的一生，可以说痛苦与欢欣并存，不过自始至终，痛苦也是他生活的动力，在心底里，他还是像雪莱的诗里写的那样：“爱波涛、暴风和狂澜，——几乎任何事物”，深沉的爱和痛苦汇成一股崇高的悲悯的力量，指引他去追求人类更为理想的生活。

对爱情的渴望，对知识的追求，对人类苦难不可遏制的同情，是支配我一生的单纯而强烈的三种感情。这些感情如阵阵飓风，吹拂在我动荡不定的生涯中，有时甚至吹过深沉痛苦的海洋，直抵绝望的边缘。

我所以追求爱情，有三方面的原因。首先，爱情有时给我带来狂喜，这种狂喜竟如此有力，以致使我常常会为了体验几小时爱的喜悦，而宁愿牺牲生命中其他一切。其次，爱情可以摆脱孤寂——身历那种可怕孤寂的人的战栗意识，有时会由世界的边缘，观察到冷酷无生命的无底深渊。最后，在爱的结合中，我看到了古今圣贤以及诗人们所梦想的天堂的缩影，这正是我所追寻的人生境界。虽然它对一般的人类生活也许太美好了，但这正是我透过爱情所得到的最终发现。

我曾以同样的感情追求知识，我渴望去了解人类的心灵。也渴望知道星星为什么会发光，同时我还想理解毕达哥拉斯的力量。

爱情与知识的可能领域，总是引领我到天堂的境界，可对人类苦难的同情经常把我带回现实世界。那些痛苦的呼唤经常在我内心深处引起回响。饥饿中的孩子，被压迫被折磨者，给子女造成重担的孤苦无依的老人，以及全球性的孤独、贫穷和痛苦的存在，是对人类生活理想的无视和讽刺。我常常希望能尽自己的微薄之力去减轻这不必要的痛苦，但我发现我完全失败了，因此我自己也感到很痛苦。

这就是我的一生，我发现人是值得活的。如果有谁再给我一次生活的机会，我将欣然接受这难得的赐予。

注释

[1] 伯特兰·罗素（Bertrand Russell，1872—1970），英国现当代著名哲学家、数学家、社会活动家和政论家，于1950年获诺贝尔文学奖，1963年创立罗素和平基金会。

罗素先后四次结婚，却三度不幸离异。由于政治原因，曾两次被监禁：一次在1918年，因犯对美军的诽谤罪被监禁6个月；另一次是在1961年他89岁时，因参与核裁军游行，在医院被拘禁一星期。

他是一个极富鼓动天赋的辩论家，一个文理兼通的勤勉的科普工作者，曾于1920年至1921年任北京大学客座教授。与通常的隐居书斋脱离世事的纯学者不同，罗素是一个具有强烈社会关怀的人道主义者、和平主义者，他终其一生热衷于政治活动和社会事务，并且撰写了大量关于政治和社会方向的著作。他的胸怀充满正义、良知、睿智、温情，多姿多彩，博大精深。他为他所信仰的自由事业而孜孜以求，义无反顾。《我为何而生》一文便是他为其晚年所撰自传而作的一则前言，以其饱含情愫的如椽巨笔精要地概述了支配他一生的三种强烈的感情，表达了他对爱情与知识的执着追求，以及对人类和平与安宁的莫大关心，其洋溢在字里行间的博爱精神熠熠生辉，令人肃然起敬。

思考与练习

1. 在《我为何而生》（又译为《我的人生追求》）一文中，罗素说他一生有哪几方面的追求？你是否同意作者的观点？你的人生目标又是什么呢？

2. 你热爱生命吗？你想过“我为何而生”这个问题吗？请以“我为何而生”为题写一篇演讲稿，并参与演讲。

麦田里的守望者（节选）

（美）塞林格[1]

阅读提示

一部文学作品要赢得一个读者的喜爱，肯定得有某种精神暗合读者的思想，《麦田里的守望者》之所以成为经久不衰的作品，并且为塞林格赢得殊荣，不仅因为它塑造了深受青少年喜爱的人物形象，更重要的在于它反映了当时社会所存在的各种问题，描述了他们在成人的世界中感到的迷惘，揭示了他们渴望真爱却无处寻觅的苦闷。塞林格在其笔下塑造了叛逆少年霍尔顿，其身上体现出的颓废、叛逆，其思想上表现出的苦闷、彷徨、迷茫而对未来怀有希望，正是当时美国千万青少年真实思想的写照。而《麦田里的守望者》的意义就在于在别人的故事里发现自己的轨迹，然后给人以理想的感召。

你要是真想听我讲，你想要知道的第一件事可能是我在什么地方出生，我倒霉的童年是怎样度过，我父母在生我之前干些什么，以及诸如此类的大卫·科波菲尔式废话，可我老实告诉你，我无意告诉你这一切。首先，这类事情叫我腻烦；其次，我要是细谈我父母的个人私事，他们俩准会大发脾气。对于这类事情，他们最容易生气，特别是我父亲。他们为人倒是挺不错——我并不想说他们的坏话——可他们的确很容易生气。再说，我也不是要告诉你这些。我想告诉你的只是我在去年圣诞节前所过的那段荒唐生活，后来我的身体整个儿垮了，不得不离家到这儿来休养一阵。我是说这些事情都是我告诉过我哥哥的，他在好莱坞。那地方离我目前可怜的住处不远，所以他常常来看我，几乎每个周末都来，我打算在下个月回家，他还要亲自开车送我回去。他刚买了辆“美洲豹”，那是种英国小轿车，一个小时可以驶两百英里左右，买这辆车花了他将近四千块钱。最近他十分有钱。过去他并不有钱。过去他在家里的时候，只是个普通作家，写过一本了不起的短篇小说集《秘密金鱼》，不知你听说过没有。这本书里最好的一篇就是《秘密金鱼》，讲的是一个小孩怎样不肯让人看他的金鱼，因为那鱼是他自己花钱买的。

这故事动人极了，简直要了我的命。这会儿他进了好莱坞，而我最最讨厌电影，最好你连提也不要向我提起。

我打算从我离开潘西中学那天讲起。潘西这学校在宾夕法尼亚州埃杰斯镇。你也许听说过。也许你至少看见过广告。他们差不多在一千份杂志上登了广告，总是一个了不起的小伙子骑着马在跳篱笆。好像在潘西除了比赛马球就没有事可做似的。

其实我在学校附近连一匹马的影儿也没见过。在这幅跑马图底下，总是这样写着：“自从1888年起，我们就把孩子栽培成优秀的、有脑子的年轻人。”完全是骗人的。在潘西也像在别的学校一样，根本没栽培什么人才。而且在那里我也没见到任何优秀的、有脑子的人。也许有那么一两个，可他们很可能在进学校的时候就是那样的人。

嗯，那天正好是星期六，要跟萨克逊·霍尔中学赛橄榄球。跟萨克逊·霍尔的这场比赛被看作是潘西附近的一件大事。这是年内最后一场球赛，要是潘西输了，看样子大家非自杀不可。我记得那天下午三点左右，我爬到高高的汤姆孙山顶上看赛球，就站在那尊曾在独立战争中使用过的混账大炮旁边。从这里可以望见整个球场，看得见两队人马到处冲杀。看台里的情况虽然看不很清楚，可你听得见他们的吆喝声，一片震天的喊声为潘西叫好，因为除了我，差不多全校的人都在球场上，不过给萨克逊·霍尔那边叫好的声音却是稀稀拉拉的，因为到客地来比赛的球队，带来的人总是不多的。

在每次橄榄球比赛中总很少见到女孩子。只有高班的学生才可以带女孩子来看球。这确实是个阴森可怕的学校，不管你从哪个角度看它。我总希望自己所在的地方至少偶尔可以看见几个姑娘，哪怕只看见她们在搔胳膊、擤鼻子，甚至在吃吃地傻笑。

赛尔玛·绥摩——她是校长的女儿——倒是常常出来看球，可像她这样的女人，实在引不起你多大兴趣。其实她为人倒挺不错。有一次我跟她一起从埃杰斯镇坐公共汽车出去，她就坐在我旁边，我们俩随便聊起天来。我挺喜欢她的。她从来不瞎吹她父亲有多伟大，也许她知道他是个假模假式的饭桶。

我之所以站在汤姆孙山顶，没下去看球，是因为我刚跟击剑队一道从纽约回来。我还是这个击剑队的倒霉领队，真了不起。我们一早出发到纽约去跟麦克彭尼中学比赛击剑。只是这次比赛没有比成。

我们把比赛用的剑、装备和一些别的东西一股脑儿落在地铁上了。当然这事也不能完全怪我。我得不住地站起来看地图，好知道在哪儿下车。结果，我们没到吃晚饭时间，在下午两点三十分就已回到了潘西。乘火车回来的时候全队的人一路上谁也不理我。说起来，倒也挺好玩哩。

我没下去看球的另一原因，是我要去向我的历史老师老斯宾塞告别。他患着流行性感冒，我揣摩在圣诞假期开始之前再也见不到他了。他写了张条子给我，说是希望在我回家之前见我一次。他知道我这次离开潘西后再也不回来了。

我忘了告诉你这件事。他们把我踢出了学校，过了圣诞假后不再要我回来，原因是我有四门功课不及格，又不肯好好用功。他们常常警告我，要我好好用功——特别是学期过了一半，我父母来校跟老绥摩谈过话以后——可我总是当耳边风，于是我就被开除了。他们在潘西常常开除学生。潘西在教育界声誉挺高，这倒是事实。

嗯，那是十二月，天气冷得像冰窖，尤其是在这混账的小山顶上。我只穿了件晴雨两用的风衣，没戴手套什么的。上个星期，有人从我的房间里偷走了我的骆驼毛大衣，大衣袋里还放着我那副毛皮里子的手套。潘西有的是贼。不少学生都是家里极有钱的，可学校里照样全是贼。学校越贵族化，里面的贼也越多——我不开玩笑。嗯，我当时一动不动地站在那尊混账大炮旁边，看着下面的球赛，冻得我屁股都快掉了。只是我并不在专心看球。我流连不去的真正目的，是想跟学校悄悄告别。我是说过去我也离开过一些学校，一些地方，可我在离开的时候自己竟不知道。我痛恨这类事情。

我不在乎是悲伤的离别还是不痛快的离别，只要是离开一个地方，我总希望离开的时候自己心中有数。

要不然，我心里就会更加难受。

总算我运气好。刹那间我想起了一件事，让我感觉到自己就要滚出这个地方了。我突然记起在十月间，我怎样跟罗伯特·铁奇纳和保尔·凯姆伯尔一起在办公大楼前扔橄榄球。他们都是挺不错的小伙子，尤其是铁奇纳。那时正是在吃晚饭前，外面天已经很黑了，可是我们照样扔着球。天越来越黑，黑得几乎连球都看不见了，可我们还是不肯歇手。最后我们被迫歇手了。那位教生物的老师，柴柏西先生，从教务处的窗口探出头来，叫我们回宿舍去准备吃晚饭。我要是运气好，能在紧要关头想起这一类事情，我就可以好好作一番告别了——至少绝大部分时间都可以做到。因此我一有那感触，就立刻转身奔下另一边山坡，向老斯宾塞的家奔去。他并不住在校园内。他住在安东尼·魏思路。

我一口气跑到大门边，然后稍停一下，喘一喘气。我的气很短，我老实告诉你说。我抽烟抽得凶极了，这是一个原因——那是说，我过去抽烟抽得极凶。现在他们让我戒掉了。另一个原因，我去年一年内竟长了六英寸半。正因为这个缘故，我差点儿得了肺病，现在离家来这儿做检查治疗那一套。其实，我身上什么毛病也没有。

嗯，等我喘过气来以后，我就奔过了第二〇四街。天冷得像在地狱里一样，我差点儿摔了一跤。我甚至都不知道自己为什么要奔跑——我揣摩大概是一时高兴。我穿过马路以后，觉得自己好像失踪了似的。那是个混账的下午，天气冷得可怕，没太阳什么的，在每次穿越马路之后，你总会有一种像是失踪了的感觉。

嘿，我一到老斯宾塞家门口，就拼命按起铃来。我真的冻坏了。我的耳朵疼得厉害，手上的指头连动都动不了。“喂，喂，”我几乎大声喊了起来，“快来人开门哪。”最后老斯宾塞太太来开门了。他们家里没有佣人，每次总是他们自己出来开门。他们并不有钱。“霍尔顿！”斯宾塞太太说。“见到你真高兴！进来吧，亲爱的！你都冻坏了吧？”我觉得她的确乐于见我。她喜欢我。至少我是这样觉得。

嘿，我真是三脚两步跨进了屋。“您好，斯宾塞太太。”我说，“斯宾塞先生好吗？”

“我来给你脱大衣吧，亲爱的。”她说。她没听见我问候斯宾塞先生的话。她的耳朵有点聋。

她把我的大衣挂在门厅的壁橱里，我用手把头发往后一掠。我经常把头发理得很短，所以用不着用梳子梳。“您好吗，斯宾塞太太?”我又说了一遍，只是说得更响一些，好让她听见。

“我挺好，霍尔顿。”她关上了橱门。“你好吗?”从她问话的口气里，我立刻听出老斯宾塞已经把我被开除的事告诉她了。

“挺好，”我说。“斯宾塞先生好吗？他的感冒好了没有?”

“好了没有！霍尔顿，他完全跟好人一样了——我不知道怎么说合适……他就在他自己的房里，亲爱的。进去吧。”

注释

[1] 杰罗姆·大卫·塞林格（Jerome David Salinger，1919—2010），美国作家，他的《麦田里的守望者》被认为是20世纪美国文学的经典作品之一。塞林格出生于纽约的一个犹太富商家庭，他在15岁时就被父亲送到宾夕法尼亚州的一所军事学校。1936年塞林格从军事学校毕业，1937年又被做火腿进口生意的父亲送到波兰学做火腿。塞林格在纽约的时候就开始向杂志投稿，其中大部分都是为了赚钱，但也不乏一些好文章，其中包括《香蕉鱼的好日子》。二战中断了塞林格的写作。1942年塞林格从军，1944年他前往欧洲战场从事反间谍工作。战争令塞林格恐惧，他之后写了多本以战争为题材的书。1946年塞林格退伍，回到纽约开始专心创作。他的第一本长篇小说《麦田里的守望者》1951年出版，获得了很大的成功，塞林格一举成名。他之后的作品包括《弗兰尼与卓埃》(1961年)、《木匠们，把屋梁升高》和《西摩：一个介绍》(1963年)，以及收录了他的短篇故事的《九故事》(1953年)，但都不像《麦田里的守望者》那么成功。塞林格擅长塑造早熟、出众的青少年形象。

思考与练习

1. 作品主人公的愿望就是做一个“麦田里的守望者”。请展开想象和联想，描绘这一充满象征的意象，并说说从中可以看出主人公哪方面的性格?

2. 有人说，小说主人公霍尔顿是一个游荡者的躯壳，而他的灵魂则像一朵浮云四处飘荡，你认为这种说法合理吗？为什么？

3. 联系自己的实际，谈谈你对我国现行教育制度的看法。

附 录

阅读方法

阅读方法是理解读物内容，从中接收信息所采用的手段或途径。有不同类别和层次。

（1）综合类，有朗读法、默读法、精读法、略读法、速读法等；

（2）分项类，有解词、释句法，文章结构分析法，文章中心思想归纳法等；

（3）与思维方法结合，有分析、综合、比较、概括、归纳和演绎阅读法等；

（4）阅读笔记方法，有划重点、写标题，编写读书提纲，写读后感及读书心得等方法；

(5) 按文体阅读，有散文阅读法、小说阅读法、诗歌阅读法、剧本阅读法、科技文阅读法等。

这里我们介绍几种具体的读书方法：

- **信息式阅读法**

这类阅读的目的是了解情况。我们阅读报纸、广告、说明书等就属于这种阅读方法。对于大多数这类资料，读者应该使用一目十行的速读法，快速浏览文字，及时捕捉自己所需的内容，舍弃无关的部分。任何人想及时了解当前形势或者研究某一段历史，速读法是必不可少的，至于是否需要中断、精读或停顿下来稍加思考，视所读材料而定。

- **文学作品阅读法**

文学作品除了内容外，还有修辞和韵律上的意义。因此阅读时应该放缓速度，以听到其中每个词的声音，如果嘴唇没动，可能是因为偷懒。例如读"压力"这个词时，喉部肌肉应同时运动。阅读诗词时更要注意聆听声音，这样一旦诗中漏掉一个音节，很容易就能听出来。阅读散文时要注意它的韵律，聆听词句前后的声音，还需要从隐喻或词与词的组合中获取自己的感知，得到自己的理解。文学家的作品，唯有充分运用这种接受语言的能力，才能汲取他们的聪明才智、想象能力和写作技巧。这种依赖耳听——通过眼睛接收文字信号，将它们转译成声音，到达喉咙，然后加以理解的阅读方法，同我们的臆想能力相关。

- **经典著作阅读法**

这种方法用来阅读哲学、经济、军事和古典著作。阅读这些著作要像读文学作品一样慢，但读者的眼睛经常会离开书本，对书中的一字一句细加思索，捕捉作者真正的用意，从而理解其中深奥的哲理。值得注意的是，如果用经典著作阅读法阅读文学作品，往往容易忽略文学作品的特色，使读者钻进文学观念史的牛角尖中去。

阅读速度

不同的阅读材料要用不同的速度。例如，阅读一部令人兴奋的小说要比阅读一本生物学课本快。

阅读不同课本所用的速度也不同，因为有的写得好，有的写得差；有的易懂有的难读。每一学期，在读不同课本时，可以给自己定一个时间，看一小时能读多少页。一旦你对自己的阅读速度有了比较精确的估计，你就可以较好地安排自己的阅读和学习时间。

阅读理解

先很快地看一遍某个章节。找出作者突出强调的部分。如果作者对某一个概念给了许多图解，那它就是一个重要概念。如果时间紧迫，你可以跳过那些作者着笔不多的部分。

读每个段落的第一句应该比读其余部分更认真些。

在阅读某一章节之前，注意标题以及每一段的第一个句子。然后合上书，问问自己，你对这个主题了解了多少。

在读每一个句子时，注意名词和主要内容。找出名词—动词的搭配，并学习掌握这些搭配。例如，读下面这段课文：

经典的条件反射是这样一种学习，它发生于当我们把环境中的两种刺激联系起来时，其中一种刺激激发反射性的反应，另一种刺激相对这种反应原本是中性的，但是，在它和第一种刺激结合后，它就激发起这种反应。

你不需要读每一个词，你可以用图解的方式来解释这段课文：

经典的条件反射＝学习＝把两种刺激联系起来
第一种刺激激发一种反应
第二种刺激＝原本是中性的，但和第一种刺激结合→激发反应

不必一遍一遍地读课文，你可以以这种形式记笔记，这样，你就记下了这段课文中的重要内容。一旦你这样记笔记，你就不必担心课文本身了。

快速阅读要领

1. 不要反复浏览。凡是科技读物，一般只需顺着读一遍即可。如有必要，等整篇读完之后，再回过头重复读某项内容。避免眼睛不断地来回转动。

2. 采用“筛选”式阅读法。有意识地为涉猎专业所需的信息而读。

3. 要默读，不要朗读。发声的阅读是快速阅读的大敌。

4. 阅读时，视线应与读物垂直，并充分发挥视线的“余光”作用，多浏览一些内容。

5. 要聚精会神地阅读。快速阅读必须集中注意力。

6. 提倡有理解地阅读。阅读时，抓住实质性的关键词。读物的内容实质，正是阅读时应弄通的重点。理解，就是探索出读物的思想意义。

7. 在阅读中，运用要领记忆的基本方法，有目的地去记。不必去记无关紧要的词句，要记住作者意图及内容实质。

8. 学会运用多种形式的学习法，不断提高阅读速度。

9. 经常训练自己的阅读能力，以便巩固已经取得的成果。

10. 每天阅读的定额标准——两份报纸、一本杂志，按自己的专业需要，从中吸取相当于普通图书50～100页的信息。

11. 要带着问题阅读。

通用式阅读法

通用式阅读法是一种经常采用的精读方法。通常分五个步骤进行：

1. 浏览。就是对文章做鸟瞰式感知，用较短的时间通读一遍，获取大量的有效信息，得到总体印象，概括了解文章的主题、大意或观点、材料。

2. 提问。根据浏览的印象和自己的需要，提出需要弄清的问题，使阅读文章的目标具体明确。提问可以从内容与形式两个方面去设计。内容方面包括中心思想、社会意义、作者的情况、写作的背景与动机、内容要点、主要章节和段落的研究等；形式方面包括文章的结构布局、各个部分的关联、体裁形式、表达手段、用语特点、词句的推敲等。

3. 精读。这是关键步骤，必须认真阅读文章，圈点、批划、评注，弄清词句含义，逐段理解内容，理清线索，把握主题，针对自己提出的问题，做摘要，抄卡片，写笔记，列提纲，绘图表等，以求切实具体地解决问题。

4. 背诵。强调记住需要记忆的内容，不一定是一字不差的背诵，可以做尝试性回忆，

再与文章对照反复记忆，力求记得准确、迅速，也可以复述文章的主要内容，默写提纲，记住要点。

5. 复习。包括系统整理提纲和读书笔记，重温主要问题的解决办法，完成必要的练习。

通用式阅读法，综合运用了感知、记忆与思维的规律，能使阅读获得较好的效果。

第二篇

应用文写作

第一章　应用文写作概述

学习目标

1. 能熟练掌握应用文主旨的确立和材料的选择。

2. 能合理安排文章的结构、语言和表达方式。

3. 培养学生对应用文写作的兴趣和热情，增强学生的自我表达和沟通能力，培养学生规范严谨的学习态度。

第一节　应用文与应用文写作

写作是人类的一种创造性精神活动，根据写作的内容和形式、性质和功用的不同，一般可分为文学写作和应用文写作两大类。

文学写作主要是作者抒发感情、反映现实生活，进而帮助人们正确认识生活、适应和改造生活的写作形式，如散文、小说、戏剧、诗歌等；应用文写作是在工作、学习和生活中，为处理公私事务所运用的写作形式，如行政文书、经济文书、可行性研究报告、实验报告、书信、契约、礼仪文书等。应用文写作均是以实用为目的的，故又称为实用文写作。

简言之，应用文写作既是一种写作形式，又是作者运用书面语言和图表符号，为制作有实行管理、传递信息等社会功效的文字或文章而进行的一种写作活动。应用文写作的成果就是应用文。

一、应用文写作的特点和作用

（一）应用文写作的特点

应用文写作有实用性、针对性、客观性、逻辑性、规范性、简明性等特点。

1. 实用性

和其他文体不同，应用文的写作目的是解决日常工作和生活中的现实问题，明确地提出解决问题的具体意见、办法。如合同的制定不仅明确了当事人双方的权利和义务，同时也确定了违背合同规定所要承担的后果，实用价值极其鲜明。应用文与人们的关系十分密切，几乎无时无刻不影响着人们的生活。而文学作品则是在某种特定情况下为抒发情感而创作的，供读者欣赏、玩味，以达到潜移默化的感染作用，其实用性不是那么直接具体。

应用文的实用性还体现在写作的时效性上。只有及时写、及时办才能最大限度地发挥其实用效力。否则等到时过境迁，就失去了它的实用价值。

2. 针对性

应用文写作有明确的对象和目的，要求作者在写作过程中必须有针对性地谋篇布局，做到有的放矢。

3. 客观性

应用文写作强调内容真实，撰写者写作应用文时应客观公正，必须保证文中涉及的人或事确有其人，实有其事，不能有丝毫虚构、夸张，对问题的分析及由此得出的结论要符合事实，不能凭个人好恶主观臆断。

4. 逻辑性

在写应用文时，作者在思维方法上应更侧重逻辑思维；文章的结构设计要条理清楚、井井有条，段落之间具有明显的逻辑关系；陈述的事项应界限清晰，不交叉、不混淆；内容前后讲究因果，材料能够证明观点。

5. 规范性

应用文写作讲究格式的规范性，人们在长期写作和使用应用文的过程中形成了应用文的法定格式和习惯用法，在写作过程中如果有法定格式，要遵守法定格式，如果没有法定格式，则要遵守惯用或通用格式，切忌标新立异。

6. 简明性

应用文写作的目的是实用。写应用文应使用简洁、明确、概括、精练的语言，并依据不同目的恰当地使用专业词语。除此之外，应用文写作还有时效性以及读者范围的限定性等特点。

（二）应用文写作的作用

1. 指导、管理作用

写作应用文不是最终目的，学习应用文写作的最终目的是处理公、私事务，应用文对处理公、私事务有一定的指导、管理作用。在日常生活和工作中要处理好公、私事务，必须让人们知道应该做什么、怎么去做，简洁、恰当的应用文能帮助人们达成这一目的，在公务活动中，上级机关对下级机关发布的公文，指导、管理的作用尤其明显，没有它，各方面的管理工作就无法有序进行。

2. 宣传教育作用

应用文写作的宣传教育作用是十分明显的，许多公文在传达方针、政策和布置工作时都要阐明方针、政策的依据和理由，说明工作的指导思想，帮助和启发下级机关加深理解，提高认识，增强其贯彻执行的自觉性，这就是一种宣传教育作用。其他如号召向先进人物学习，或者告诫人们引教训为借鉴，或者介绍先进的经验，等等，更具有明显的宣传教育作用。

3. 交流、沟通作用

应用文写作是交流情况、沟通信息的一种书面交际工具，它能突破时间与空间的限制作为人们交流信息的重要工具。随着社会化大生产的发展，专业化水平越来越高，分工越来越细，部门之间、组织之间的合作越发需要做好联系、沟通和协调工作，应用文写作的作用也越来越大。

4. 依据、凭证作用

证明信、意向书、合同等应用文都是在日常生活中起到证明作用的，作为依据、凭证而写作的应用文，是以文字的形式把双方或多方交往中商定并达成一致意见的有关事项记录下来，作为发生纠纷时处理的凭证，除此之外，应用文还记载了丰富的历史内容，有记录和保存资料的作用。

二、应用文的分类和特点

（一）应用文的分类

按照不同标准，应用文可以分为不同的种类。

1. 以文章的性质为依据分类

根据文章的性质，应用文可以分为公务应用文和私用应用文。公务应用文既包括古代的上书、上表、谏、疏等，又包括现代的公告、通知、会议纪要、合同等。私用应用文包括私人信件、函、个人日记等。

2. 以文章的功能为依据分类

根据文章的功能，应用文可以分为通用类应用文和专用类应用文。

（1）通用类应用文。通用类应用文指人们在办事过程中普遍使用的应用文，包括党政机关公文类应用文、通用事务类应用文和个人事务类应用文。党政机关公文类应用文包括《党政机关公文处理工作条例》中所规定的15个文种；通用事务类应用文包括调查报告、工作总结、述职报告、简报、计划、规章制度等；个人事务类应用文包括日记、读书笔记、各类信函等。

（2）专用类应用文。专用类应用文指专业性较强的应用文，主要有科技类应用文、财经类应用文、司法类应用文、传播类应用文等。科技类应用文包括毕业论文、学术论文、实验报告等；财经类应用文包括市场调查报告、经济活动分析报告、经济合同等；司法类应用文包括诉状、辩护词、公证书、判决书等；传播类应用文包括消息、广告等，除此之外，还有军事、外交等方面的应用文。

（二）应用文的特点

应用文有文体的功用性、格式的固定性、内容的真实性和对象的明确性四个特点。

1. 文体的功用性

应用文文体的功用性是指应用文无论在处理公共事务还是私人事务中，都具有实际应用的价值。“功用”是应用文最重要的特点，功用性是判断应用文好坏的价值尺度，也是应用文区别于其他文种的标志。

2. 格式的固定性

在长期写作和使用应用文的过程中，形成了比较固定的应用文写作格式和习惯用法，以便于写作、阅读和处理问题。应用文格式的固定性就体现在法定格式和习惯用法上，法定格式是由党和国家有关部门统一规定的某些文体的格式，作为标准正式颁发，让大家共同遵守；习惯用法并不是行政机关规定的，而是大家习惯使用，约定俗成的格式。

3. 内容的真实性

真实性是指应用文的内容真实确凿，实事求是。应用文是管理工作的工具，要为解决现实问题、指导实际工作服务，因而它完全排斥文学写作的虚构和杜撰，文中所写的数据、材料、地点、人物等要真实、准确；所发布、传达的上级指示精神要确切，不能有任何艺术加工。

4. 对象的明确性

应用文的读者不像文学作品那样广泛，阅读对象大都明确具体，适合某一群体。无论是行政公文中的“请示”“通知”，还是法律文书中的“起诉状”“上诉状”，都有明确的读者对象，即使是“演讲稿”等，也是直接面对特定听众的。

第二节　应用文写作的基本要素

应用文写作的基本要素包括内容和形式两方面。内容方面主要是主旨和材料；形式方面主要是结构、语言和表达方式。

一、应用文的主旨

应用文的主旨是行文者通过内容表现出来的基本观点、看法、意见、主张或主要问题。它是应用文的核心和灵魂。

1. 确立主旨的要求

（1）正确。即应用文的主旨既要符合党的方针政策和法律法规，又要符合客观实际，实事求是地解决问题。

（2）鲜明。即应用文的主旨要明确突出，让人一目了然。作者赞同什么、反对什么、提倡什么、针砭什么要清晰明确，毫不含糊。

（3）集中。即应用文的主旨要集中反映或解决一个问题，做到不蔓不枝，一文一事，一个主旨贯穿全文。

2. 表现主旨的方法

应用文主旨的表现方法归纳起来有：

（1）标题明旨。即文章标题直接概括主旨，如《立即刹住用公款请客送礼、吃请受礼的歪风》，态度鲜明，一目了然。

（2）开篇明旨。即文章开头写明主旨，统率全文。如《国务院办公厅关于加强电力需求侧管理实施有序用电的紧急通知》一文开头：“近期，我国部分地区出现罕见的低温、雨雪冰冻极端天气，持续时间长，影响范围广，给受灾地区生产生活秩序带来严重影响，对电力生产和供应造成极大困难。目前全国因缺煤停机4 000多万千瓦，19个省（区、市）拉闸限电，许多电厂存煤低于警戒线。当前正值电力需求旺季，部分地区极端灾害性天气还将延续，电力保障工作面临巨大压力。为防止电力供应出现大面积、长时间紧张的局面，必须采取以煤定电、以电定用、有序用电、节约用电措施，严格控制煤电需求，千方百计保障经济社会平稳运行。”

（3）段首显旨。即在文章的主体部分用小标题或段首句子表述主旨。调查报告、总结常采用这种方法。

（4）文末点旨。即在文章结尾点明主旨。

二、应用文的材料

应用文的材料就是写作中所采用的理由、实例、数据、参考资料等。它是写作者产生认识、提出见解、确立观点的起因和依据。应用文的说服力，一靠严谨的逻辑思维，二靠材料的巧妙运用。

1. 材料的来源

应用文材料种类繁多，难以计数，但大致可以从以下三个途径获得。

（1）采访调查。就是写作者亲自到事发地，找当事人和熟悉情况的人进行详细了解，弄清事情的来龙去脉和前因后果，进而进行分析、研究、比较，从中找出事物本质和规律，最后得出客观的实事求是的结论。可以采用开座谈会、个别交谈、问卷调查等方法进行。这是应用文写作的前提。

（2）观察体验。就是作者调动一切感觉器官，亲自感受生活，获得全面而真实的第一手材料。

（3）查阅检索。通过调查、观察、体验仍然没有获取的材料，则要通过查阅其他各种资料间接获得。如查阅总结、简报、会议材料、图书文献、网络信息等，这样可以打破时空的限制，节省人力、物力、财力。但使用时必须注意所获资料的真实性和可靠性，要进行核实甄别，做到准确无误。

2. 材料的选择

从搜集的材料中选取最有价值的材料并写进文章的过程就是选材的过程。选材的恰当与否，直接关系到文章的主旨是否突出，写作意图能否实现。所以，所选的材料要符合一定的要求。

（1）能准确说明主旨。材料是为主旨服务的，只有围绕主旨选材，才能突出主旨。否则，主旨将无法鲜明地凸显出来，甚至“文不对题”“离题万里”。

（2）要真实可靠。即所选材料要确凿无误，不掺水分，人、事、物、数据等要真实准确。

（3）要典型有力。即选择那些特征鲜明、有代表性的、最能说明问题、揭示事物本质和规律的材料。这样的材料能以一当十，最充分地表现主旨。

（4）要新颖独特。即所选的材料是新近出现的，没有人用过；或者以前虽有人用过，但作者在使用时却能发掘出新意。

三、应用文的结构

主旨是文章的“灵魂”，材料是文章的“血肉”，结构是文章的“骨骼”，只有三者和谐统一地构成一个整体，才能有良好的表达效果。

1. 开头

由于写作内容、文种、目的等的不同，应用文的开头方式有很多，常见的有以下几种：

（1）概述式。即在开头部分用叙述的方法，概括地写出反映对象的基本情况、问题、事情发生的基本过程。多用于调查报告、简报、会议纪要、总结等。

（2）目的式。常用“为（了）”引领文章，目的明确。通报、通知、请示等常用这种形式，直截了当，明快醒目。如“为了适应社会主义市场经济发展的需要……”。

（3）根据式。即根据法律、法令，文件精神，领导指示，对方来文，存在的问题，突发事件等行文。多用于决定、调查报告、市场预测报告、合同等。如“根据《中华人民共和国宪法》赋予中国人民解放军的使命……”“根据××省人民政府20××年第×号文件精神，……”。

（4）提问式。即开篇提出问题，制造悬念，发人深思，引出正文。多用于情况通报、调查报告、新闻写作、简报等。

（5）说明式。即先对要写的对象的背景、情况做一些说明，进而引出正文。多用于调查报告等。

2. 主体

主体是文章的主干，行文时要根据写作目的，紧扣主旨，条理清晰地逐层展开，选择合适的方式进行。常见的结构方式有：

（1）时序式。即按时间的推移或事物发展演变的过程来安排结构。常见于总结、调查报告、情况通报等。

（2）递进式。即内容之间的意思层层推进，顺序一般不可倒置。报告、意见等常用这种方式。

（3）总分式。即总述与分述的层次关系。具体运用时，可以先总提，后分述；也可以先从几个方面分述，最后总括。简报、调查报告、总结、述职报告等常用这种方式。

（4）并列式。即文章各层意思之间无主从关系，并列而有联系。或是问题的几个方面，或是事物的几个不同侧面，共同表达主题。

3. 结尾

应用文常用的结尾方式有：

（1）总结式。即依据中心内容，进行概括总结，加深读者印象。常用“总之”“总而言之”“综上所述”等词语引导，多见于工作报告、述职报告、总结等。

（2）号召式。即在结尾发出号召，鼓励人们行动起来落实任务和要求。多用于决定、会议纪要等。

（3）惯用式。多用于公文。如“妥否，请审查批示”“希参照执行”“特此通报”等。

以上各种结构形式，应根据文章的主旨和内容灵活运用，合理布局，以求达到最好的表达效果。

四、应用文的语言

“笔下有财产万千，笔下有人命关天，笔下有是非曲直，笔下有毁誉忠奸。”作为实用文种，应用文的语言尤为重要。在长期的实践中，应用文的语言形成了其独特的风格，也构成了其专属的事务语体。

1. 准确性

准确性即所用词语能恰如其分地表达客观事物。写作时，应仔细辨析词义，注意其语义的轻重、感情的褒贬等，贴切地表达写作的观点和意图，如“不能”“不准”“严禁”等词。切忌使用“可能”“差不多”“大概”等表意不清的词语；多用中性词。

2. 简明性

简明性即用尽可能少的文字，表达尽可能多的内容。为此，写作时应反复推敲，精心修改。力求做到简明扼要。

3. 规范性

应用文语言的规范性体现在一般使用理性化的书面语言和大量使用应用文专用语，不使用文学语言，也不宜使用口语、方言、俚语和不规范的缩略语等。如“打算”“早已经过”“老公”“遛弯儿”等我们十分熟悉的词语在应用文中则应表述为“拟”“业经”“丈夫”“散步”等。

4. 质朴性

质朴性即应用文的语言要力求通顺流畅、通俗易懂。多讲实事，少说空话；直接表述，直言其事；不用或少用形容和描写，不做过多的语言修饰。

5. 庄重性

庄重性即对客观事物的表述要得体、谨慎、严肃。写作时，应考虑到文体特点，该用命令语气时，就不能用请求语气；该用请求语气的，则不能用命令语气；对上级和长辈，用谦逊、尊敬的语气，对平辈和下级，则用平和、商量的语气。力求文字严谨、措辞得当、讲究分寸。应用文写作中保留的一些文言词语，如“兹有”“贵公司”等，更使得应用文语言庄重中不失典雅之气。

五、应用文的表达方式

在应用文中，叙述、说明、议论是常用的表达方式。

1. 叙述

叙述就是叙说和交代。应用文多采用直述的方式，用第一人称或第三人称。客观事物的来龙去脉、前因后果、发展过程，主要依靠叙述进行。无论是顺叙、概叙还是详叙，都应做到：真实可靠，包括人物、事件（细节）、时间、地点等；叙述过程线索清晰，脉络分明，尽量平铺直叙，不拐弯抹角，迂回铺陈。

2. 说明

说明就是用简明的文字解说事物的形态、性质、特征、构造、成因、关系及功能。应用文的说明要抓住事物特点，准确、简明地反映客观事物。概括说明、解释说明、数字说明、比较说明是应用文最常用的说明方法。

3. 议论

议论就是通过事实材料和逻辑推理阐明作者的观点，表明作者的态度、见解和意见，以及驳斥对方观点的表达方式。大部分应用文种都要用到这种表达方式。但应用文的议论始终是紧密结合说明和叙述进行的，是在说明和叙述的基础上产生的。应用文大多是比较直接地提出作者见解和意见，最后得出结论，议论的方法也比较简略。

能力训练

1. 谈谈你对应用文写作和应用文的理解。
2. 应用文的主旨和材料分别从何而来？有何要求？

第二章　事务文书

学习目标

1. 能明确自己所学专业的前景和现状，制定自己的努力方向。能正确分析大学学习的特点，运用正确的学习方法进行学习。

2. 能够对自己在校生活和学习情况进行全面回顾、检查、分析。能够将思想认识从感性阶段不断向理性认识提高。能够运用较科学的分析方法，提炼归纳出经验教训和规律性认识。

3. 能用正确的方法进行调查研究。能对调查资料进行分析、研究。能够提出合理化建议。

4. 培养学生对事务文书写作的正确认识，形成良好的写作习惯，增强职业道德。

事务文书是机关、团体、企事业单位在处理日常事务时用来沟通信息、安排工作、总结得失、研究问题的实用文体，是应用文写作的重要组成部分。

由于这类管理类文体处理的日常事务亦为公务，所以事务文书属于广义的公文范畴。它与狭义公文（行政机关12类13种，党内机关14种）的区别在于：一是无统一规定的文本格式；二是不能单独作为文件发文，需要时只能作为公文的附件行文；三是必要时它可公开面向社会，或提供新闻线索（如简报）或通过传媒宣传（如经验性总结、调查报告等）。

第一节　计　划

阅读例文

大学生学习计划

新的学期即将到来，不管是在生活上还是学习上，我们都应该有新的进步。因此，为了在新学期里能够拥有充实丰富的学习生活，为了在新学期里能取得更大的进步，有必要做一份合理的个人学习计划。

一、主要学习目标

明确学习目标，争取获得优良成绩，能切实在学习中学到丰富的专业知识和基础常识。提高文化素养，提升自身能力，端正学习态度，养成积极勤奋的学习习惯。本学期我的主要学习目标是争取做到每门功课都取得理想的成绩，通过珠算四级考试。我将不断地努力奋斗，争取达成目标。

二、具体学习安排

1. 制订合理科学的自学计划

制订学习计划是自主学习的首要环节。我将根据自己的实际情况，结合生活作息时间制订相关的自学计划。合理安排自己的课余时间，做到自觉自律地学习，劳逸结合。

2. 认真听好面授辅导课

就读会计专业的我，将来可能在金融系统工作，结合今后工作实际，与会计和金融有关的课程将是我学习的侧重点。本学期我将认真听取相关专业的专业课，掌握好相关的专业知识。

在上课前按自学计划预习有关课程。在听课过程中，认真听、认真思考，做好听课笔记。记好重要的内容，如果听不懂，无法跟上老师讲授的进度时，在课后要尽快地寻求老师和其他学生的帮助。

3. 提高专业技能

为进一步提高业务技能，我坚持每天看书、听课不少于两小时，抽一小时整理学习笔记，并把其中的难点、重点列入笔记本，做好自学笔记。同时每天要抽一个小时练习珠算，熟背相关的公式概念。做到速度与准确性相结合，提高珠算能力，时刻为考试做准备。

孔子云："学而不思则罔，思而不学则殆。"在学习的过程中，要做到学思结合，提高相关技能。

4. 培养良好的学习兴趣和课外兴趣

俗话说：兴趣是最好的老师。在学期中我将培养自己对所学专业的兴趣，使自己爱上这个专业，从而积极、主动地去学习。同时要参加相关的课外活动，与同学老师多多交流，在课外多多学习，提高相关实践能力。

三、制订科学合理的生活作息计划

良好的生活作息方式有利于学习，一个人学习的精神状态，与生活习惯息息相关。只有拥有良好的作息规律，才会拥有一个良好的学习生活状态。因此，在新学期里，我要严格规律自己的生活作息时间，坚持早睡早起，保持充足的学习干劲和良好的精神状态。在周末做到多锻炼，提高自己的身体素质。同时在课余生活中要多听音乐，舒缓各方面压力，保持轻松愉快的心情去学习去生活。

四、合理分配课余生活时间

如何做到学习生活两不误，在新学期里这也是我个人规划的一个重点。在学期中，我将端正自己的态度，分清主次，以学习为主。在日常学习生活中，每天坚持利用一定的时间去自学相关的专业课程，看一部相关专业的视频。在业余生活方面，也要科学合理地安排，多参加社团活动或社会实践，在业余时间开拓特长。

五、广交益友

人际关系是日后取得成功的一个重要因素。因此，在新学期中，我要改正自己性格里的不足，处理好与他人的关系，与同学要团结友爱，在集体生活中要与同学、室友和谐相处。在改正不足的同时要尽量做到开朗大方，在学习上生活上都要跟他人多多交流。

学习生活中的基本礼仪，提高语言表达和人际交往能力。提高自己的组织和管理能力。要善于在学习中寻找良师益友，在日后的自我学习生活里互相帮助，达到共赢。

六、提高素质教养

不管是在学习上还是生活上，自我的素质教养水平都是一个重要方面。在本学期里我应当提高自己的责任感、主动性和心理素质。培养自己的创造性。学会理财，学会生活，学会自立。做好大学生应做好的其他事情。要遵守学校的相关规定，提高自我素质教养。

七、其他方面

除了要确定自己新学期的主要学习目标以外，还应当有其他的学习目标。新学期我的其他学习目标有：

1. 通过英语B级考试。

2. 通过计算机一级考试。

3. 考取其他相关证书。

因此，在着重向主要学习目标努力的同时，也要积极提高自己的英语口语能力、计算机应用水平，以及其他技能，为日后求职做准备。

八、学习总结，寻求方法

学习时，好的学习方法会达到事半功倍的效果。在新学期里，我要提高自我总结能力，做到一边学习一边总结，在总结中找到适合自己的一套学习方法。养成良好的学习习惯，培养自我思考能力以及动手能力。

俗话说，书山有路勤为径，学海无涯苦作舟。要想取得成功，就要付出努力。在新的学期里，我将朝着我的目标努力。

计划人：×××

20××年×月×日

例文简析

这是一篇大学生新学期学习计划，是条文式的，计划目标明确，条理清晰，内容全面，措施具体，便于实施。

一、计划的概念

计划是党政机关、社会团体、企事业单位和个人，为了实现某项目标和完成某项任务而事先做的安排和打算。计划是计划类文书的统称。因为计划涉及内容和期限的不同，计划文书还有不同的叫法。

规划——是全局性的、较长时期的长远设想。

方案——是从目的、要求、工作方式方法到工作步骤一一对专项工作做出全面部署与安排的计划。

安排——是对短期内工作进行具体布置的计划。

设想——是初步的草案性的计划。

打算——是短期内工作的要点式计划。

要点——是列出工作主要目标的计划。

二、计划的特点

计划具有预见性、可行性、指导性。

1. 预见性。计划是先于要进行的实践活动而制订的，必须对未来工作中可能发生的问题有充分的估计，提出科学的、切实可行的方案。正因为计划具有预见性、设想性，所以，在执行计划时，也必须视实际情况，不断调整计划。

2. 可行性。为了实现预期的目标，必须有切实可行的措施和方法，必须切合实际情况，保证目标的实现。

3. 指导性。计划一经制订，就要对完成任务的实际活动起到指导作用和约束作用。工作的开展、时间的安排等，都必须按计划严格执行。

三、计划的种类

1. 按性质分，有综合性计划和专题性计划。

2. 按内容分，有工作计划、生产计划、学习计划、科研计划、军事计划等。其内容与各单位、各行业的业务工作有密切关系。

3. 按时间分，有长期计划、短期计划、年度计划、季度计划、月计划等。

4. 按范围分，有国家计划、部门计划、单位计划、个人计划等。

5. 按表达形式分，有条文式计划、表格式计划和文表结合式计划。

四、计划的写作思路

根据计划的“行动纲领”和“事先打算和安排”的性质，写作的基本思路应考虑五个方面的问题：

1. 如何统一思想？回答“为什么做”。

2. 如何指明方向？回答“做什么”。

3. 如何讲清道理？回答“能否实现目的”。

4. 如何交代办法？回答“怎样做”。

5. 如何统一步骤？回答“什么时间完成”。

连接上述五个思考点，写作基本思路如下：

为什么做 → 做什么 → 能否实现目的 → 怎样做 → 什么时间完成

五、计划的写法

（一）条文式计划

条文式计划一般由标题、正文、落款三部分构成。

1. 标题

标题即计划的名称。一般包括三要素：制订计划的单位名称、计划有效期限、计划类别。如《中华人民共和国国民经济和社会发展第十四个五年规划和2035年远景目标纲要》。如果计划还不成熟，尚需修改、讨论，就应在标题后标注“草案”“讨论稿”等字样。

2. 正文

计划正文一般由前言、主体和结语构成。

前言：计划的前言通常用来说明制订计划的指导思想、目的和依据等内容，它包括制订计划是依据上级的哪些文件、哪个指标或者哪个会议精神、本单位的基本情况等。前言是计划的总纲，用以统率计划的全文，回答“为什么做”，以“为此，特制订计划如下”类语言为过渡语，引出主体部分。

主体：是计划的事项部分，这部分内容应该包括目标任务、措施办法和步骤要求三部分。

（1）目标任务——“做什么”：是完成任务所应达到的具体目标以及某一时段内要完成的工作任务。它通常不是泛泛地写，而是清楚地表明做到什么程度（质量要求），以及完成任务、达到目标的期限。

（2）措施办法——“怎样做”：就是计划中为达到目标所要采取的具体办法，要写清楚采取何种办法，利用什么条件，由何单位何人具体负责，如何协调配合完成任务。

（3）步骤要求——“什么时间完成”：主要是对目标任务完成的质量、时间和数量上的要求。这是计划效益指标的具体设想。

结语：这是计划的辅助、补充部分，可以写计划制订和修改的简要过程；可以说明计划的执行要求；也可以提出希望或号召；也有计划不专门写结语。

3. 落款

落款要写明制订计划的单位名称或者个人姓名，标题中已经注明单位名称的，此处可不再署名。接着，应写明制订的时间（年、月、日）。

写作计划时应注意：要把预测性和可行性很好地结合起来；计划的目标、任务、措施、步骤程序等都要写得明确具体，切忌含糊不清、模棱两可；要走群众路线，以保证计划的认同度和可行性；语言要准确、明晰。

（二）表格式计划

制作表格式计划时，要先把各项内容划分成几个栏目，再把制订好的各项具体计划内容填入栏目中，形成表格。这种方式适用于时间较短、范围较小、方式变化不大、内容较单一的具体安排，如销售计划、月计划等。

（三）文表结合式计划

文表结合式计划即条文式和表格式相结合的计划。一般是将各项目的内容填入表格后，再用简短的文字做解释说明。

六、计划的写作要求

微课：制订计划的步骤

1. 从实际出发，统筹兼顾；
2. 突出重点，主次分明；
3. 目标明确，步骤具体。

第二节 总 结

阅读例文

××市教育局××××年职教工作总结

本年度我市职教工作在局党委的领导和上级教育主管部门的指导下，认真学习贯彻《国务院关于大力发展职业技术教育的决定》（后简称《决定》）和《中国教育改革和发展纲要》（后简称《纲要》）等一系列文件精神，紧紧围绕职业教育为当地经济建设服务这一宗旨，不断加大改革力度、强化发展措施，从而使我市的职业技术教育在过去的一年里取得了突破性的发展。

一、贯彻《决定》，落实《纲要》，不断提高群众对职业技术教育的认识水平，加快职业教育发展步伐。《中国教育改革和发展纲要》颁布以后，我市紧紧结合《决定》对《纲要》中提出的有关职业技术教育发展的目标和任务进行了集中宣传和学习，先后散发宣传提纲1 000多份，极大地提高了群众对职业技术教育在社会经济发展中重要作用的认识。5月份我们专门召集职业学校有关领导参加《纲要》学习座谈会，结合实际，找出不足，研究措施，加快发展。顺利地完成了上级下达给我们的各项工作任务。本年全市职业学校招生3 219人，占全市招生人数的1/2多。

二、改革招生制度及学校内部运行机制，积极探索市场经济条件下职业教育的新模式，从而使我市的职业技术教育在今年出现了前所未有的“职教热”。我市职业学校在招生制度方面进行了大胆改革，打破了年龄、区域、学制的限制，采取兼收、并取、服务经济的原则，建立了与成人教育、普通教育相沟通的职业教育新体制，使全市职业教育取得突破性进展。

（一）办学热。坚决贯彻职业教育“大家办”的方针，市委、市政府积极提倡、引导和鼓励各部门、企事业单位和社会各界办学，国棉厂、二轻局、十三局、机床厂、工人文化馆、科委、宣传部等企事业单位先后办起了职业学校或职业培训部。各工厂、企业也充分认识到提高职工的政治、文化、技术素质，在转换企业经营机制，提高企业经济效益中的重要作用，积极主动地和职业学校联合办学。企业为学校提供专业教师和实验实习场地，学校为企业培养技术型、实用型人才，双方共同确定专业设置和教学计划，变招生为招工。目前，全市已形成了技企联办、校乡联办、厂厂联办等多种形式的联合办学格局。

（二）录用热。职业学校毕业生不仅具有扎实的专业理论知识，而且具有熟练的专业技能和动手操作能力，上岗后能够一步到位，因此受到用人单位的普遍欢迎。今年职业学校千余名毕业生全部被用人单位争相录用。明年30%的毕业生也被“订购”。

（三）报考热。由于职业学校重视办学质量和效益，专业开发和培养目标符合我市经济发展实际和用人单位的需要，毕业生的安置问题得到了很好的落实，从而使职业学校在社会上产生了强大的吸引力。今年全市5 800名初中毕业生，报考职业学校的就有4 100名。

三、强化技能训练，加强专业教学，为经济建设培养了大批实用技术人才。去年我市在省地举办的各级各类专项技能比赛中成绩斐然。其中，一职专在省举办的珠算通信赛中获得团体第一。在地区举办的机械制图比赛中，一职专获得了团体第一名，二职专获得了团体第二名。一年来，我市在上级主管部门的领导下，上下努力，积极开拓，职教工作取得了很大的成绩。我们决心发扬成绩，克服不足，再接再厉，为我市经济建设及地区“三个千方百计”和“并驾齐驱”的宏伟目标做出新的贡献。

××市教育局

××××年×月×日

例文简析

这是一篇综合性年终工作总结，正文由前言、主体、结尾三部分组成。前言交代总结的背景、依据，概述工作成绩。主体分条列项，具体总结工作任务完成情况、采取的措施、取得的成绩和经验，既有鲜明的观点，又有丰富的典型材料。观点统率材料，材料说明观点。如写“录用热”时，引用了“今年职业学校千余名毕业生全部被用人单位争相录用。明年30%的毕业生也被‘订购’”的材料。又如写“报考热”时，引用了“今年全市5 800名初中毕业生，报考职业学校的就有4 100名”的材料。结尾表明今后决心。整篇总结采用叙议结合的写法，语言得体，写出了职教的特色。

一、总结的概念与特点

（一）总结的概念

总结是对前一段的实践活动进行回顾检查、分析评价，从中找出经验教训和规律性认识的一种书面材料。

（二）总结的特点

1. 真实性（客观性）

总结中所列举的事例和数据都必须真实可靠，确凿无误，任何夸大、缩小、随意杜撰、歪曲事实的做法都会使总结失去应有的价值。比如，我们看到有的总结只是一味地夸大成绩，对存在的问题一笔带过，或只字未提，这都是不真实、不客观的。

2. 理论性

总结工作不是记流水账，不能停留在事实的表层，而应以辩证唯物主义和历史唯物主义为指针，认真地评论得失，对大量的事实材料进行科学分析，就事论理，把感性认识上升到理性认识，揭示出客观事物带规律性的结论。

3. 目的性

总结的根本目的在于指导今后的实践，肯定成绩是为了增强信心，总结经验是作为后事之师，发扬光大，不断前进；找出教训是为了明白失利原因，避免重蹈覆辙。

4. 自我性

总结以自身工作实践为材料，采用的是第一人称的写法，其中的成绩、做法、经验、教训等，都有自指性的特征。由此可见，我们每位同学的总结只能由自己完成。

二、总结的分类

1. 从内容上分，有工作总结、生产总结、学习总结等。

2. 从时间上分，有年度总结、季度总结、月份总结、阶段总结等。

3. 从范围上分，有地区总结、单位总结、部门总结、班组总结、个人总结等。

4. 从性质上分，有综合性总结（又叫全面总结）和专题性总结（工作总结、学习总结、生产总结、思想总结、活动总结、会议总结等）。

区分以上总结的种类，目的在于明确重心，把握界限，为构思写作提供方便。但上述分类不是绝对的，相互之间可以相容、交叉。如《青海大学2023年工作总结》，按性质讲是全面总结，按范围讲是单位总结，按时间讲是年度总结，按内容讲是工作总结。同时，大学的工作总结不可能不涉及教学和科研，那么它也包括教学总结和科研总结的成分。这说明在总结的分类上，应灵活掌握，不必过于拘泥。

三、总结的写作思路

总结要如实地反映昨天、正确地把握今天、科学地预见明天。因此，总结的写作思路为：

做什么 → 怎么做 → 做得怎么样 → 为什么这样 → 存在哪些问题 → 今后怎么办

四、总结的写法

总结从结构上看，与条文式计划结构相似。由标题、正文和落款三部分构成。

（一）标题

1. 陈述式标题

陈述式标题即一般公文式标题，由“单位＋时限＋种类＋文种”构成。如果单位名称署于文末或标题下，时间概念也较明确，标题中就不再重复。如《西宁市城北区2023年工作总结》《青海交通职业技术学院2023年度教育科研工作总结》。

2. 论断式标题（双行式标题）

论断式标题由正、副两个标题组成，正标题概括总结的内容或基本观点，副标题标明单位名称、内容范围、时间和文种。如《知名教授上讲台　教书育人放异彩——××大学2023年度德育工作总结》。

3. 概括式标题（文章式标题）

概括式标题即根据内容概括出题目，类似一般文章标题的写法。如《用改革精神建设三峡》《抓好两个“发挥”　深化农村教育综合改革》。

（二）正文

1. 前言

前言（开头）概括基本情况，包括交代总结所涉及的时间、地点、单位、背景、工作任务、经过步骤、完成情况等；概述基本经验、点明中心；引用数据扼要说明主要成绩和问题。

前言以精练的语言，揭示总结的精髓之处，引起读者的注意，并对全文有个大体的印象。

2. 主体

主体主要包括取得的成绩或存在的问题与经验教训，在写法上要求做到观点鲜明，材料典型，叙述和议论相结合。

取得的成绩或存在的问题，是总结的主要内容，目的是要肯定成绩，找出问题，从成绩或问题中分析出经验和教训，这是总结的根本性目的，同时上升到一定的理论高度，从而提炼出带有规律性的认识，作为今后工作的借鉴。

可选择下面的结构形式，将上述内容表述出来：

（1）惯用式。按“情况—成绩—经验—问题—打算”的顺序叙述，这种写法适用于综合性总结，写作时要主次分明，详略得当。“情况”简略叙述，不同于文学叙述；“成绩”部分真实地肯定成果、奖励、表彰及相关数据。

（2）条文式。将总结的内容按性质和主次轻重逐条排列，通常用数字标明分段顺序。

（3）标题式。围绕一个主题按照逻辑顺序，将正文分成若干部分，分别概括出每部分的小标题。这种写法，脉络清晰，观点明确，使读者容易掌握总结的宗旨所在，适用于经验性总结，或内容较多的综合性总结。

（4）比较式。有两种比较方式：一是设立标准对照比较，即先立标准，然后用标准对照检查，发现问题，提出改进意见。一般用于工作检查性总结。二是纵横比较，通过实践活动前后、历史的纵向比较，或者与同行业、相类似的单位进行横向比较。有比较才有鉴别，才能更准确地揭示事物的本质，写出有说服力的总结。

（5）贯通式。围绕总结的主题，按照时间推移或事态发展的顺序开展，以叙为主，夹叙夹议，总结出事物发展的全过程。这种写法不列条款、不分小标题，但十分强调前后事态的内在联系和各部分之间在语言形式上的逻辑联系，从而使全文前后贯通、浑然一体。

3. 结束语

结束语一般写两层意思：

一是今后努力的方向。在经验教训的基础上，明确工作前进的方向，提出新的目标和任务。二是针对问题和教训，提出改进措施和新的设想。这部分行文要简短有力、有针对性和鼓动性。

（三）落款

落款包括署名和日期。单位总结的署名，一般写于标题中和标题下，也有的在正文右下方写明。个人总结的署名，一般都写在正文的右下方。

五、总结写作的注意事项

（1）明确目的和指导思想。
（2）认真学习和掌握相关的方针政策。
（3）要实事求是，一切从实际出发。
（4）要充分占有材料，精选材料。
（5）要注意抓主要问题，引出规律性结论。
（6）将观点和材料统一起来，写出有特色的新经验。
（7）语言简洁、准确，层次清楚，避免冗长。

六、总结与计划的关系

总结与计划既有联系又有区别。

（一）联系

总结是前一阶段计划执行情况的检查、评价以及规律性认识，也是制订下一阶段计划的依据。

（1）相互制约，相互依赖。
（2）相互促进，不断提高。

（二）区别

（1）时间上，计划是事前就完成的对某项任务提出的安排，总结则是事后对计划执行情况的总检查、总评价。

（2）内容上，计划主要回答在某一时期“要做什么，怎么做，做到什么程度”，总结主要回答在某一时期“做了什么，怎样做的，做到了什么程度”。

（3）性质上，计划是总结的前提和依据，总结是计划落实后的认识和评价。通过总结，找出失误和偏差，才能使人类的实践活动不至于偏离目标方向。

第三节　调查报告

阅读例文

大学生道德素质调查报告

××教育学院　×××

当代大学生是21世纪的开创者，是国家和民族的希望，我们不仅要掌握丰富的科学知识，拥有健康的体魄，还要有良好的道德修养，如何加强当代大学生思想道德修养教育，是我国教育体制改革、教育研究者必攻的难题。

要建立与社会主义市场经济相适应，与社会主义法律规范相协调，与中华民族传统美德相承接的社会主义思想道德体系。深入进行党的基本理论、基本路线、基本纲领教育，引导人们树立中国特色的社会主义共同理想，树立正确的世界观、人生观和价值观，认真贯彻公民道德建设实施纲要，弘扬爱国主义精神，以为人民服务为核心，以集体主义为原则，以诚实守信为重点，加强社会公德、职业道德和家庭教育，特别要加强青少年的思想道德建设，引导人们在遵守基本行为准则的基础上，追求更高的思想道德目标。大学承担着培养四化建设所需人才的重任，在人才质量把关上起着至关重要的作用，未来的社会发展需要综合素质的复合型人才。但加强思想道德建设在人才质量把关上有着重要意义。高尚的道德品质并不是一夜之间就可以形成的。因此，我们在大学期间学习科学技术知识的同时，也要学模范、创先进，不断提高自身的道德修养。

为了提高我们自身的道德修养和对现实状况的真实了解，我们从四方面做了仔细的调查。调查结果如下：

一、人生观和价值观

在“你认为这一生应当怎样度过？”这项调查中，62.5%的同学认为“要不断地充实自己以便不落后于时”，18.25%的同学认为“应当为国家的兴盛和繁荣而努力学习”。在“你认为人生价值何在？”这项调查中，有50%的同学认为“看自己为社会所做贡献的大小”，有19%的同学认为“看自我满足程度”，还有25%的同学选择“说不清楚”这一选项。

二、关心社会问题

调查显示：有87.5%的同学通过网络、电视、报纸等传媒了解社会问题，也有10%的同学选择“不关注社会问题”选项。在“国际国内形势你最关心的问题”这项调查中，有50%的同学选择了“政治、军事形势”，有31.25%的同学选择了“经济、科技发展情况”，有12.5%的同学选择了“文化教育方面”。在“你认为目前中国比较严重的社会问题”这项调查中，有43.75%的同学认为是“腐败现象”，有25%的同学认为是“诚信危机”，还有25%的同学认为是“道德失范”。

三、社会适应能力以及爱好方面

在“你比较感兴趣的社团组织”这项调查中，有43.75%的同学选择了“由兴趣爱好方面组建的社团”，有31.25%的同学选择了“老乡会之类的社团”。在“参加社团的目的是什么？”这项调查中，有43.75%的同学选择了“提高思想道德修养，学习知识，锻炼自身适应社会的能力”，有37.5%的同学选择了“作为面向社会、方便找工作的资本”。在“遇到困难你的表现”这项调查中，有96%的同学表示可以冷静地面对困难。

四、其他方面

调查显示：在个人与集体利益相冲突的时候，有84%的同学可以以集体利益为重。在“你认为公共政治课的作用”这项调查中，有50%的同学选择“指导人生”，有12.5%的同学认为“可以更好地理解国家政策”，但有19%的同学认为“没有什么明显作用”。在“你认为当代大学生的现状”这项调查中，有43.75%的同学认为“当代大学生思想先进，有知识，但适应社会的能力较差”，有18.25%的同学认为“追求时尚，享受生活”，但是，有25%的同学认为是“混时间，混文凭”。

存在的问题：

一、人生观、价值观有些模糊

大部分学生了解自己的任务，清楚现在的社会竞争情况，但是，仍然有一部分同学没有明确的人生观和正确的价值观，这是潜在的人生危机。

二、素质方面有所欠缺，适应社会的能力较差

在如此激烈的社会竞争中，我们当代大学生，虽然有文化、有知识，但是一些大学生却无法很好地适应社会的需要和当今激烈的竞争，那就根本无法谈及为社会做贡献，无法达到社会以及老师、家人对我们的期望。

三、对党和国家的政策了解欠缺

如果不了解党和国家的政策，就不能很好地响应国家的号召。这需要学校和社会共同努力，让当代大学生亲身参与并切身体验政治活动，了解党和国家的政策。

如何进行思想道德教育，改变这些现状呢？

首先加强师资队伍建设。教师是塑造人类灵魂的工程师，不仅要传道、授业、解惑，还要以自己高尚的人格感化学生。作为成人教育学院这一特殊学院，招收的学生有其特殊性，所以对教师队伍的要求就更严格。作为教师，自己都忽视道德修养，又怎样加强学生的道德修养呢？现在一些教师只管书本的教学任务，忽视思想道德教育，台上教师上课而有些学生却在下面讲话、看小说、吃零食等。这些不文明行为是对教师劳动成果的不尊重，应该受到严厉的谴责。但学生毕竟是受教育者，如果教师不说或懒得说，这是对教育的不负责任。教师不仅承担着教学任务的职责，而且承担着育人的义务，如果学生养成这些坏习惯，走上工作岗位后如何能肩负四化建设的重任呢？

但是，作为学生，更应当从自身来考虑和解决问题。

作为21世纪的大学生，我们应当明白自己肩负的重担，应当明确我们的任务。我们是象牙塔里的莘莘学子，走向社会就是我们伟大祖国的未来建设者。大学阶段是大学生价值观、人生观形成的重要阶段，大学生教育者承担着不可推卸的重要责任。

我们应当在努力学习的同时积极地关注社会，关注我们身边的事。在许多社会实践中，我们应该更多地去掌握一些在社会竞争中生存的技巧和方法。

在党和国家的要求下，我们应当更好地响应国家的要求，应该更多地参加社会公益劳动，参加社会实践活动，在不断增强我们适应社会的能力的同时，我们也应该给社会奉献我们的微薄之力，为祖国的建设努力拼搏。

例文简析

这篇报告结构完整，格式规范，主题突出，层次清楚，逻辑性强，文笔流畅。调查目的明确，调查内容充实，调查方法得当。作者对获取的数据进行了合理的分析，得出准确的结论，提出合理的建议，有一定的现实意义。

一、调查报告的概念与特点

（一）调查报告的概念

调查报告就是根据调查研究的成果写出的正确反映客观事物及其规律的书面报告，它通常反映重大事件、新生事物、突出的典型、重要的经验和严重的问题。具体来说，调查报告是对某项工作、某个事件、某个问题，经过深入细致的调查后，将调查中收集到的材料加以系统整理、分析研究，以书面形式向组织和领导汇报调查情况的一种文书。

（二）调查报告的特点

1. 写实性。调查报告是在占有大量现实和历史资料的基础上，用叙述性的语言实事求是地反映某一客观事物。充分了解实情和全面掌握真实可靠的素材是写好调查报告的基础。

2. 针对性。调查报告一般有比较明确的意向，相关的调查取证都是针对和围绕某一综合性或专题性问题展开的。所以，调查报告反映的问题集中而有深度。

3. 逻辑性。调查报告离不开确凿的事实，但并不是材料的机械堆砌，而是对核实无误的数据和事实进行严密的逻辑论证，探明事物发展变化的原因，预测事物发展变化的趋势，提出本质性和规律性的认识，得出科学的结论。

4. 社会性。调查报告作为时代的镜子，从各个不同的侧面客观地反映社会情况和问题，具有明显的社会功能。调查报告所总结的典型经验，对社会各方面具有指导意义；调查报告所揭露的问题对社会各方面具有警戒作用；调查报告作为一种社会舆论、社会事实的发言人，能够比较客观地反映人民的愿望，能鼓舞人们克服前进道路上的各种困难，信心百倍地争取胜利。

5. 典型性。调查报告具有典型性，典型事物最能反映一般事物的本质与规律，是为了解决某个问题、总结某项经验、研究事物的发展趋势而写作的。因此需要恰当地选择典型，探索事物的发展规律，寻求解决矛盾的办法。

二、调查报告的种类

调查报告按内容的性质分，通常有以下三种：

（一）反映社会情况的调查报告

这种调查报告因调查的目的、范围等的差异，有两种情况：一种是反映具体情况的个案调查报告，其调研是为了把一个具体问题界定清楚，调研范围单一、具体，报告内容一般用作处理某一具体问题的依据或重要参考。如《×市×医院一起严重医疗事故的调查报告》。另一种是反映基本情况的综合性调查报告，调研的目的是掌握某一领域或某一方面的概况，调研范围相对宽泛，涉及对象较多，报告的内容主要用作宏观决策参考，或用于说明某种客观现象、某一观点。如《流动儿童教育——逐渐进入视野的研究课题》。

（二）传播典型经验的调查报告

这类调查报告反映的是具有代表性的典型对象，要求写出调研对象具有规律性和指导意义的成型经验，以供人学习和借鉴。如《社会化运作，事业化发展》就总结了珠江三角洲地区经济得以迅速发展的成功实践。

（三）揭示社会问题的调查报告

这类调查报告是针对某一重大事件或某一突出问题而深入调查后写成的，反映的往往是带有迫切性和突出性的问题。写作时要客观如实地说明问题产生的原因、后果和影响程度，重点指出产生问题的主要根源、实质、危害等，分析利弊得失，提出措施方法，以达到解决问题和加强教育的双重目的。如《中国农村环境污染调查》。

三、调查报告的撰写

撰写调查报告要把握三个环节：一是深入调查，获取材料；二是认真分析研究，揭示客观规律，确定主旨；三是精心谋篇布局，完成撰拟工作。

调查研究是撰写调查报告的先决条件。没有调查研究，就没有调查报告。只有进行深入细致的调查研究，占有丰富的材料，才有写好调查报告的基础。通过调查获取大量材料，在此基础上，整理、分析研究，归纳一个个论点，才能找出规律性的认识，这是调查报告的主旨。

调查报告通常包括标题、正文和落款三个部分。

（一）标题

调查报告的标题构成比较灵活，常见的标题形式有两种：

1. 公文式。一般由调查对象、调查事项、文种三个要素组成。常冠以“关于”“对”等字样，如《关于×县女童失学情况的调查报告》。也有的省略调查对象，只写调查内容、文种两项。有时文种只写“调查”或“报告”。

2. 新闻式。标题或概括调查报告的主要内容，或突出主旨，或点明结论，或提出问题，如《养老事业呼唤社会关注》《旅客运输市场谁主沉浮》。也可采用双行标题，一般正题突出调查报告的主旨，副题表明调查的对象、范围、性质、特点等，如《大自然的警钟——关于宁阳地区地下水下降的调查》。

（二）正文

调查报告的正文由前言、主体和结尾三部分组成。

1. 前言。前言又称导语，是调查报告的开头部分。通常有以下六种写法：一是概述调查对象的基本情况、历史背景等，为主体做铺垫；二是说明调查工作的基本情况，如调查的目的、依据、时间、地点、范围、简单经过以及所用方法等；三是以议论的笔调揭示全文主题，把调查结论或主要内容表达出来；四是以提问引出结果或下文；五是将成绩与问题对比，之间用“但是”承转，形成强烈反差，主体部分再做深入剖析；六是开门见山，直接进入调查内容，即无前言部分。

以上方法应根据调查报告的类别和调查目的灵活选用，不必面面俱到。

2. 主体。主体是调查报告的核心，是对调查情况、调查结果全面真实的反映，也是对被调查对象本身的发生、发展过程做具体叙述并进行分析评价。它的内容包括：调查情况（包括事情产生的前因后果、发展经过、具体做法等），分析研究（通过分析研究所得材料，揭示事物本质及其特点、规律），建议和措施，也就是主体“三要素”。

主体部分需要使用大量的材料来体现观点，既可先提出观点后叙述材料，也可在叙述材料过程中引出观点。总之，要做到有事实、有分析、有结论。

主体部分写作内容不同，结构安排也有所不同，但都应力求条理清晰、简洁明快。常用的结构框架有：

（1）纵式结构：即按照调查的时间顺序或调查对象的演变过程，分阶段叙述，从这种变化中揭示规律。这种结构适合表达线索单一、内容集中的报告。其特点是内容连贯，使用起来易于掌握。

（2）横式结构：即根据调查材料的性质和逻辑关系进行归类，从不同侧面、不同角度，并列地将调查内容逐一报告。这种结构方式比较常见，其特点是论述比较全面、透彻，适合表述问题比较复杂、内容层次多的报告。写作时应注意安排好各部分之间的逻辑关系，分清并列、从属、主次等关系。

3. 结尾。结尾的方法多样，可用简要的文字概括全文，进一步点明或深化主题；可展示前景，提出希望；可补充说明有关事项；可提出问题，发人深省；也可自然收束，不专门结尾。

（三）落款

为了对调查的内容负责，最后在正文的右下角写上作者姓名及成文时间。如果已在标题下方写明，此处可省略。

四、调查研究的方法

随着科学技术的进步，调查研究的方法和技术有了一些新的发展，当前常用的方法有以下几种。

1. 开调查会。这是调查研究的基本方式之一。为了做好会议调查，一是要确定好人选，参加人数不宜过多，但要有代表性，并且是能正确地反映情况的人；二是要有调查提纲，并事先将调查的内容通知与会者，请他们做好准备；三是要注意调查方式，要和与会者平等地交谈，虚心听取他们的发言，也可与他们就某些问题进行讨论，要避免居高临下的一问一答，对于某些不便于在会上讲的事情不要一味追问，以免引起反感或不快。个别问题可在会下交谈。

2. 个别访问。这是一种自由灵活的调查方式。访问之前要有明确的目的，并要选好访问的对象。访问最好采用促膝谈心的方式，双方要相互尊重，交谈要在自然融洽的气氛中进行。对于重点问题可采用讨论的方式，以求获得更深入、更丰富的材料。个别访问可以是面对面的，也可以通过电话访问。

3. 问卷调查。这是现代常用的一种调查方式，简便易行。根据调查的内容，列出具体、简明的问题，请有关人士回答。这种调查方式涉及面广泛，灵活自由，限制较少，得到材料的真实性较高。为获得较好的调查效果，应正确选择调查群体，问题的设计要科学，要便于回答。问卷调查可以采用抽样式，也可采用普遍式。

4. 实际考察。为掌握第一手材料，可对某些事物进行实际考察。通过自己的耳闻目睹和亲身感受，可以获得其他调查方式难以得到的材料。因有亲身的感受，更有利于调查报告的写作。旅游资源的调查多采用这种方式。

5. 网上调查。这是最现代化、最快捷的一种调查方式。利用计算机联网的便利，将调查提纲传到网上，在较短的时间内便可获得所需的材料。

6. 查阅资料。查阅资料的范围广泛，包括历史材料、现实材料、各种图书报纸，凡是与调查内容相关者，均可以查阅。把这些书面资料与其他方式调查获得的材料相互印证，相互补充，通过比较分析，才能更准确地了解真实情况。

7. 听取汇报。这也是调查中常用的一种方式。掌管某一部门工作的人员，不仅了解一般性的情况，而且了解一些关键性的问题。在调查研究中如果能听取主管人员的汇报，可以获得更多的材料。

调查的方式方法是多种多样的，根据调查的目的和内容，可以采用某种调查方式，也可综合利用几种方式。

为了获得真实可靠的材料，在调查中要端正态度，放下架子，甘当小学生，要满腔热情；要做好充分的准备，制订科学的调查计划和调查提纲；要手脑并用，在调查中多观察，多留意，善于发现问题；要勤于思考，勤于记录，善于积累材料。

五、调查报告的写作要求

1. 深入调查取证，充分占有材料

这是写好调查报告的基础和依据。“事实胜于雄辩”，只有通过深入细致的调查研究，充分地掌握第一手资料，积累写作资本，才能为下一步的分析和归纳奠定可靠的基础。

2. 认真分析研究，确立正确观点

这是写好调查报告的前提和保证。在调查中获得的资料，纷繁复杂。写作时要对材料进行认真的分析和归纳，去粗取精，去伪存真，把握事物的本质和规律，形成正确的结论。进而筛选出最能充分说明观点的材料进行阐述，使材料和观点形成有机整体。

3. 巧用表达手段，增强文章表现力

这是写好调查报告的技术支持。写好调查报告要精心构思，巧妙结构，综合运用记叙、说明、议论等表达方式和对比、比喻等表现手法，引用有说服力的数据、典型的实例和形象的语言，增强文章的表现力。

六、写作调查报告应注意的问题

（一）把握准调查报告的文体特点

调查报告属于应用文体，虽然它要表现某个观点，讲明某个道理，但主要是通过事实材料来讲话。其议论是十分有节制的，重点在于论事明理。从大量事实材料中自然地引申出一些看法，画龙点睛地予以议论是必要的。但是，如果离开事实材料，滥发议论，喧宾夺主，那就不符合调查报告的文体特点了。如果只是堆砌材料，而无必要的议论分析，缺乏理性色彩，不能从理论上给人以深刻的启迪，同样没有充分发挥调查报告的作用。

（二）材料要充分、要典型

调查报告的写作必须以充分、典型的材料为依据，如果缺乏充分、典型的材料，就不要勉强敷衍成篇。如果是调查工作不深入、不细致，未能取得必要的材料，那就需要重新调查；如果是对已有的材料缺乏深入的分析，未能筛选出典型的材料，那就需要对已有材料重新研究；如果是客观事物本身的局限性造成的，无法提供必要的材料，那就放弃这个题目。

（三）观点和材料要做到辩证的统一

调查报告的观点必须来自材料，同时又必须统率材料，要体现出观点和材料之间的逻辑关系。如果材料游离于观点，这种材料是多余的；如果有观点而无支持的材料，这种观点是作者外加的。这类观点与材料相脱节的情况都是违背调查报告写作原则的。

（四）语言要准确平实

调查报告的语言虽然讲究辞章，但以准确平实、明白通畅为本，在此基础上，力求生动。调查报告一般不用或较少使用比喻、夸张、含蓄等积极修辞方式，也不用华丽的辞藻，应当禁绝一切浮词虚言、空话、套话。按照著名修辞学家周振甫的说法，调查报告属于实用修辞学的范畴，在语言运用上只要简明、准确、平实，使人读了感到十分明确就达到目的了。

微课：调查报告的写作程序

能力训练

一、合作探究实践。

请以小组为单位完成下列作业，要求每组交一篇调查报告。题目可以从下列题目中自选，也可以根据自己掌握的材料自拟。字数不得少于六百字。

1. 经过问卷调查，发现深职院学生目前最关心的问题分别是：未来就业问题，学习方法问题，感情问题，请以此为中心写一篇调查报告，要求在叙述调查事实的基础上通过分析得出一定的结论。

2. 进行一次小规模的大学生寝室现状的调查活动，并写出调查报告。调查项目可涉及学习、生活、道德建设、人际关系、文化活动及其他方面。要求对调查得来的数据要进行量化处理，并且能提出自己具有针对性的分析和解决方案。

3. 为了丰富同学们的课余生活，你学校成立了很多社团组织，请根据你已经掌握的情况，写一份关于学校社团的调查报告。要求写明有哪些社团，其作用是什么，最好对社团的总体情况做出评价，或提出一定的看法和建议。

4. 有不少同学认为大学生活比较枯燥，请根据你的体会，写一篇调查报告，调查对象为全院同学，写明认为大学生活比较枯燥的同学的人数，产生这种想法的原因，以及你的看法或解决办法。

二、结合自己的专业课学习、基础课学习撰写下一学期学习计划。

要求：明确自己所学专业的前景和现状，制定自己的努力方向。能正确分析大学学习的特点，运用正确的学习方法进行学习。

三、撰写本学期学习生活总结。

要求：（1）能够对自己在校生活和学习情况进行全面回顾、检查、分析。

（2）能够将思想从感性认识不断向理性认识提高。

（3）能够运用较科学的分析方法，提炼归纳出经验教训和规律性认识。

四、思考与练习。

下面是一份总结的初稿，请大家仔细阅读，看看初稿中有什么不足。

自卑—自信—自强

——我班是怎样成为先进班的（初稿）

我校××级×班全是自费生，知识基础和思想素质都比不上公费班的同学。但出人意料，经过两个学期的努力，思想、纪律转变大，学习成绩提高得更快，年终评比时被评为“先进班集体”。这个自费班为什么能成为先进班？其中的经验是什么？值得总结总结。现将他们的经验介绍如下：

由于全班都是自费生，基础差、自卑心理重，班主任杜老师开学不久，便组织了一个题为“变自卑为自信——基础差也能学得好”的主题班会。通过班主任的讲话和同学们的发言，大家大大消除了自卑感，树立起自信心。林秀慧同学的发言最具感召力，对大家启发很大。后来她又说到做到，刻苦用功，取得了优良的成绩，有力地证明了基础差的自费生也能学得好，甚至会比一些公费生学得更好!

针对一些同学存在“父母不当官、没靠山，即使学好了，毕业后也只能到最差劲的单位去，拼命学有何用?”的错误思想，班主任和班干部又组织了第二次主题班会。通过讨论往届毕业生黄建勤的典型事例，大家悟到了“才能＋需要＝成就”的道理，认识到只要学习好，有本领，毕业后分到基层去，不一定是坏事，而是更有用武之地。这样，大家对今后的前途增强了信心，鼓足了学习劲头，成绩也逐步提高。最典型、最有说服力的是蔡晓敏同学。她基础差，又怕到基层去。开始时无心向学，各科成绩都不好；后来她转变了思想，各科成绩都提高了。班上许多同学的成绩也不断提高，说明主题班会收到了良好的效果。

同学们除了学习上奋发图强之外，还人人关心集体，在为同学、为集体服务中培养奉献精神，凝聚团队精神，增强工作能力。

班长李炎兴以身作则，处处起模范带头作用。他自觉遵守纪律，上课早到，从不请假旷课；课堂上专心听讲，做好笔记，开动脑筋，积极思考，大胆回答老师提出的问题；课后及时复习，认真做作业，各科成绩优良，被评为“三好学生”、被同学们称为“好班长”。

学习委员罗爱文不怕麻烦，及时收发作业。有的同学迟交作业，她毫不介意，立即拿到教务处给老师及时批改。同学们说：“麻烦你了，对不起!”她却说：“没什么，应该做的。”生活委员黄卫斌为同学们统一收钱买饭票，很麻烦很琐碎，有时搞错了还得自己赔钱。有个好友对他说：“既烦琐又赔钱，不干算啦。”他回答说：“不!这对今后有好处。”他还是照样干，任劳任怨，令人佩服。

其他同学也根据自己的特长，为集体出大力、争荣誉。如张兆莉同学，有文娱特长，便与四个女同学利用课余时间自编自演舞蹈节目，两次为班集体、为学校争得了荣誉，也提高了自己文娱方面的才能。

我班成为先进班的经验，除了上述三条外，还有组织互帮互学小组、召开学习经验交流会等，这里不再叙述了。最后，希望××级×班同学戒骄戒躁，再接再厉。“欲穷千里目，更上一层楼。”

××级×班班委

××年×月×日

附 录

设计调查问卷时应注意的问题

在设计调查问卷时有几点应注意：

1. 表头要有调查表的名称、表格编号、页码、调查时间、调查对象的姓名或单位名称、地址。

2. 表格内的问题要清楚明白，设问要适当。

3. 表格设问项目后要留有空白，便于填写。较简便的办法可采用“是非选择法”，可省去许多笔墨。

4. 表尾要有调查日期和复查日期、调查人的姓名。

5. 调查表格可采用综合式或专题式，也可以用主表和附表来进行调查。

6. 如需要，表格内可设立能用以互相校对的项目。

调查提纲的内容

1. 调查题目、目的、要求。
2. 调查的具体项目及重点。
3. 调查的范围、地区、对象。
4. 调查的方式方法。
5. 调查的步骤和进程、时间安排。
6. 调查力量的组织与分工、工作制度、物资准备。
7. 其他。

第三章　行政公文

学习目标

1. 能明确几种常用行政公文的概念、适用范围和特点，认识行政公文的类型。
2. 能熟练掌握几种常用行政公文的行文规则、格式及写法。
3. 能用几种常用行政公文解决遇到的实际问题。
4. 培养学生严谨、规范的行政公文写作态度，提升职业素养。

行政公文即法定公文，是指党政机关、社会团体和企事业单位在处理公务中使用的各种正式文书的总称。它是行政机关在行政管理过程中形成的具有法定效力和规范体式的文书，是依法行政和进行公务活动的重要工具。

公务指国家机关、社会组织和团体为办理社会公共事务而进行的有组织、有计划的活动。从事公务活动，是法律赋予行政机关的权力。行政公文就是依法组织行政工作和进行公务活动的重要工具。即是说，行政公文作为颁布法规、部署工作、传递信息、沟通情况、商洽工作的载体，具有指导作用、联系作用和凭证作用，从而体现了国家行政机关的管理职权。

阅读例文

广东省人民政府关于表彰袁汉辉同学和华师大附中等单位的决定

各市、县、自治县人民政府，省府直属单位：

袁汉辉同学在第34届国际数学奥林匹克竞赛中获得金牌，为广东省争了光。①为表彰袁汉辉同学及华师大附中等单位的突出成绩，促进我省数学奥林匹克竞赛活动，培养青少年热爱科学、勇于进取的精神，②省人民政府决定：③

（一）给予袁汉辉同学颁发奖状和奖金一万元；

（二）给予华师大附中和中山市教委颁发奖状和奖金各五千元；

（三）给予省数学学会和广东省数学奥林匹克业余学校颁发奖状和奖金各五千元。④

希望袁汉辉同学和受表彰的单位，戒骄戒躁，再接再厉，争取更大成绩。⑤

广东省人民政府（公章）

20××年×月×日

在上例中：①所标的内容为依据；②所标的内容为目的；③所标的内容为文种承启语；④所标的内容为事项；⑤所标的内容为要求。

第一节　行政公文概述

一、行政公文的概念

行政公文，是公务文书的简称，是人类在治理社会、管理国家的公务实践中使用的具有法定权威和规范格式的应用文。它是特殊规范化的文体，具有其他文体所没有的权威性，有法定的制作权限和确定的读者，有特定的行文格式，并有行文规则和办理办法。2012年4月，中共中央办公厅、国务院办公厅联合印发了《党政机关公文处理工作条例》（中办发〔2012〕14号），决定从2012年7月1日起施行新修订的《党政机关公文处理工作条例》。1996年5月3日中共中央办公厅发布的《中国共产党机关公文处理条例》和2000年8 月24 日国务院发布的《国家行政机关公文处理办法》停止执行。

行政公文，作为表述国家意志、执行法律法规、规范行政执法、传递重要信息的最主要的载体，从某种程度上来说，公文是国家法律法规的延续和补充。公文写作的要求很高，尤其是要求起草者具有工作实践的基础，懂得工作中许多微妙的关节，而在具体起草中要求较好的文字语言功夫。公文语言总的要求是庄重、平实、概括。公文语言功夫的核心是选词。选词一要根据所反映的客观实际需要；二要符合明晰、确切、简练的标准；三要根据具体的语言环境，为避免上下文重复而选择不同的词语，注意文中所涉及对象和阅读对象，多用书面语和文书用语，少用形象和描绘性词语和口语，不用方言土语，十分规范。

二、行政公文的特点

1. 由法定作者制发

法定作者指依法成立并能以自己名义享有权利、承担义务的社会组织及其领导人。

2. 法定权威性和现行效用

法定权威性是指公文在法定时间和空间范围内能够对受文者的行为产生一定程度的强制性影响。现行效用指公文在其内容所针对的现行公务活动中直接发挥实际效力具有依据和凭证功能。

3. 规范的体式和特定的处理程序

公文的规范体式是指公文的文体和格式必须符合国家的统一规定。收文和发文均有一定的处理程序，各环节皆有顺序性和规范性，不得自行其是。

三、行政公文的作用

1. 规范和制约社会行为

公文作为管理国家行政和经济事务的重要工具，其权威性和法定性赋予它以规范和制约社会行为及人们活动的作用，特别是具有法规性质的公文和下行文，一经发布，就必须坚决执行，任何人不得违反，起着制约经济和其他社会生活运行机制的作用。

2. 处理工作、解决问题的依据和凭证

公文反映了制发机关的意志、愿望和要求，具有行政的或法律的约束力。一方面，上级单位要用公文来行使权力，实现对所属单位的领导和指导。这些公文就是下级单位布置和开展工作、处理和解决问题的依据。另一方面，上级单位也要把下级单位的来文作为了解下情、有针对性地答复和处理问题的凭证，正确决策和指导工作的依据。平行单位之间和不相隶属单位之间来往的公文，也是商洽和联系工作、处理问题的依据和凭证。公文的这一作用，使各单位之间有所遵循，能够开展正常而有序的工作。

3. 宣传和教育工具

公文不仅是处理和解决问题、联系和指导工作的实用工具，而且是宣传和教育群众，统一思想，协调行动的重要手段。由领导机关制发的决议、决定、通报、会议纪要等公文，在传达方针政策和布置工作的同时，一般都要阐明其指导思想，讲清道理，提出希望和要求，以号召和动员群众，推动工作，其作为宣传和教育工具的作用尤其显著。

四、行政公文的种类

国家行政机关公文最新版本有15种，分别是决议、决定、命令（令）、公报、公告、通告、意见、通知、通报、报告、请示、批复、议案、函、纪要，比2000年8月的版本多了决议和公报两个文种。

1. 按行文方向

按行文方向，可分为上行文、下行文、平行文等。

上行文，是指下级机关、组织、单位向对其具有领导或指导关系的上级机关报送的公文，如请示、报告、议案等。行政机关向同级的权力机关报批的议案等也属于上行文。

下行文，是指上级机关、组织、单位向所属机关、组织、单位以及虽无隶属关系却有领导职能的下级机关、组织、单位下发的公文。如命令（令）、决定、公告、通报、批复、会议纪要等。

平行文，是指同级机关、组织、单位或没有隶属关系的机关、组织、单位之间，为协商或通知有关事项而制发的公文，如函等。通知、会议纪要有时也可以作为平行文。

2. 按公文办理的时限

按公文办理的时限，可分为特急公文、急办公文和常规公文。

特急公文，是指事情紧急而又事关重大，需迅速传递和处理，不允许有丝毫拖延的公文。其文面需要注明“特急件”字样，往往以特急电报的形式发出。

急办公文，是指也涉及重要工作，需要从快制发和处理，但与特急公文相比可以稍缓一些的公文。其文面需要注明“急件”字样。

常规公文，是指可以按正常的速度、程序制发和处理的公文。随着社会的发展，对公文的时效要求也日趋提高，即使是常规公文，也应随到随办，以提高办公效率。

3. 按内容及所限定的阅读范围

按内容及所限定的阅读范围，公文可分为绝密公文、机密公文、秘密公文和普通公文。

绝密公文，是指内容涉及党和国家最高一级的核心机密，或者在一定时间内必须将知情人士限定在极小范围内的公文。其密级最高，一旦泄漏，将会给党和国家、人民的根本利益造成特别严重的损害。

机密公文，是指也涉及党和国家的重要机密，对知情人和知情时间的限定要求仅仅低于绝密公文。

秘密公文，是指涉及党和国家的机密，需要控制知密范围和知密对象的公文。

普通公文，是指可以在机关、团体、单位内普遍传阅，但不得向社会公布、也不得向国外传播的公文。有些需要通过传播工具向社会公布周知的，也应该做到内外有别，并把握传播的时机。

五、行政公文的格式

行政公文的格式主要由版头、主体、版记三部分构成。

（一）版头

版头又称文头、眉首，即公文格式的第一部分，公文首页红色分隔线以上部分，具体包括份号、密级和保密期限、紧急程度、发文机关标志、发文字号、签发人、版头中的分割线7个要素。版头位于公文首页上端，约占A4型公文纸的1/3或2/5面积（宽度同版心，即156 mm）。

1. 发文机关标志

发文机关标志由发文机关全称或规范化简称后加“文件”两字组成。如：“国务院文件”“××省人民政府文件”“××公司文件”。对一些特定的公文可只标识发文机关全称或规范化简称。发文机关标识上边缘至版心上边缘为25 mm。对于上报的公文，发文机关标识上边缘至版心上边缘为80 mm。

发文机关标识推荐使用小标宋体字，用红色标识。字号由发文机关以醒目美观为原则酌定，但一般应小于22 mm×15 mm（高×宽）。

联合行文时应使主办机关名称在前，“文件”二字置于发文机关名称右侧，上下居中排布；如联合行文机关过多，必须保证公文首页显示正文。

2. 发文字号

发文字号又称发文号、文号、文件字号，是指某一公文在发文机关一个年度内发文总号中的实际顺序号，由发文机关代字、年份、序号三部分组成。如：“粤科院字〔2024〕3号”表示广东省科学院在2024年度内发的第3号文件。

（1）机关代字，一般由两个层次组成。第一个层次是发文机关代字，第二个层次是发文机关主办文件的部门的代字。如教育部文件的机关代字有“教办”“教财”等，“教”代教育部，“办”“财”代主办这份教育部文件的教育部的办公部门、财务部门。有的机关代字还包含其他的层次，如国务院发文的机关代字有“国发”“国函”，“国”代国务院，而“发”和“函”则代“文件”和“函”这两种发文形式。有的文件机关代字有七八个、十几个字之多，可能各有所代的层次，但尽量以简化为好。

（2）年份，要用阿拉伯数字完整书写，不应简化，不能把“2024”简化为“24”。年份应用六角括号“〔 〕”括起，不能用半圆括号“（ ）”。注意六角括号不是数学公式的中括号，因为当引用公文时，标题后面的发文字号要用圆括号“（ ）”括起，如果年份用中括号括起，就违反了低级符号中不得包含高级符号的原则。因此称之为“六角括号”是基于与数学的中括号相区别。

（3）序号，是发文的流水号。一般都是按文件的形式统一编，即是哪个部门主办的，只要是同一发文形式，就要统一按顺序编号。序号不编虚位（例如1不编为001），不加“第”（有的单位加“字”）等虚字，主要是讲究实用，尽量减少公文的字数。

发文字号在发文机关标识下空2行，在发文字号之下4 mm处印一条与版心同宽的红色反线，这样就明确了发文机关标识与红色反线之间的距离是3行位置，发文字号应标在第3行居中的位置，并且不要紧贴红色反线，空出约4 mm的距离（实际执行时只要不贴红色反线即可）。

联合行文一般只标明主办机关的发文字号。如果是没有文头的公文，通常将发文字号标在标题以下居中的位置。

3. 签发人

签发人是指批准发出公文的机关领导人，上报的公文需标识签发人姓名，平行排列于发文字号右侧。发文字号居左空1字，签发人姓名居右空1字；“签发人”用3号仿宋体字，签发人后标全角冒号，冒号后用3号楷体字标识签发人姓名。

如果是联合行文，则有多个签发人，这时主办单位签发人姓名置于第1行，其他签发人姓名从第2行起在主办单位签发人姓名之下按发文机关顺序依次顺排，下移红色反线，应使发文字号与最后一个签发人姓名处在同一行并使红色反线与之的距离为4 mm。

4. 秘密等级（密级）和保密期限

秘密等级是指公文内容涉及秘密程度的等级。秘密等级分为“绝密”“机密”“秘密”三级。保密期限是对公文密级的时效加以划定的说明。如需标识秘密等级，用3号黑体字，顶格标识在版心右上角第1行，两字之间空1字；如需同时标识秘密等级和保密期限，用3号黑体字，顶格标识在版心右上角第1行，秘密等级和保密期限之间用“★”隔开。如：绝密★3个月，意味着该公文属于绝密等级，保密的期限为3个月，过期即可解密。如果没有标注保密期限，则绝密等级的保密期限为30年。

在此需要说明的是，如不标识保密期限，秘密等级两字之间应空1字距离；如标注保密期限，秘密等级的两字间则不空1字距离，以使该字段不至过长。

5. 紧急程度（急度）

紧急程度是对公文送达和办理的时限要求，分“特急”“急件”。具体“特急”和“急件”的时间要求是多少，由各地行政机关主管自行确定。如需标识紧急程度，用3号黑体字，顶格标识在版心右上角第1行，两字之间空1字；如需同时标识秘密等级与紧急程度，应按照秘密等级在上、紧急程度在下的次序分两行顶格标注在版心右上角，即秘密等级顶格标识在版心右上角第1行、紧急程度顶格标识在版心右上角第2行。

6. 份号

份号又称份数序号，是指将同一文稿印制若干份时每份公文的顺序编号。公文如需标识公文份数序号，用阿拉伯数字顶格标识在版心左上角第1行。一般来说，应根据公文的份数来决定编几位，但至少应不少于两位，即“1”编为“01”，以此类推，不能单编为“1”。

编份数序号的目的是准确掌握公文的印制份数和分发范围和对象。当文件需要收回保管或销毁的时候，就可以对照份数序号掌握是否有遗漏或丢失。发文机关根据份数序号可以掌握每一份公文的去向。因此，发文机关在发文和收文机关在收文时，都要登记份数序号。

（二）主体

主体包括标题、主送机关、正文、附件、落款(发文机关、成文日期、印章)、附注等。

1. 标题

标题是公文内容和作用的高度概括。完整的公文标题由发文机关名称、公文事由(或公文主题)、公文种类三部分组成。公文标题的三个组成部分一般要写完整，也有部分省略的情况：一是单位内部使用的公文，标题可省略发文单位；二是省略事由，如《××职业技术学院通知》。公文标题中除法规、规章名称加书名号外，一般不用标点符号。

公文标题一般标识在红色反线下空2行处，用2号小标宋体字，可分一行或多行居中排布；如果字数多，需要分行排列，分行时应注意不要把上下文字排成等长，更不能将两个字以上的词拆开排在不同行的首尾。总之，标题的排布要做到词意完整，排列对称，间距恰当。

2. 主送机关

主送机关又叫“抬头”“受文机关”或“上款”，是指公文的主要受理机关。标识主送机关时应标明主送机关的全称、规范化简称或同类型机关的统称。所谓同类型机关的统称如“各省、自治区、直辖市人民政府”。其位置在标题下空1行，左侧顶格用3号仿宋体字标识，回行时仍顶格；最后一个主送机关名称后标全角冒号。如主送机关名称过多而使公文首页不能显示正文时，应将主送机关名称移至版记中的主题词之下、抄送之上，标识文法同抄送。

多个主送机关的标点用法：同类型、相并列的机关之间用顿号间隔；不同类型、非并列关系的机关之间用逗号间隔，最后用冒号。如国家语言文字工作委员会（国家语委）《关于印发〈普通话水平测试规程〉的通知》的主送机关：

各省、自治区、直辖市教育厅（教委）、语委，新疆生产建设兵团教育局、语委：

普发性下行文，主送机关较多，一般使用泛称，如“校各直属单位”。

上行文的主送机关一般是一个。请示、批复、意见、函的主送机关只能是一个。

一些行文方向不定，没有特指主送机关的公布性公文，如公告、通告及一部分通知，则不写主送机关。

3. 正文

正文表述公文的具体内容，是公文的核心部分。正文内容一般分开头（又称缘由或引据)、事项、结尾三部分。正文在主送机关名称下1行，每自然段左空2字，回行顶格。数字、年份不能回行。正文要求用3号仿宋体字，每行28个字、每页22行。

4. 附件

附件是公文正文附属材料的顺序和名称的标注，是正文的补充说明或参考材料，主要有随文发送的文件、报表、材料等。“附件”在正文下空1行、左空2字用3号仿宋体字标识“附件”，后标全角冒号和名称。附件如有序号，应使用阿拉伯数码（如“附件：1. ×××××”）；附件名称后不加标点符号。附件应与公文正文一起装订，并在附件左上角第1行顶格标识“附件”，有序号时标识序号；附件的序号和名称前后标识应一致。如附件与公文正文不能一起装订，应在附件左上角第1行顶格标识公文的发文字号并在其后标识附件（或带序号）。

对被批转、转发的文件，不必再标为“附件”，因为作为按语的正文已写清所附文件、材料的名称。

5. 发文机关

发文机关是公文的作者或制发单位。发文机关要写全称或规范化简称。若是联合行文，主办机关排列在前。

6. 成文日期

成文日期是指公文生效的日期，是公文的一项重要内容。一般文件，以领导人签发的日期为准；联合行文以最后签发机关领导人的签发日期为准；会议通过的公文，以通过日期为准；法规性公文，以批准日期为准，或以专门规定的具体生效、开始执行的日期为准。

成文日期要用阿拉伯数字将年、月、日标全，年份应标全称，月、日不编虚位（例如1不编为01）。如“2024年1月1日”。

7. 印章

公文加印，是制发机关确认公文效力的凭证。正式行文，除会议纪要、印有特定版头的普发性公文和以电报形式发出的公文以外，都应加盖印章。印章与公文落款要一致，用印要清楚端正、合乎规范，做到上不压正文，下要骑年盖月。

单一机关制发的公文在落款处不署发文机关名称，只标识成文日期。成文日期右空4字；加盖印章应上距正文1行之内，端正、居中下压成文日期，印章用红色。

当印章下弧无文字时，采用下套方式，即仅以下弧压在成文日期上；当印章下弧有文字时，采用中套方式，即印章中心线压在成文日期上。

当联合行文需加盖两个印章时，应将成文日期拉开，左右各空7字；主办机关印章在前；两个印章均压成文日期，印章用红色。只能采用同种加盖印章方式，以保证印章排列整齐。两印章间互不相交或相切，相距不超过3mm。

当联合行文需加盖3个以上印章时，为防止出现空白印章，应将各发文机关名称（可用简称）按加盖印章顺序排列在相应位置，并使印章加盖或套印在其上。主办机关印章在前，每排最多排3个印章，两端不得超出版心；最后一排如余一个或两个印章，均居中排布；印章之间互不相交或相切；在最后一排印章之下右空2字标识成文日期。如当公文排版后所剩空白处不能容下印章位置时，应采取调整行距、字距的措施加以解决，务必使印章与正文同处一面，不得采取标识“此页无正文”的方法解决。

8. 附注

附注是需要说明的其他事项，包括一些术语的解释、传达阅读范围和使用方法等内容。其用3号仿宋体字，居左空2字加圆括号标注，如“（此件可翻印）”“（此件发至县团级）”等编排在成文日期下一行。

（三）版记

版记又称文尾，主要包括抄送机关、印发机关、印发日期等。版记应置于公文的最后一页，版记的最后一个要素置于公文的最后一行。

1. 抄送机关

抄送机关指除主送机关外需要执行或知晓公文内容的其他机关，应当使用全称或规范化简称、统称。其位置在印发机关和印发日期的上一行、左右各空1字位，用4号仿宋体字标识“抄送”，后标全角冒号，在抄送机关间用逗号隔开，回行时与冒号后的首字对齐；在最后一个抄送机关后标句号。

2. 印发机关

印发机关，即印发公文的机关，是指公文的印制主管部门，一般应是各机关的办公厅（室）或文秘部门。有的印发机关没有专门的办公厅（室）或文秘部门，也可标识发文机关。印发机关要写全称。

3. 印发日期

标识印发日期是为了准确反映公文的生成时效。一般来说，公文在领导签发之后，也就是生效时间之后，往往需要经过打字、校对、复核等环节。通过了解生效时间与印发时间的时间差，既可以使发文机关掌握制发公文的效率，也可以使收文机关掌握公文的传递时间，均有利于公文的办理。

公文虽然有较为固定的格式，但是在一般公文中，这些要素不一定都具备，而哪些要素可以省略，要根据公文的具体内容决定。另外，《党政机关公文格式》（2012版）中，对公文通用的纸张尺寸、规格、书写形式和各组成部分的排列顺序、区域划分、排版形式与字体字号的选用及页码安排等方面，都做了明确的规定。如公文用纸一般采用国际标准A4纸型，公文所涉及的文字符号一律采用从上至下、自左向右的横写形式，正文文字每行长度与图文区宽度相等，字距、行距以便利阅读和庄重为原则，力求匀称、整齐。页码一般用4号半角宋体阿拉伯数字，单页码居右空1字，双页码居左空1字。正文中的数字表示多层结构时，可用如下表示方法：

第一层：一、二、三、……用黑体字标注

第二层：（一）（二）（三）……用楷体字标注

第三层：1、2、3、……；第四层：（1）（2）（3）……均用仿宋体字标注。

行政公文格式如下所示。

份号　　　　　　　　　　　　　　　　　　　　　　秘密等级和保密期限
　　　　　　　　　　　　　　　　　　　　　　　　　紧急程度

××××××××××××文件

××字〔20××〕×号

关于×××××××××的通知（文种）

××××（主送机关）：

××。

××。

附件：1. ××××××××××××

　　　2. ××××××××××××

××××××××××××（发文机关）

年　月　日

（附注）

抄送：××××，××××，××××

×××××××××××××　　　　　　　　　　　　　　　　20××年×月×日

六、行政公文的行文规则

行文是指公文在机关之间和机关内部的传递运转。行文规则是指公文在运行过程中所应遵循的各种规定。《党政机关公文处理工作条例》第四章中有明确规定。

正常有效的行文应当遵循以下普遍适用的基本规则：

（一）行文应当确有必要，讲求实效，注重针对性和可操作性。

（二）行文关系根据隶属关系和职权范围确定。一般不得越级行文，特殊情况需要越级行文的，应当同时抄送被越过的机关。

（三）向上级机关行文，应当遵循以下规则：

1. 原则上主送一个上级机关，根据需要同时抄送相关上级机关和同级机关，不抄送下级机关。

2. 党委、政府的部门向上级主管部门请示、报告重大事项，应当经本级党委、政府同意或者授权；属于部门职权范围内的事项应当直接报送上级主管部门。

3. 下级机关的请示事项，如需以本机关名义向上级机关请示，应当提出倾向性意见后上报，不得原文转报上级机关。

4. 请示应当一文一事。不得在报告等非请示性公文中夹带请示事项。

5. 除上级机关负责人直接交办事项外，不得以本机关名义向上级机关负责人报送公文，不得以本机关负责人名义向上级机关报送公文。

6. 受双重领导的机关向一个上级机关行文，必要时抄送另一个上级机关。

（四）向下级机关行文，应当遵循以下规则：

1. 主送受理机关，根据需要抄送相关机关。重要行文应当同时抄送发文机关的直接上级机关。

2. 党委、政府的办公厅（室）根据本级党委、政府授权，可以向下级党委、政府行文，其他部门和单位不得向下级党委、政府发布指令性公文或者在公文中向下级党委、政府提出指令性要求。需经政府审批的具体事项，经政府同意后可以由政府职能部门行文，文中须注明已经政府同意。

3. 党委、政府的部门在各自职权范围内可以向下级党委、政府的相关部门行文。

4. 涉及多个部门职权范围内的事务，部门之间未协商一致的，不得向下行文；擅自行文的，上级机关应当责令其纠正或者撤销。

5. 上级机关向受双重领导的下级机关行文，必要时抄送该下级机关的另一个上级机关。

（五）同级党政机关、党政机关与其他同级机关必要时可以联合行文。属于党委、政府各自职权范围内的工作，不得联合行文。

党委、政府的部门依据职权可以相互行文。

部门内设机构除办公厅（室）外不得对外正式行文。

第二节　通知、通报

一、通知

例文析评

例文 2.1

中共江苏省委江苏省人民政府印发
关于促进经济持续回升向好的若干政策措施的通知

各市、县（市、区）党委和人民政府，省委各部委，省各委办厅局，省各直属单位：

《关于促进经济持续回升向好的若干政策措施》已经省委常委会会议、省政府常务会议审议通过，现印发给你们，请结合实际认真贯彻落实。

中共江苏省委江苏省人民政府

20××年×月×日

附件：《关于促进经济持续回升向好的若干政策措施》（略）

例文简析

这是一则印发类通知，全文仅有一句话，但有两层意思：一是表明相关的若干政策措施已审议通过；二是要求受文单位“贯彻”落实。语气肯定，具有权威性。

例文 2.2

国务院办公厅转发水利部关于加强
嫩江松花江近期防洪建设的若干意见的通知

国办发〔20××〕××号

各省、自治区、直辖市人民政府，国务院各部委、各直属机构：

水利部《关于加强嫩江松花江近期防洪建设的若干意见》已经国务院同意，现转发给你们，请认真贯彻执行。

嫩江、松花江防洪建设关系到国民经济和社会发展的大局，关系到人民生命财产安全。各有关地区和部门要以对国家和人民高度负责的精神，切实加强领导，尽快把各项任务落实下去。

防洪建设要坚持统筹规划、远近结合、突出重点、分步实施、分级负责、共同承担的原则。有关部门要结合国民经济和社会发展规划，将水利建设纳入国民经济和社会发展总体规划。今明两年防洪建设要突出重点，确保重点工程、重点堤防的投入，争取早竣工，使之在防汛抗洪中早日发挥作用。

中华人民共和国国务院办公厅（公章）

20××年×月×日

例文简析

这是一则转发性通知。第一段引述文件名称，接着用惯用语“现转发给你们，请认真贯彻执行”表述行文的目的。第二段强调防洪的重大意义。第三段提出具体要求。全文行文简洁、明确。

例文 2.3

××大学关于召开招生工作会议的通知

×校办发〔20××〕×号

所属各单位：

为了把今年我校的招生工作搞得更好，为了进一步贯彻和执行中央、省招生工作会议精神，经研究决定召开招生工作会议，现将有关事项通知如下：

一、会议内容：介绍和分析近年来我校的招生情况；着重讨论和分析今年的招生情况和招生工作安排等事宜。

二、参加人员：各系部主管学生工作的副主任以及校学生工作办公室的全体人员。

三、会议时间和地点：定于6月18日上午8时，在学校三楼会议室准时召开，议程一天。

××大学学生工作办公室（公章）

20××年×月×日

例文简析

这是一则会议通知。其正文由召开会议的目的和会议注意事项两部分组成。该会议事项较详细。撰写会议事项经常出问题的，往往是地点和时间。有时地点写得过于粗略，时间只写日期，不写具体时间，这都将给与会者带来不便。

（一）通知的用途与特点

1. 用途

通知适用于批转下级机关的公文，转发上级机关和不相隶属机关的公文，传达要求下级机关办理和需要有关单位周知或者执行的事项，任免人员等。

通知是一种使用范围较广的文种。凡需要特定机关和人员知道、办理的事宜，都可以用通知。通知大部分是下行文，也有一部分是平行文，即发给不相隶属的单位或个人。

2. 特点

（1）使用的广泛性

通知的发文机关，几乎不受级别的限制。大到国家级的党政机关，小到基层的企事业单位，都可以发布通知；在内容方面，大到全国性的重大事项、法规、规章，小到单位内部告知一般事项，都可用通知行文。在发文方式上也灵活、方便。

（2）功用的指导性

上级机关向下级机关用通知行文，都明显体现出指导性。特别是部署工作、批转和转发文件的通知，都实现着通知的指导功能，受文单位要在规定的时间内完成通知布置的任务。

（二）通知的主要类型

1. 发布性通知

发布性通知用于发布《党政机关公文处理工作条例》规定的15个文种以外的其他文种，如：准则、条例、规则、规定、办法、细则、规划、方案等。

发布性通知标题包括三要素：即发文机关名称、发布对象和文种。一般情况下，正文部分篇段合一，无明显开头，也不交代缘由，开门见山表明态度，提出明确具体要求。撰写时应当阐明两层涵义：一是明确指出所发布的内容，实施或生效日期及相关事项说明；另一层是指出贯彻执行要求等。如：现将《××××》印发给你们，请结合实际遵照执行。根据不同情况，可分为颁发、发布（公布）、印发三种。

2. 指示性通知

指示性通知用于发布、传达要求下级机关执行和有关单位周知或者执行的事项。它对受文单位的全体或部分，包括主送或抄送机关，就某项工作或者某方面工作发出指示、提出要求、做出安排，有一定的指挥、指导作用。

3. 批转性通知

批转性通知用于批转下级机关公文、转发上级机关或不相隶属机关的公文，提出贯彻落实要求。具体分为三种情形：一是“上转下”，将某一下级机关的公文批转给所属下级机关；二是“下转上”，即将上级机关的来文转发给所属下级机关；三是“平转平”，将平级机关或不相隶属机关的来文转发给所属下级机关。需要特别说明的是，上级机关对进一步加强公文精简做出规定，中共中央、国务院文件（含中共中央办公厅、国务院办公厅文件），受文单位要结合实际贯彻落实，不得直接转发。

4. 事务性通知

事务性通知用于告知或知照相关事项。会议通知是事务性通知中使用较多的一类。另外，任免和聘用有关人员的任免通知，公布机构设置、印章启用和废止、评选结果等专门事项的晓谕类通知，在机关单位也较为常用，这类通知主要起到知照性作用，内容单一，格式相对固定。

（三）通知的结构和写法

1. 标题

（1）完全式：即通知的标题由“发文机关＋事由＋文种”构成，如《水利部办公厅关于召开全国水利工作会议的通知》。

一些批转、转发性通知的标题也采取完全式，一般由“发文机关＋发布（批转或转发）＋被发布（转发或批转）的文件标题＋文种”构成。被发布、批转、转发的公文若是法规、规章或重要的公文时，一般应加上书名号。有时由于被发布、批转、转发的公文标题中已有多个“关于”和“的通知”，或者被发布、批转、转发的公文标题已较长，这时，在再拟通知标题时，一般可保留末次发布（批转或转发）文件机关和始发文件机关，只保留一个“关于”和一个“的通知”字样。如《××市人民政府关于转发〈××省人民政府关于转发民政部×××同志恢复名誉后享受××级待遇的通知〉的通知》。这个标题有四个层次，用了两个“关于转发”、两个“的通知”，十分烦琐、拗口，可把这个标题简化为《××市人民政府转发关于民政部×××同志恢复名誉后享受××级待遇的通知》，至于省、地区等曾转发过的情况，可在正文中交代清楚。

（2）省略式：即通知的标题可以省略发文机关或同时省略发文机关和事由。

①省略发文机关。如《关于印发〈×××××〉的通知》《关于年终财产清查的通知》。

②省略发文机关和事由，只写文种“通知”。这种写法一般只在通知范围比较小、内容比较简单时才运用。如一个单位内部的会议通知、简单的工作通知等，就可以用这种标题格式。这类通知往往用大字书写并张贴，或写在小黑板上，放在显眼的地方，以引起大家的注意。

2. 主送机关

通知一般都有特定的受文对象，因此要写明主送机关。主送机关为两个以上者，通常依惯用次序排列。

如果通知的是所有下属机关，则可用同类型机关名称，如国务院下发的通知，其主送机关为“各省、自治区、直辖市人民政府，国务院各部委、各直属机构”。对于知照性通知，有时因没有特定的受文对象，此时就可以不写主送机关。

3. 正文

通知正文一般包括缘由、事项和要求三部分，不同类型的通知，其正文写法有所不同。

（1）处理文件性通知。正文包括两个部分：第一是批语；第二是写批转、转发或印发的规章或文件。批语内容比较简单，只要说明批转、转发或印发的文件名称和有关要求就可以了。如：“现将《关于……的规定》印发（批转或转发）给你们，请……”对有些比较复杂的文件，则在结尾或者对如何实施做具体说明，或者阐述该文件的意义所在等。

（2）布置性通知（工作通知）。正文通常包括三部分。第一部分为引言，说明缘由。引言要简明扼要、抓住要害。第二部分为主体，即通知的具体内容，如果内容比较复杂，则要分条列项陈述。重要的内容详细写，放在前面；次要的内容，应尽量简化，放在后面。第三部分为结尾，结尾多提出贯彻执行的要求，如“请遵照执行”“请认真贯彻执行”等。也有的通知不写结尾。

工作通知的写作，一定要开门见山，直接叙述，切忌转弯抹角。为使下级机关明白上级机关意图，有时也可以做一些简要的分析、说理。

总的来说，工作通知的目的在于布置工作任务，要求下级遵照执行。因此，在撰写时，既要说明“办什么事”“为什么办这些事”，又要说明“怎样办这些事”，以便受文单位更容易理解、更方便执行。

（3）知照性通知。这种通知行文的目的是让受文对象了解有关事项，因此正文把事项叙述清楚即可。

党政机关或群众团体如果有紧要的事情需要让各级干部和广大群众知道，往往会在报纸上发布知照性通知。这类通知如果不另外行文，一般不写主送机关的名称，但最后要注明发文机关的名称和日期。日期也可写在标题下面，如果标题上已经出现了发文机关的名称，后面可以省略不写。

（4）会议通知。由文件传递渠道发出的会议通知，正文一般包括会议主办机关或单位、会议名称、召开会议的原因与目的、会议议题、会议时间与地点、报到时间与地点、与会人员、与会者需准备的材料、差旅费报销办法、联系单位、联系人与联系方式等，有的通知还附上会议日程安排和与会的有关证件。当然，并非所有会议通知都必须包含这些事项。

会议通知通常采用分条列项式写法。供机关、单位内部张贴或广播的会议通知，可不写受文对象，只需在正文中说明会议时间、地点、内容、准备材料及出席人员等。

（5）任免通知。任免通知的写法比较简单，一般在写完任免决定的依据、机关、时间之后，写上任免人员的姓名及相应的职务即可。

如果有必要，有时还可写明该干部享受某一级别的政治待遇。在免职通知中，可根据情况写明该干部“另行分配工作”或“另有任用”等情况，以免引起猜疑和议论。每一个被任免的人，无论涉及职务多少，均应一一写明。按照惯例，任免通知中的任免事项安排多为先任后免的结构。

在撰写任免通知时，还应注意写好向本机关所属系统知照上级任免决定的通知，有时用在该通知中抄送的形式。这种通知的内容一般只有任免人员的姓名和相关职务，而没有通知的根据，带有传达上级决定的性质。

4. 落款

落款处须写明发文机关名称（包括公章）和发文日期。署发文机关全称或者规范化简称，成文日期用阿拉伯数字将年、月、日标全，年份应标全称，月、日不编虚位（例如1不编为01）。

（四）通知的写作要求

1. 重点突出，措施具体

通知是要求受文单位了解、协助和执行、办理的公文。因此，写作时要重点突出，把道理讲清楚、任务提明确、措施订具体。只有这样，才便于受文者在执行、办理中不出现偏差或错误。

2. 注意通知与通告的区别

（1）从使用范围看，“通知”适用于批转下级机关的公文，转发上级机关和不相隶属机关的公文，传达要求下级机关办理和需要有关单位周知或者执行的事项，任免人员等；而“通告”则适用于公布社会各有关方面应当遵守或者周知的事项。

（2）从受文对象看，通知的对象一般是机关或单位；通告的对象一般是社会公众。

（3）从行文要求看，通知的事项一般需要办理和贯彻执行；而通告的事项只需遵守和知晓即可。

二、通报

例文析评

例文 2.4

中共××县委员会关于表彰王××同志不畏强暴、勇斗走私犯事迹的通报

> 这个标题包括发文机关、内容、文种。

共产党员王××同志是我县工商管理所青年检查员。××年×月×日清晨，他在对一辆长途客车例行检查时，查获走私犯罪分子张××走私黄金410克。在押送途中，张先以人民币300元妄图贿赂王××同志，被王××同志严词拒绝后，就凶相毕露，拔刀行凶，刺伤王××同志脸部、胸部。王××同志身负重伤，但他临危不惧，英勇地与张犯搏斗，在群众协助下，终于将张犯抓获。

> 叙述事情发生的主要经过。

王××同志今年26岁，参加工作四年多来，机智地战斗在缉私岗位上，先后破获各种走私案件十多起，连续四年被评为县先进工作者。

> 回顾以往事迹。

鉴于王××同志一贯表现突出，在关键时刻又经受了严峻考验，特予以通报表扬。希望各级党组织发动党团员和广大青年，学习王××同志为维护党和人民的利益，不畏强暴，坚决同违法犯罪分子做斗争的英勇事迹；学习他热爱本职工作，出色地完成党交给的艰巨任务的高尚品质，在党的二十大精神的指引下，为实现中华民族伟大复兴做出更多贡献！

> 表彰决定。提出希望。

中共××县委员会（公章）

××××年×月×日

例文简析

这是一个表彰性通报。文章首先概述了王××同志的先进事迹，内容概括、鲜明；然后写明表彰决定；最后提出希望和号召。该通报层次清楚，用语殷切、中肯、简洁。

（一）通报的用途与特点

1. 用途

通报适用于表彰先进、批评错误、传递重要精神或者情况。

通报也为知照类公文，其主要作用在于学习他人经验，推动工作；吸取他人教训，防止类似问题的发生；了解有关情况，促进各方面工作的顺利开展。通报的写作要有代表性、针对性，使人们从中受到启发和教益。

2. 特点

（1）真实性

情况真实是通报的生命。通报所表扬或批评的情况，要求准确无误，不允许有任何虚假成分。同时，通报的情况还必须有典型性，反映的材料能代表事物的本质特点。

（2）及时性

通报具有指导现实工作的作用，因此在时间上要求对所发生的典型事件做出及时迅速的反应。

（二）通报的种类

按照内容和用途的不同，可以把通报分为三类：

1. 表彰性通报

表彰性通报是指对先进典型、好人好事进行表彰，对先进经验加以肯定、推广，以激励人们学习先进、吸取经验，进一步做好工作。

2. 批评性通报

批评性通报是批评错误，使人们吸取经验教训，引以为戒，防止类似错误发生的通报。批评性通报有的是对典型错误的批评处理，有的是对重大事故或事件的批评处理。

3. 情况通报

情况通报是向有关部门人员传达重要情况，发布重要信息，使人们掌握情况，明确问题和工作意图，以指导今后的工作。

（三）通报的结构和写法

1. 标题

通报的标题主要有两种类型：一种是由发文机关、事由、文种组成，通报一般都用这种完整式标题，如《中共××县委员会关于表彰王××同志不畏强暴、勇斗走私犯事迹的通报》；另一种是由事由、文种组成，省略发文机关，如《关于×××犯罪事实的通报》。如果是张贴的通报，标题中可只写文种。通报一般应正式行文，要加眉首部分，包括发文字号。

2. 主送机关

通报是下行文，通常情况下，凡是发文机关级别较高并要求下级机关特别注意或贯彻执行的，都应注明主送机关。但也有一些通报不写主送机关，尤其是传达性通报。总的来说，行文对象是专指的，应写明主送机关；普发性通报，可以不写主送机关，只在正文或印发范围中注明即可，如“此件发至××（市地级）”。

3. 正文

通报的正文一般由倾向性导语、主要事实、分析评价、决定与要求组成。

（1）倾向性导语

倾向性导语主要是用一两句话概述通报的主要事实，表明发文机关的倾向性。撰写这一部分时，注意不要和下文的事实部分重复。

（2）主要事实

这一部分主要是概括事实或行文发生的时间、地点、人物、主要过程、结果，要写得清楚明白、准确无误、简明扼要。表彰性通报要突出主要先进事迹，批评性通报要抓住主要错误事实。如：

今年7月9日，由武昌开往湛江的461次旅客列车在湖南衡阳市郊发生一起重大行车事故。事故发生后，列车上的解放军战士、知识分子、大学生奋不顾身地投入抢险行动，救助伤亡人员，其间涌现出了许多可歌可泣的动人事迹。

（3）分析评价

传达性通报要对所传达的重要精神或事项进行全面和辩证的分析解剖，抓住关键的和实质性的问题，以引起人们的高度重视；表彰性通报，在阐述先进事迹的基础上，提炼出主要经验、意义和值得学习与发扬的精神；批评性通报要分析错误的性质、危害，产生的根源和责任，指出应吸取的主要教训等。

（4）决定与要求

表彰性和批评性的通报，应写明组织的结论和予以表彰或处理的决定，同时提出对表彰或批评对象与读者的希望、要求。情况通报，一般对受文机关提出一些希望和要求。

4. 落款

落款处包括发文机关和发文日期。署发文机关全称或者规范化简称，成文日期用阿拉伯数字将年、月、日标全，年份应标全称，月、日不编虚位（例如1不编为01）。

（四）通报的写作要求

1. 事实必须可靠

无论哪种通报的事实，都要准确无误，哪怕是一些细节问题也要认真核实材料的真伪。通报切忌无中生有、推理想象，或任意夸大或缩小事实。

2. 用词造句必须严谨

通报对先进事迹的表彰，对错误行为的处理，以及对情况的分析和判断，都涉及人和事的定性问题。因此，用词造句必须慎重严谨、讲究分寸。不能说过头话，不能称善过其美、言恶过其极，失去通报应有的作用。

3. 注意通报与通知的区别

通报和通知都是具有沟通情况、交流信息作用的告知性公文，二者的区别在于：

（1）目的不同。通知的目的是发布、转发和批转文件，安排部署工作，是要求有关单位或个人必须按照通知的事项要求去做，具有一定强制性；而通报的目的则是表彰先进，批评错误，传达重要情况，树立典型，学习经验，吸取教训，改进工作。

（2）对象不同。通报是对所属人员进行普遍教育的工具，没有特定的对象；通知部署的任务和事项极为明确，具有特定的对象。

（3）时间不同。从制文时间来看，通知是在事前发文；通报则是事后发文。即事前通知，事后通报。

第三节　请示、报告

一、请示

例文析评

例文 2.5

<table>
<tr><td>

××部、××委、××局关于修订原
《出口商品外汇留成试行办法》的请示
〔20××〕×字×号

××××：

为贯彻中共中央《关于经济体制改革的决定》，适应对内搞活经济、对外实行开放和外贸体制改革的新形势，鼓励出口，增加外汇收入，要修订原《出口商品外汇留成试行办法》。建议从××××年起，实行按出口商品收汇全额比例留成，即除出口的××、××和××等项商品外汇留成按现行办法不变外，对一般出口商品留成，按××%留成给地方、部门、企业。根据这个原则，我们修订了原《出口商品外汇留成试行办法》。现将《出口商品外汇留成试行办法》送上，请审定。如无不妥，请批转各地区、各部门执行。

附件：《出口商品外汇留成试行办法》

××部、××委、××局（公章）
20××年×月×日

</td><td>

发文单位、内容、文种和发文字号。

发文目的。

请示事项。

请示要求。

相关材料用附件形式附上。

</td></tr>
</table>

例文简析

这是就某一事项请求上级批准的请示。理由充分翔实，请求事项清楚明白，便于上级机关答复。

请示是下级机关向上级机关请求指示和批准，并要求回复的一种上行公文。请示的适用范围很广，主要有以下几种情况：涉及方针、政策等方面的重大问题，需请求上级给予明确指示时；对上级机关发布的文件有不明之处或有不同理解，需请求上级机关予以解释说明时；在本单位工作职权范围内不能解决的问题，需请求上级批准时；工作中发生重大的、难以处理的问题，或从前没有先例、无章可循的问题时；因本单位情况特殊，执行统一规定时遇到需要变通处理的问题时；工作中遇到困难，需要上级帮助解决时；同级机关之间或本单位内部意见分歧、无法执行的问题，需请求上级

予以裁决时。

（一）请示的基本结构

1. 标题

（1）发文机关＋事由（主要内容）＋文种：这是请示常采用的标题形式，如《××部、××委、××局关于修订原〈出口商品外汇留成试行办法〉的请示》。

（2）事由（主要内容）＋文种：省略发文机关的标题形式，如《关于改造农村电网 改革农电管理体制 实现城乡同网同价的请示》。

撰写请示标题时，切勿将“请示”写成“报告”或“请示报告”，而且表述事由的词语应尽量避免与文种名称重复，即尽可能不在请示标题中出现“申请”“请求”等词语。

2. 主送机关

请示的主送机关应为发文机关的直接上级机关，通常只有一个，不能多头请示。如果需要同时送其他机关，应当以抄送的形式送达。

3. 正文

请示的正文包括请示缘由、请示事项、请示要求三部分。

（1）请示缘由：请示的开头首先要写明请示问题或事项的原因、背景、理由，这是上级机关批复的主要依据，是请示事项是否能够成立的前提条件。因此，要写得合情合理、具体充分、清楚明了，有时还需强调一下所请示事项的重要性、迫切性和必要性。

（2）请示事项：将请示上级机关给予指示、批准或批转的具体问题及事情全盘托出，请求上级机关做出答复，这是请示的核心部分。

（3）请示要求：请示要求是请示的结语部分，通常是在请示事项之后，另起一段，用一些惯用语写明希望回复请求即可。请示比较常用的结语有：“是否妥当，请批示”“以上请求，请批复”“特此请求”“以上请示如无不妥，请批转有关部门执行”等。

4. 落款

即在请示的正文之后标注发文机关和成文日期，并需加盖印章。署发文机关全称或者规范化简称，成文日期用阿拉伯数字将年、月、日标全，年份应标全称，月、日不编虚位（例如1不编为01）。

（二）请示的写作要求

（1）坚持一文一事。即一份请示只能写一项请求批准的事项或需要解决的问题。

（2）避免多头请示。即一份请示只能确定一个主送机关。

（3）不可越级请示。遇到特殊情况越级时，必须同时抄送给被越过的直接上级机关。

（4）不得报送领导者个人。请示主送的上级机关，不能是领导者个人，除领导直接交办的事项外。

（5）请示正文中要写处理意见，借以表明本单位对请示事项的倾向性，以便上级机关批复时参考。

二、报告

例文 2.6

审计署关于加强内部审计工作的报告

〔20××〕×字×号

国务院：

从××××年国家实行审计监督制度以来，许多部门和企业、事业单位按国务院规定建立了内部审计机构，积极开展审计监督工作，取得了明显成绩。（具体成绩以下省略）

当前存在的主要问题是，一些部门和企业、事业单位的内部审计工作没有开展起来，有的按国务院规定应建立内审机构但尚未建立，有的在机构改革中将内审工作削弱或取消，这同国家要求加强审计监督的精神是不符的。

为了进一步推动内部审计工作，促进增产节约、增收节支运动的开展，我署最近召开了内部审计工作会议，研究推出以下意见：

一、提高对内审工作的认识。……

二、明确内部审计工作的主要任务。……

三、健全内部审计机构。……

四、加强对内部审计工作的领导。……

以上报告如无不妥，请批转各地区、各部门执行。

审计署（公章）

20××年×月×日

> 发文机关、事由、文种。
>
> 报告先叙写取得的成绩，为下文做好铺垫。
>
> 之后概写存在的问题。
>
> 写明发文目的。引出具体建议。

例文简析

这是一篇建议性报告。层次清晰，内容具体，重点突出。

报告是下级机关向上级机关或主管部门汇报工作、反映情况、答复上级机关询问时所使用的一种陈述性的上行公文。它使上级机关能够及时了解下情，掌握下级机关的工作情况，听取下级机关对某方面工作的意见或建议，从而在工作中争取主动、减少被动，以便更好地指导下级机关的工作。下级机关经常向上级机关做定期的阶段性的工作汇报和不定期的重要工作汇报，使上级机关能及时了解本单位、本部门工作的具体进度及情况，有利于在遇到难题时取得上级机关的支持和帮助。

（一）报告的种类

1. 按内容划分

报告可分为工作报告、情况报告、答复报告、报送报告。

（1）工作报告是向上级机关汇报本单位、本部门、本地区的有关工作的进展情况、做法、取得的成绩、积累的经验、存在的问题以及下一步的工作计划等的报告。其目的是“下情上达”，以便上级机关掌握全局、指导工作，建立上下级之间的正常工作关系。

（2）情况报告是向上级机关汇报在正常工作运转中出现的新情况、新问题，特别是突发事件、特殊情况、意外事故、个别问题的处理情况的报告。情况报告的时效性较强，要非常及时地把发生的事情汇报给上级机关。

（3）答复报告就是对上级机关所询问的事项做出答复的报告。下级机关一定要慎重地对待上级机关的询问，如不了解真实情况，就要在做了深入的调查研究后再做出答复。答复报告属于被动行文，是在答复上级询问时使用的，其内容要有针对性。

（4）报送报告就是下级机关或部门向上级机关报送文件资料或物件时，随文随物而写的报告。

2. 按性质划分

报告可分为综合性报告和专题性报告。

（1）综合性报告就是向上级机关汇报全面工作或几方面工作情况的报告，其内容具有综合性的特点，但也要突出重点。综合性报告常常采用工作总结与工作计划相结合的形式，如各级政府工作报告。

（2）专题性报告就是向上级汇报某项工作、某个问题或某一方面的情况，提出建议的报告。有时也可用于答复上级机关的询问。专题报告具有单一性、专项性的特点，一般一事一报，迅速及时。

3. 按作用划分

报告可分为呈报性报告和呈转性报告。

（1）呈报性报告用于向上级机关汇报工作、反映情况、答复上级机关询问，上级机关阅知即可，不需批转。其行文目的是供上级机关了解情况，接受上级机关的领导和监督，并为上级机关的决策提供依据。

（2）呈转性报告是用于向上级机关汇报本单位、本部门、本地区有关工作的意见、计划等，并建议上级机关把报告批转有关方面贯彻执行。

（二）报告的结构

1. 标题

（1）发文机关＋事由（主要内容）＋文种：这是报告通常采用的完整式标题。如《审计署关于加强内部审计工作的报告》。

（2）事由（主要内容）＋文种：这是省略了发文机关的标题形式，但在落款处必须注明发文机关名称。如《关于申购办公用品的报告》。

有些报告的内容紧急，可在标题中“报告”二字的前面加上“紧急”等字样。

2. 主送机关

报告的主送机关通常是发文机关的直属上级领导机关或主管部门，通常只有一个主送机关。如有必要报送其他上级机关，可用抄送的形式行文。报告不能直接报送给领导者个人。

3. 正文

（1）缘由。报告的缘由一般是简明扼要地交代报告的起因、目的、主旨或基本情况，要写得概括、集中、开门见山，一般用“现将有关情况报告如下”“现将……汇报于后”“为此，提出如下意见”等惯用语承启下文。

答复报告开头要先引述来函文号及询问的问题，然后过渡到下文。如：“前接×政发〔20××〕××号函，询问我县水质污染原因及治理问题，现将有关情况报告如下：”。

（2）报告事项。将工作的主要情况、措施与结果、成效与存在的问题等分段加以表述。

工作报告一般以“成绩、做法、经验、体会、打算、安排”为主。

情况报告一般以“情况—原因—教训—措施”的结构来写。

答复报告一般写答复的意见或处理结果。

（3）结束语。工作报告和情况报告的结束语常用“特此报告”“以上报告，请审查（审阅）”；答复报告多用“专此报告”；随文报告常用“请查收”等结束语；呈转性报告常用“以上报告如无不妥，请批转有关部门执行”等做结束语。

4. 发文机关和成文日期

报告应在落款处注明发文机关和发文日期，并加盖印章。署发文机关全称或者规范化简称，成文日期用阿拉伯数字将年、月、日标全，年份应标全称，月、日不编虚位（例如1不编为01）。

第四节　函

例文析评

例文 2.7

关于×××同志工作调动的商调函	事由＋文种
××设计院： 我所×××同志，男，现年41岁，中共党员，20××年毕业于××大学机械工程专业，现任我所工程师、第一实验室副主任。该同志工作一向认真负责，擅长机械设计，由他负责的××××科研项目曾获20××年科研成果二等奖。	基本情况介绍。
但由于专业不甚对口，对其进一步发挥自己的技术专长有一定的影响，故最近该同志提出书面报告，请求调往贵院工作。经研究，我所同意他的要求，特去函与你们联系。	请调理由。
不知你们意见如何？请研究后函告我们。 此致 敬礼！ ××科研所（公章） 20××年×月×日	要求对方回复的请求。

例文简析

这是一份协商人员调动的函件，调动人员情况真实，请调理由充分、可信，请求明确、直白。

例文 2.8

国务院办公厅关于海南南海研究中心更名问题的复函

国办函〔20××〕×号

海南省人民政府：

你省《关于将海南南海研究中心更名为中国南海研究院的请示》（琼府〔20××〕×号）收悉。经国务院领导同志同意，现函复如下：

同意将海南南海研究中心更名为中国南海研究院。

国务院办公厅（公章）

20××年×月×日

发文机关＋事由＋文种。

由于是复函，所以先引述来函内容。

答复内容。

例文简析

这是一个答复请求的答复函，来源清晰，答复明确。

函是平行机关或不相隶属的机关之间，相互商洽和联系工作、询问和答复问题时常用的一种公文文体，一般不具有指挥或指示的作用。但在实际工作中，上下级机关之间联系工作，询问、答复或通知某些政策性问题时，也往往使用函，这种函件则有一定的指示性和指导性。

函的使用范围非常广泛。机关之间联系工作，凡是不便用其他公文文种的，都可以用函行文。具体来说，主要有以下几种情况：上级向下级询问情况，而不是指示工作，可用函行文；下级答复上级的询问，而不是报告情况，可用函行文；向平级机关或不相隶属机关的主管部门请求批准时，要用函行文。与其他公文相比，函还具有简便、灵活的特点。它的篇幅比较短小，行文相对自由。

从函的行文方向看，函有来函和去函；从性质和内容看，函有商洽函、询问函、答复函。

（一）函的基本结构

1. 标题

（1）发文机关＋事由（主要内容）＋文种（函或复函），这是函常采用的标题形式。如《××省××厅关于外贸经营有关问题的函》。

（2）事由（主要内容）＋文种（函或复函），这是函省略了发文机关的标题形式。如《关于××× 同志工作调动的商调函》《关于拨款举办“民间艺术节”的复函》。

（3）发文机关＋文种（函或复函），这是函省略了事由的标题形式。如《中华人民共和国最高人民检察院函》。这种省略事由的函只是因为在标题中没有必要写明事由，或事由太简单，或事由太复杂而难以在标题中表述等。

2. 发文字号

函的发文字号要求在机关代字后加上一个“函”字，如“国办函〔2024〕4号”。

3. 主送机关

函的主送机关就是受文办理来函事项的机关，在文首顶格写明全称或其规范化简称，其后用冒号。复函的主送机关与来函的发文机关是一致的。

4. 正文

函的正文主要由发函缘由、发函事项、结束语三部分组成。

（1）发函缘由：发函缘由一般概括交代商洽、请求、询问或告知事项的目的、依据、背景、原因等。复函缘由一般先引述来函的日期、标题、发文字号等。

（2）发函事项：发函一般写清楚商洽、请求、询问或告知事项的主要内容，并向对方提出希望或要求。复函要有针对性地写答复事项，即针对来函所提出的商洽、请求、询问等问题做出具体明确的答复。无论哪种函，都要内容单一集中，一事一函，直陈其事。

（3）结束语：函的结束语或是以礼貌性语言向对方提出希望或请求，或是请对方合作、协调解决某一事项、问题，或是请对方给予支持和帮助，或是请对方提供情况，或是请对方及时复函，或是请主管部门批准等，可根据函的具体内容采用合适的结束语。

来函按是否要回复的要求用不同的惯用语，如要对方回复，一般用“特此函询，请函复”“即请函复”“盼复”“敬请大力支持为盼”等；如无须对方回复，一般用“特此函达”“特此函告”等。复函的结束语一般用“此复”“特此函复”“特此回复”等。

5. 落款

函的落款与其他公文相同，一般在正文之后标明发函机关、成文日期、公章三项内容。

（二）函的写作要求

（1）一函一事。遵循公文“一文一事”的行文原则，即不要在一份函中商洽多项问题。

（2）用语得体，平等待人。即不可用指令性、指挥性的语言，要礼貌、委婉，尊重对方。

（3）内容简洁，直叙其事。要开门见山，直陈其事，简洁明了，并可主动把问题的症结和本单位的处理意见告知对方，以便对方明确来函目的。

能力训练

1. 根据下面材料，拟写一份会议通知。

全国市场营销协会决定于2024年4月20日至26日在广西壮族自治区南宁市召开一年一度的营销协会年会。于3月28日发出会议通知。会议的内容是研究和探讨当前营销学的有关学术问题和热点问题，全国市场营销协会的会员均可参加。会期为7天，4月20日报到，报到和开会地点是：南宁军区空军招待所。要求：每位与会者于会前半个月交相关学术论文一篇。会务费自理。

2. 评析下面的通报有什么错误。

关于××市民政事业费管理使用问题的通报

××市任意挪用、占用和滥用民政事业费的问题，是非常严峻的。民政事业费是体现党和国家对广大优抚、救济对象生活疾苦的关怀，任何人挪用、侵占和占用民政事业费必须限期如数追回。为了严明党纪国法，对挪用、占用民政事业费的有关人员，要按党纪政纪严肃处理，并将处理结果报省人民政府。

各地要把××市的问题引以为鉴，加强民政事业费的管理，杜绝××市问题再度发生。

20××年×月×日

3. 下面这则公文的行文格式、内容等方面多有错误或不妥，请改写为一份正确的公文。

关于购置40台电脑的报告

××省国土资源厅×厅长：

在省厅直接领导和关怀下，换证工作已完成99%，矿产资源补偿费收缴工作在年底保证完成征收计划，其他工作也在有序地进行。因为市局目前只有20台电脑，并已使用了10年，为适应工作需要，我局拟购40台电脑，价格约28万元。

×××区矿管局原有一台复印机，因超过了使用年限影响了正常工作，拟购一台大型彩色复印机，价格约为2万元。

共拟购电脑40台，复印机1台，所需资金约30万元，拟自筹10万元，申请市财政拨款10万元，缺额10万元，请省厅帮助解决。

××市矿产资源管理办公室

20××年×月×日

4. 分析下列事例有无错误，并说明原因。

（1）×市×区区属图书馆为办好图书事业，满足该区群众读书的要求，特向区政府请示增加经费，并将该请示抄送该区人事局、劳动局、物价局、财政局。

（2）某县农林局写例行报告，一向县政府汇报2023年全年工作，二在报告中请示了2024年增建农机站的事项。

（3）×市纪检委员会将2023年纪检情况通报于市各直属机关和各局。

（4）×市×区职工大学是受区政府和市成人教育局双重领导的单位。该职工大学就2024年需增加教育经费一事，特向两个上级机关请示。

（5）中共××市委与市委宣传部就学习贯彻中共第二十次全国代表大会精神联合向下发出通知。

第四章　科技文书

学习目标

1. 能熟练掌握论文的选题、材料的搜集、整理、撰写。能准确分析和应用数据和资料。
2. 能用准确、简洁的语言说明自己的毕业设计。
3. 培养学生的创新意识和独立思维、科学探索能力，用科学的态度研究问题，学会正确引用他人观点。

科技文书是以科学研究、科技成果和科技事务为反映对象的具有实用价值和一定惯用格式的应用文体。它是科学研究和科技事务活动的实录，是技术成果的表达形式。科研活动及成果只有通过科技应用文记录或表现出来才能实现其价值，进而为人类服务。

第一节　科技文书概述

科技文书是随着现代科学技术的发展而逐渐兴起的一种文体，是以科学技术现象、科学技术活动及其成果为表述对象的一种专业写作，是人们为了实现科学信息生产、储存、交流传播和普及的需要而写作的文章。其作用主要表现在四个方面：一是指导科技工作和处理科技事务；二是反映情况、汇报工作，为科学决策提供依据；三是记录科技活动，描述科技成果；四是传播和交流科技信息，推广应用科技成果。

一、科技文书的分类

科技文书是应用文体系中的一个大类，包含的文种比较多。按性质和用途来分，主要可以分为六大类：一是计划类，如科研计划、计划任务书等；二是申请、申报类，如课题（项目）申请书、科技发明申报书和专利申报书等；三是科技报告与论文类，如课题研究开题报告、课题研究结题报告、学术论文、毕业论文等；四是鉴定评议类，如科研成果鉴定书、科技产品鉴定书、学术水平评议表等；五是科技说明类，如发明说明书、专利说明书等；六是科技交流类，如科技索引、科技文摘、科技综述等。

二、科技文书的特点

1. 科学性

科技文书反映的是科技领域中的研究、探讨、发现和结论，所涉及的事物、事理本身就具有客观性、严密性的特点，因而具有科学性。因此，科技写作必须正确反映已经形成的事实和成果，陈述、说明、论证必须科学、严密。

2. 准确性

科学研究的成果只有用准确的语言表达出来，才能得以广泛应用，为人类造福，成为人类知识宝库中的重要财富。

3. 规范性

科学研究讲究求实、严谨。为适应这一特点，科技文书的写作特别讲究语言和格式的规范性。语言的规范是指其语体的规范，即词句的运用侧重于科技语体；格式的规范是指科技文书的写作要符合约定俗成的结构模式。

4. 时效性

科技文书的任务是及时反映、介绍最新成果，传播科技信息，推动科学技术发展。因此，写作的对象常常是科技领域反映出来的最新成就、最新信息，要求在最短的时间内形成书面文字，向有关方面反映。

三、科技文书写作的一般过程

科技文书从表现形式上分为两大类：一类是表格式，如计划任务书、技术鉴定书、发明申报书等；另一类是文章式，如开题报告、科技建议书、科技论文等。

表格式科技应用文在实际应用时，只需按照规定栏目的填写要求，用简洁、准确、浅易的语言简明扼要地把主要内容表达清楚即可。

文章式科技应用文的写作要相对复杂一些，文章式科技文书中的绝大部分是在科学考察、科学实验、科学研究、科技产品试制等科研工作结束或基本结束后，为汇报工作，总结情况，交流信息，或解决问题而写的，其中常常涉及大量的科学现象、事例、数据、方法、结论、问题等材料，反映科技活动的主要成果。因此，文章式科技文书的写作一般包括四个步骤。

1. 材料的搜集、整理和选用

写作科技文书首先必须拥有大量准确、翔实的材料，这是确保科技文书发挥实用价值的关键。科技文书第一手材料搜集的主要途径是通过实验验证各种假设、获得各种数据、分析各种现象，同时通过科技调查获得各种相关资料等；第二手资料的获得主要是通过查阅各种文献资料、参考他人同课题研究结论等。材料搜集好之后，要按照性质、用途和价值的大小进行整理和归类，以备选用。

材料的选用是这一步骤中最为重要的一环。要坚持三个原则，一是真实可靠，即要选择那些经过核准的科学事例、经过验证的科学数据、成功的技术路线和研究方法、能够推广应用的新技术和先进成果、符合事实的学术评价等；二是切合题意，即选择能准确、有力地表现主题，充分说明、论证主题，有助于实现写作目的的材料；三是典型性，即选取那些重要的、典型的，能够揭示客观事物本质和规律的，能够反映最新科技水平或成果的材料。

2. 安排结构，拟写提纲

安排结构，又称谋篇布局，其中包括就怎样开头、怎样结尾，先写什么，后写什么，哪里详写，哪里略写，如何过渡，怎样衔接，材料如何安排，前后怎样照应等问题进行全面考虑。拟写提纲，就是根据文章的结构布局，确定各部分的内容要点，提出各段落的中心思想和观点，确定材料与观点的组合方式等。

3. 拟稿

拟稿就是按照事先拟写的提纲，运用选定的材料组织成文。在这一过程中，作者要充分发挥自己的创造性思维，详略得当地组织文字，恰到好处地运用材料，使科学结论或观点坚实地立起来。

4. 修改定稿

修改的内容包括调整文章的结构布局，删减、增补、更换材料，修改、修饰语言，以及推敲标点符号的使用等，力求形式与内容达到完美的统一。

第二节　毕业论文

阅读例文

物流管理视角下创新创业成果转化与推广模式研究

摘　要：现代物流管理集中于物流服务方向，从创新创业角度拓展增值服务内容。实质上也是针对创新创业项目的成果转化，但是这样的转化结果并不一定契合时代发展诉求，同样也会在推广阶段遇到不同阻碍。那么如何提高创新创业成果转化概率，并推广到物流管理的众多层面，则需要进一步研究。为此，本研究从物流管理视角，分析了创新创业成果的转化机制，并提出基于物流管理转化机制的创新创业推广策略。

关键词：物流管理；创新创业；成果转化

一、现代物流管理的创新创业需求

（一）物流管理概述

物流管理是在社会再生产过程中，按照物质资料的实体流动规律，而提供的货物配送服务。那么在物流配送的环节上，其配送方式是否合理，监督管理机制是否匹配，管理方法是否符合物流活动的基本原理，以及物流服务是否能够满足现代消费者的实际需求，都是物流管理中的主要研究方向。

只有达到了多项物流服务相互连接与实时对接，才能在优化配置的过程中降低物流成本，并保证物流企业的实际运行效率与经济利益。因此，现代物流管理体系是建立在控制论、信息论、系统论基础之上的专业学科。

（二）创新创业市场导向

针对物流管理的理解，可以视为将货物安全高效地配送到客户手中，其中针对时间、物质、配送方式、信息传递模式等方向的研究，是保证物流管理时效性的基础。而在创新创业的精神下，我国物流企业开展了以信息化技术为导向的服务模式与流程。相对而言，现代物流管理思想更加集中在创新服务模式，同时拓展多项业务于一体的现代物流服务范畴，如冷链物流配送、物联网物流监控体系、流通加工作业、实时配送订单情报传递等方面。那么创新创业本身也是基于时代发展需求而设立的物流管理目标，是否能够达到创新创业思维的主导方向，也是当前物流企业在管理模式上逐步优化的拓展方向。

二、物流管理视域下创新创业成果转化机制

（一）创新发展物流管理服务（略）

（二）拓展物流管理创业范畴（略）

三、基于物流管理转化机制的创新创业推广策略

（一）持续加强创新创业人才的梯度培养（略）

（二）进一步拓展电子商务平台共享机制（略）

结语

综上所述，物流管理视角下，创新创业的成果转化，应当全面考量市场服务的最终诉求，并以物流企业的实际情况为依托，设计符合市场规律的发展模式。进而在创新创业成果充分转化的基础上，完善其推广模式。一方面，必须持续加强创新创业人才的梯度培养，进而为创新创业成果的推广提供人力资源基础。另一方面，需要进一步拓展电子商务平台共享机制，保障有效信息在物流产业中的相互渗透，优化支持创新创业成果不断转化与推广的基础动力。

参考文献

（略）

例文简析

这篇毕业论文观点鲜明，结构完整，条理清晰。研究方向明确，对资料的分析准确。

一、毕业论文的概念和要求

1. 毕业论文的概念

毕业论文是指高校学生临毕业之际在教师的指导下，运用所掌握的基础理论、专业知识和基本技能解决本学科领域的某个具体问题，取得一定的创造性成果或有新的见解，并以此为内容撰写的有一定学术价值的文章。

2. 毕业论文的要求

毕业论文本质上属于学术论文，其特殊之处有以下三点：

（1）综合考查已学知识的应用能力。①考查运用已学专业知识分析问题、解决问题的能力；②考查查询专业资料（中文资料和外文资料）的能力；③考查运用计算机分析和处理数据的能力；④考查语言（中文和外文）的表达能力和文章的撰写能力。

（2）培养科学工作的素质，要求详细阐述课题研究过程，体现该课题的科研方法。

（3）培养创新意识，要求学生的选题具有新颖性、实践性。

二、毕业论文的结构

毕业论文的结构包括以下几方面。

1. 题目

题目应简洁、明确、有概括性，字数不宜超过20个字。（不同的院校可能要求不同）

2. 摘要

摘要要有高度的概括力，语言精练、明确，中文摘要为100～200个字。

3. 关键词

从论文标题或正文中挑选3～5个最能表达主要内容的词作为关键词。关键词之间用分号或逗号隔开，最后一个词组不加任何符号。

4. 目录

写出目录，标明页码。正文标注一级标题和二级标题（根据实际情况，也可以标注更低级的标题）、致谢、参考文献、附录等。

5. 正文

专科毕业论文正文字数一般在5 000字以上，本科文学学士毕业论文通常要求8 000字以上，硕士论文可能要求在3万字以上。(不同的院校可能要求不同)

毕业论文正文包括前言、本论和结论3个部分。

（1）前言

前言（引言）是论文的开头部分，主要说明论文写作的目的、现实意义、对所研究问题的认识，并提出论文的中心论点等。前言要写得简明扼要，篇幅不要太长。

（2）本论

本论是毕业论文的主体，包括研究内容与方法、实验材料、实验结果与分析（讨论）等。在本部分要运用各方面的研究方法和实验结果，分析问题，论证观点，尽量反映出自己的科研能力和学术水平。

（3）结论

结论是毕业论文的收尾部分，是围绕本论所作的结束语。其基本要点是总结全文，加深题意。

6. 致谢

简述自己写作毕业论文的体会，并对指导教师和协助完成论文的有关人员表示谢意。

7. 参考文献

在毕业论文末尾要列出在论文中参考过的所有专著、论文及其他资料，所列参考文献可以按文中参考或引证的先后顺序排列，也可以按音序排列。

8. 注释

在论文写作的过程中，有些问题需要在正文之外加以阐述和说明。

9. 附录

对于一些不宜放在正文中，但有参考价值的内容，可编入附录。

三、毕业论文的写作步骤

毕业论文是高校学生完成阶段学业的最后一个环节，它是毕业生的总结性独立作业，目的在于总结学习专业的成果，培养综合运用所学知识解决实际问题的能力。从文体而言，它也是对某一专业领域的现实问题或理论问题进行科学研究探索的具有一定意义的论说文。

毕业论文的写作步骤包括以下几方面。

1. 选题

选题是论文写作的第一步，直接关系论文的质量。常言说：“题好文一半”，选题是论文撰写成败的关键，它实际上就是确定“写什么”的问题，即确定科学研究的方向。如果“写什么”不明确，“怎么写”就无从谈起。

选择论文的题目要注意以下几方面。

（1）联系工作实际。选题时应考虑选择与自己的专业有关的论题，将理论与实践紧密结合起来，使自己的实践工作经验上升为理论，或者以自己通过大学学习所掌握的理论去分析和解决一些实际工作问题。要结合学习与工作实际，选择有理论意义和实践意义的课题。

（2）毕业论文写作选题宜小不宜大，只要在学术的某一领域或某一点上，有自己的一得之见，或成功的经验，或失败的教训，或新的观点和认识，言之有物，读之有益，就可以作为选题。

（3）毕业论文写作选题时要查看文献资料，既可了解别人对这个问题的研究达到什么程度，也可以借鉴他人对这个问题的研究成果。

（4）选题要有新意。就是要从自己已经掌握的理论知识出发，在研究前人研究成果的基础上，善于发现新问题，敢于提出前人没有提出过的，或者虽已提出来，但尚未得到定论或者未完全解决的问题。只要自己的论文观点正确鲜明，材料真实充分，论证深刻有力，也可能填补我国理论界对某些方面研究的空白，或者对以前有关学说的不足进行补充、深化和修正。这样，也就使论文具有了新意，具有了独创性。

需要指出，论文写作选题与论文的标题既有关系又不是一回事。标题是在选题基础上拟定的，是选题的高度概括，但选题及写作不应受标题的限制。有时在写作过程中，选题未变，标题却几经修改。

2. 设计

设计是在确定论文写作的选题之后，进一步提出问题并计划出解决问题的初步方案，以便使科研和写作顺利进行。毕业论文设计应包括以下内容。

（1）专业设计

专业设计是根据选题的需要及现有的技术条件所提出的研究方案。

（2）写作设计

写作设计是为拟订提纲与执笔写作所考虑的初步方案。

3. 资料搜集与处理

资料是构成毕业论文写作的基础。在确定选题、进行设计以及必要的观察与实验之后，做好资料的搜集与处理工作，是为论文写作所做的进一步准备。

论文写作资料可分为第一手资料与第二手资料两类。第一手资料也称为直接资料，是指作者亲自参与调查、研究或体察到的东西，如在实验或观察中所做的记录等，都属于这类资料。第二手资料也称为间接资料，是指有关的专业或专题文献资料，主要靠平时的学习积累。在获得足够资料的基础上，还要进行加工处理，使之系统化和条理化，便于应用。对于毕业论文写作来说，这两类资料都是必不可少的，要恰当地将它们运用到毕业论文写作中去，注意区别主次，特别是对于文献资料要在充分消化吸收的基础上适当引用，不要喧宾夺主。对于第一手资料的运用也要做到真实、准确、无误。

4. 撰写论文提纲

撰写论文提纲也是毕业论文写作过程中的重要一步，可以说从此进入正式的写作阶段。

首先，要对学术论文的基本类型（常用格式）有一个概括了解，并根据自己掌握的资料考虑论文的构成形式。对于初学论文写作者可以参考杂志上发表的论文类型，做到心中有数。

其次，要对掌握的资料做进一步的研究，通盘考虑众多材料的取舍和运用，做到论点突出，论据可靠，论证有力，各部分内容衔接得体。

最后，要考虑论文提纲的详略程度。论文提纲可分为粗纲和细纲两种，前者只是提示各部分要点，不涉及材料和论文的展开，对于有经验的论文作者可以采用。但对初学论文写作者来说，最好拟一个比较详细的写作提纲，不但提出论文各部分的要点，而且对其中所涉及的材料和材料的详略安排以及各部分之间的相互关系等都有所反映，写作时即可得心应手。

5. 执笔写作

执笔写作标志着科研工作已进入表达成果的阶段。在有了好的选题、丰富的材料和详细的提纲的基础上，执笔写作应该是顺利的，但也不可掉以轻心。一篇高质量的学术论文，内容当然要充实，但形式也不可不讲究，文字表达要精练、确切，语法修辞要合乎规范，句子长短要适度。毕业论文写作也和其他文体写作一样，存在着思维的连续性。因此，在写作时要尽量排除各种干扰，使思维活动连续下去，集中精力，力求一气呵成。对于篇幅较长的论文，也要部分一气呵成，中途不要停顿，这样写作效果较好。

四、需要注意的问题

1. 注意过渡

将材料组织成文，要注意内容之间的联系，必要时要增加过渡语。

2. 完善整体

（1）标题。标题一般习惯在拟稿时先行撰写，但完稿后，要根据实际需要再行修订，使之概括论文的中心观点或内容，力图做到生动、吸引人。

（2）摘要。根据全文总论点和分论点，概括全文内容。最为重要的是，摘要须阐述清楚论文的意义，论文的意义可以从理论意义和现实意义两方面来阐述。

（3）参考文献。要写清楚参考资料的出处、篇目名称和作者，不要缺项。

3. 语言的修改

（1）基础关

①注意标点，不可句读不分。

②把句子写通顺。

（2）推敲、润色

①删除。对重复的语句或内容，进行选择，删除多余字句，尽量做到文字简练。

②补易。段落之间如不通畅，需补上必要的过渡语；对个别地方探讨得不够深入的，需要少量补写。更换语词，更换局部内容，使表达更为准确、恰当，使内容更为完整、全面。

③调动。移动语序、分句前后的位置、段落先后的位置，使表述更为合理。

④推敲。对关键词语的选择要斟酌，避免语言呆板。

⑤润色。即修饰语句，使语句更富有表现力，包括调整句式、增添修饰语或限定语等。

第三节　毕业设计

阅读例文

设计（论文）题目	保税区国际物流运作模式与管理机制研究
	——以规划中的杭州萧山保税区为例
作者、学号	××× ××××××
作者所在班级	电商××
学院、专业	阿里巴巴商学院　电子商务
指导教师及职称	××　×××
论文完成时间	年　月　日
答辩日期	年　月　日
设计（论文）成绩	

毕业设计材料目录

1. 承诺书
2. 毕业设计任务书
3. 毕业设计外文文献翻译
（附外文资料原文的封面、封底、目录、翻译部分页码的复印件）
4. 毕业设计文献综述
5. 毕业设计开题报告
6. 毕业设计正文［或毕业设计说明书］
7. 毕业设计成绩评审表
8. 毕业设计答辩记录
9. 毕业设计答辩量化评分表
［3～4页（份），答辩小组教师（至少3名）人手填写一份］
10. 毕业设计教师指导记录
11. 毕业设计中期检查表
12. 毕业设计其他记录材料

承诺书

本人__×××__，__阿里巴巴商__学院__电子商务__专业__×__班学生，学号：__××××××__。

本人郑重承诺：本人撰写的毕业论文《保税区国际物流运作模式与管理机制研究——

以规划中的杭州萧山保税区为例》，是个人的研究成果，数据来源真实可靠，无剽窃行为。

承诺人：

年 月 日

××大学毕业设计任务书

学院 阿里巴巴商学院　　专　业 电子商务　　班　级 电商×

学号 ××××××　　学生姓名 ×××　　指导教师 ××

一、论文题目

保税区国际物流运作模式与管理机制研究

——以规划中的杭州萧山保税区为例

二、主要内容和基本要求（指明本课题要解决的主要问题和大体上可从哪几个方面去研究与论述该主要问题的具体要求）

（一）研究内容

1. 通过对我国保税区物流运作模式及其特点进行探讨，提出不同保税区物流运作模式的选择方法。

2. 保税区管理机制研究。

3. 对规划中的杭州萧山保税区进行实例研究。

（二）拟解决的主要问题

1. 理顺归纳我国保税区物流运作模式，为各地保税区的运作发展提供选择依据。

2. 指出现有管理体制的不足，对其进行科学合理的设计，完善新的管理体制。

3. 对杭州萧山保税区的规划提出具有针对性的对策与建议。

三、进度安排计划

序号	时间	内容
1	20××年7月—9月	制订计划，启动选题
2	20××年9月—10月	确定选题和指导教师
3	20××年11月底前	填写任务书
4	寒假前［20××（次年）年1月23日前］	完成开题报告、文献综述、外文资料译文
5	20××年3月上旬、中旬	完成论文一稿、二稿、三稿
6	20××年4月9日前	毕业论文定稿、上交指导教师评分
7	20××年4月下旬	论文评审、答辩、成绩评定与汇总
8	20××年5月上旬	5月20日前完成毕业论文质量分析与总结

四、推荐参考文献

一般应包括中文和外文两种，通常推荐5篇左右，其中含外文文献至少2篇。

［1］ Wart P G.EPZs.The Economics Of Enclave［J］.The World Bank Research Observer，1989（1）：65-88.

（略）

指导教师（签名）＿＿＿＿＿＿　　＿＿＿＿年＿＿＿月＿＿＿日

五、系主任（或教研室主任或专业负责人）审核意见：

审核人（签名）＿＿＿＿＿＿ ＿＿＿＿年＿＿＿月＿＿＿日

例文简析

这是一篇比较规范的毕业设计。从论文题目、主要内容、基本要求、进度安排、参考文献再到承诺书、论文开题、答辩等各方面做了比较全面的设计，结构合理，组织得当。

一、毕业设计的概念和要求

1. 毕业设计的概念

毕业设计是学生在教师的指导下，针对某个具体课题综合运用所学专业知识、理论知识、基本技能表述专业设计情况的一种应用文。是记录设计过程和结果的重要文献资料，是毕业设计成果的书面反映。

2. 毕业设计的要求

毕业设计是学生综合运用已学理论表述其工程设计情况的科技论文，是对学生知识掌握情况及技能形成情况的一个全面考查。

毕业设计主要考查学生是否具备工程设计的初步能力。其考查的内容主要有：(1) 运用原理（机械、电力、电子、计算机等方面）的能力；(2) 查阅资料、工程手册、材料手册等方面的能力；(3) 绘制图纸的能力；(4) 分析模型数据的能力；(5) 实验工作的能力。

二、毕业设计的结构和写作要点

一篇完整的毕业设计通常由标题、摘要、关键词、目录、引言、正文、小结、参考文献和附录等几个部分构成。

1. 标题

毕业设计的标题应以最恰当、最简明、最概括的词语反映毕业设计的内容，一般用设计项目加“毕业设计报告”或“毕业设计说明书”构成。

2. 摘要

摘要主要说明研究工作的目的、方法、结果和结论。摘要应具有独立性和自含性，即不阅读毕业设计说明书的全文，就能从中获得必要的信息，使读者判定有无必要阅读全文。

摘要一般包含中文摘要和外文摘要，其中中文摘要字数应为200~300字，外文摘要字数不宜超过250个实词。

3. 关键词

关键词是为了文献标引，从论文中选取出来，用以表示全文主题内容信息的单词或术语。关键词不宜用非通用的代号。

关键词的个数一般为3～8个。关键词通常应按研究的对象，性质（问题）和采取的手段排序，不能随意排列。关键词与关键词之间用分号隔开，最后一个词组不加任何符号。

关键词应另起一行，排在摘要的左下方。中外文关键词应一一对应。

4. 目录

主要内容的目录，要求页码正确对应。

5. 引言

引言主要说明本设计的意义、目的、设计范围及要达到的技术要求；简述本课题在国内外的发展状况及存在的问题；阐述本设计要达成的预期结果，设计的简要过程和基本框架等。

6. 正文

毕业设计的正文部分主要包括以下几个方面：

（1）原理陈述和方案论证

着重叙述在毕业设计过程中主要遵循什么原理，分析说明设计中使用的方案。通过分析，指出最佳设计方案；也可以通过分析、比较不同的技术方案，从中确定一种最优方案。

（2）主要技术参数计算

说明选择的技术参数及有关技术参数的计算公式与结果。包括各环节工作条件、给定的参数、理论公式及有关数据的计算过程和计算结果。在具体表述时，常用图示、公式、表格和文字等说明方式。技术参数计算是毕业设计报告的主要部分，体现出设计的可行性和合理性。

（3）工作流程及技术性能

工作流程即工作过程。技术性能包括设计的工程或产品的型号、容量、生产率、动力等。这部分内容多用图纸、模型或实验结果的验证配合文字来加以说明。

（4）适用范围

用文字表述方式说明该项目的适用范围，必要时以图文结合的方式说明使用方法或安装方法。

（5）资金预算

实施本毕业设计项目所需的资金情况。

7. 小结

主要综述本设计的成果，以及该成果的价值和意义，陈述研究中未解决的问题并提出意见或建议。

8. 注释及参考文献

文后参考文献是设计说明书的重要组成部分。所列出的文献，应当是作者亲自阅读或引用过的。它反映毕业设计的取材来源、材料的广博程度和材料的可靠程度，也是作者对他人知识成果的承认和尊重。

参考文献中每条项目应齐全。文献中的作者不超过三位时全部列出；超过三位时只列前三位，后面加“等”字，作者姓名之间用逗号分开；中外人名一律采用姓在前，名在后的著录法。

9. 附录

附录是与毕业设计说明书直接相关，且有必要与说明书装订在一起的图样、数据表格、计算程序等资料或清单。

附录应当一一编写顺序号，并在毕业设计说明书相关内容处注明。附录应有附录名。

三、毕业设计的选题和资料收集

（一）毕业设计的选题

一份毕业设计有没有新意及实际应用价值，很大程度上取决于选题。一般来讲，选题应注意以下几个问题。

1. 从专业知识强项或兴趣出发进行选题

对于每一个人来讲，只有掌握比较扎实、钻研最透的专业知识应用起来才会得心应手，同时感悟也多。因此，从自己专业知识的强项或自己最感兴趣的专业问题入手寻找课题方向，容易抓到好的选题，有利于提高毕业设计的撰写质量。

2. 从实习或实践中所发现的问题入手进行选题

现实工作或生产实践中总会遇到一些应当解决但尚未解决的问题，在此类问题中选题，既有一定的现实意义，也能够提高毕业设计的实际应用价值。

3. 从有必要进行补充或纠正的课题中进行选题

学术问题总是在错误修正中，或扩大应用领域中，或与其他知识相结合中发展的。因此，选择课题时同样可以采用这一思路。

（二）资料的搜集和整理

一般来讲，丰富的资料积累是好的选题产生的基础。反过来，确定了选题也就明确了材料搜集的方向。从实质上讲，搜集资料是研究问题的开始，在搜集材料的过程中，常常会因资料占有情况的影响而修改选题。

搜集资料的形式主要有两种：一是通过实践和直接调查的形式获得，二是通过图书馆、档案馆等获得。

有了丰富的资料，接下来的工作就是材料的整理、分析和筛选问题。整理和分析资料包括这么几项内容：一是将资料分类。分类标准要以资料反映的主要思想内容为依据。二是分析资料。要分析每类资料能够导出的结论并把这些结论写出来，形成自己的见解。三是给每类资料拟写标题。标题是资料中心思想的概括和结论的提示，将为我们取舍资料及安排资料在论文中的位置做准备。

对材料进行分析和整理之后，接下来的工作就是归纳和提炼观点。这一步工作的要点有三：一是根据拟定的论题和各类资料的内容，估量资料的价值和分析资料间的关系；二是根据资料的主次和它们之间的逻辑联系，初步概括出总论点和分论点；三是进一步提炼和确立观点。

四、需要注意的问题

1. 选题考虑主客观条件

和毕业论文一样，毕业设计的选题要符合实际情况和个人能力。要根据自己的专业、爱好选择课题，使课题能在自己的努力下完成，不要一味求大求难，超出自己的主客观条件和力所能及的范围。

2. 数据参数准备无误

毕业设计报告撰写过程中，要始终保持严谨的科学态度，特别是毕业设计报告需要引用数据参数时，必须保证准确无误。文字表述要严密准确，逻辑结构清晰严谨。

3. 图表、图示与文字说明要保持一致

毕业设计报告是一种技术文件，需要制作与文字配套的图表、图示等，制作图表等相关内容时要规范，与文字说明保持一致，能准确解释设计内容。

4. 写作重点应放在技术性强的部分或设计的关键部分

注重解释、说明的技巧，充分利用图形说明和图文结合的形式说明。

能力训练

1. 思考下列问题。

(1) 你所学专业目前科研中有哪些前沿性问题?

(2) 你所学专业目前科研中有哪些亟待解决的问题?

(3) 你所学专业目前科研中已成立的学说有哪些需要补充或纠正的问题?

要求：每项至少列3条。

2. 查阅专业资料。

(1) 你所学专业有多少种期刊?

(2) 你最喜欢哪种专业期刊? 该期刊你最喜欢什么栏目? 为什么?

(3) 从最近三至四期的专业期刊中，找出你最喜欢的栏目，分类编成小资料卡或小文集，并写出阅读心得。

附 录

毕业论文字体字号及格式要求

一、封面

题目：小二号黑体加粗居中。

各项内容：四号宋体居中。

二、目录

目录：二号黑体加粗居中。

章节条目：五号宋体。

行距：单倍行距。

三、论文题目

小一号黑体加粗居中。

四、中文摘要

1. 摘要：小二号黑体加粗居中。
2. 摘要内容：小四号宋体。
3. 字数：300字左右。
4. 行距：20磅。

5. 关键词：小四号宋体加粗，居左。

6. 关键词内容：3~5个，中间用分号隔开。

五、英文摘要

1. ABSTRACT：小二号Times New Roman加粗居中。

2. ABSTRACT内容：小四号Times New Roman。

3. 行距：单倍行距。

4. Keywords：小四号Times New Roman加粗，居左。

5. Keywords内容：小四号Times New Roman，3~5个，中间用分号隔开。

六、绪论

小二号黑体加粗居中。内容500字左右，小四号宋体，行距20磅。

七、正文

（一）正文用小四号宋体。

（二）安保、管理类毕业论文各章节按照一、二、三、四、五级标题序号字体格式

章：标题　小二号黑体，加粗，居中。

节：标题　小三号黑体，加粗，居中。

一级标题序号　如：一、二、三、　标题四号黑体，加粗，顶格。

二级标题序号　如：（一）（二）（三）标题小四号宋体，不加粗，顶格。

三级标题序号　如：1. 2. 3.　标题小四号宋体，不加粗，缩进两个字。

四级标题序号　如：(1) (2) (3) 标题小四号宋体，不加粗，缩进两个字。

五级标题序号　如：①②③　标题小四号宋体，不加粗，缩进两个字。

医学、体育类毕业论文各章序号用阿拉伯数字编码，层次格式为：

1××××（小二号黑体，居中）

××××××××××××××××××××××××（内容用四号宋体）。

1.1××××（三号黑体，居左）

××××××××××××××××××××××××（内容用四号宋体）。

1.1.1××××（小三号黑体，居左）

××××××××××××××××××××××××（内容用四号宋体）。

①××××（用与内容同样大小的宋体）。

a.××××（用与内容同样大小的宋体）。

（三）表格。每个表格应有自己的表序和表题，表序和表题应写在表格上方正中。表序后空一格书写表题。表格允许下页接续，表题可省略，表头应重复写，并在右上方写“续表××”。

（四）插图。每幅图应有图序和图题，图序和图题应放在图位下方居中处。图应在描图纸或在洁白纸上用墨线绘成，也可以用计算机绘图。

（五）论文中的图、表、公式、算式等，一律用阿拉伯数字分别依序连编编排序号。序号分章依序编码，其标注形式应便于互相区别，可分别为：图2.1、表3.2、公式(3.5)等。

文中的阿拉伯数字一律用半角标示。

八、结束语

小二号黑体加粗居中。内容300字左右，小四号宋体，行距20磅。

九、致谢

小二号黑体加粗居中。内容小四号宋体，行距20磅。

十、参考文献

（一）小二号黑体加粗居中。内容8～10篇，五号宋体，行距20磅。参考文献以文献在整个论文中出现的次序用［1］、［2］、［3］、……形式统一排序、依次列出。

（二）参考文献的格式。

著作：［序号］作者．译者．书名．版本．出版地：出版社，出版时间：引用部分起止页．

期刊：［序号］作者．译者．文章题目．期刊名，年份，卷号（期数）：引用部分起止页．

会议论文集：［序号］作者．译者．文章名．文集名．会址．开会年．出版地：出版者，出版时间：引用部分起止页．

十一、附录（可略去）

小二号黑体加粗居中。英文内容小四号Times New Roman，单倍行距。翻译成中文字数不少于500字，内容五号宋体，行距20磅。

十二、提示

论文用A4纸纵向单面打印。页边距设置：上2.5 cm，下2.5 cm，左3.0 cm，右2.0 cm。

注意：不同的院校可能要求不同。

第五章　职场文书

学习目标

1. 能掌握求职应聘文书的特点、写作要素及技巧，学会熟练写作个性化求职应聘文书。

2. 掌握求职简历的特点、种类、格式及写作要求，学会熟练设计个性化的求职简历。

3. 能把握面试机会，清楚、流畅地介绍自己，并取得面试成功。

4. 培养学生积极主动的求职精神；正确、诚信的求职就业观念；认真严谨的职业素质和职业修养。

职场应用文特指人们在求职、职位调整、岗位竞聘以及规划职业生涯时所使用的一类应用文书。主要包括自荐信、求职信、应聘信、求职简历、辞职信、竞聘演说词等。

第一节　职场文书概述

当今时代，用人机制相对灵活，人才与用人单位都可以在一定的条件下自主选择。从人才的角度讲，不论是求职、辞职、申请岗位调动，还是岗位竞聘、述职演说等，都需要用到相应的职场文书。因为写作能力是由人的思维能力及其人文素养所决定的，人才所写的每一篇职场文书都将是用人单位衡量人才素质的重要依据，直接关乎着人才的职场前途与命运。因此，每一个步入社会的人都应该具备良好的职场文书写作能力。

一、职场文书的特点

1. 特定性

职场文书的含义十分明确，使用范围是特定的，一般限于求职、职位调整、岗位竞聘和职业生涯规划等方面。

2. 自我评价性

职场文书的一个共同特点是自我评价性，简历、求职信自不待言，就是职业生涯规划书的制定也要以自我评价为前提。

3. 自我推荐性

职场文书的写作在很多情况下是以自我推荐为目的的。不论是个人简历中写的自己干过什么，还是求职信中写的自己能干什么，抑或是竞聘词中对自己能力的阐述，都带有自荐的性质。从另一角度讲，职场文书的质量本身就是写作者的一张招牌——一份言辞优美、语言分寸十分恰当的简历或求职信可以使用人单位对求职者留下良好的印象。

4. 写实性

职场文书一般都如实地描述自己的基本情况，这不仅是对自己负责，也是对用人单位负责；既是诚信的表现，也是人品的体现。

5. 礼节性

职场文书中的绝大多数内容都是写给别人看的，具有交流思想、拉近感情的作用。因此，语言一般很平和，措辞一般有理有节。

二、职场文书的写作要求

1. 客观真实

职场文书写作的最大要求是客观真实。客观真实就是要如实地描述自己的基本情况，不夸大，不隐瞒，以便使受文者有一个正确的评判与选择，这样于人于己都有好处。

2. 条理清楚，重点突出

每一个人身上的闪光点都很多，把这些闪光点都表现出来往往会使最大的“亮点”黯然失色。因此，职场文书写作中，要善于根据实际需要进行取舍，将自己身上所具备的，同时又是用人方感兴趣的东西突显出来。

3. 不卑不亢，有理有节

由于现今职场竞争十分激烈，很多人在职场文书中表现出了不应有的卑微，这些常常会使人觉得求职者平庸和缺乏自信。因此，职场文书的写作要不卑不亢、有理有节。

4. 语言简洁、质朴，通俗易懂

职场文书的语言要语气委婉、言辞恳切、情真意切。与此同时，要简明、质朴，通俗易懂。

第二节　求职应聘文书

例文析评

例文 5.1

自 荐 信

尊敬的××公司领导：

您好！

我是××大学环境工程系给水工程专业的一名毕业生，希望借毕业自主择业的机会，选择一个满意的单位。

在供需见面会上，我与贵公司工作人员做了简短的交谈。为了使贵公司对我能有更全面深入的了解，现将我的简历、介绍材料、成绩单及荣誉证书等随信寄上（见附件），并把我的一些具体情况做一点补充说明。

我从11岁就独自一人远离父母到县城求学，到现在大学即将毕业，已近13年。艰苦的生活锻炼了我，使我具有较强的适应能力和吃苦耐劳的精神。

多年来，我一直担任学生干部，特别是在大学期间担任班级的团支书，尽职尽责，不敢有丝毫的懈怠。社会工作的锻炼使我有了较强的组织能力、较强的文字和口头表达能力，也使我懂得了在工作中顾全大局、服从指挥、统一步调的重要性。工作中的成绩增强了我的自信心，而失误又教会了我如何一步一个脚印踏踏实实的工作。

我所学的课程及成绩已在材料中列出。此外，我还自学了应用文写作、企业管理、计算机编程等方面的知识，注意完善自己的知识结构，全面提高自身素质。我最喜欢的两句名言是："但得有心能自奋，何愁他日不雄飞""自强不息者终能自救"。我相信，在我不断努力刻苦的学习中，一定能胜任这份工作。

我不敢保证一到贵公司就能样样精通，但我愿意向周围的同事虚心请教，决心在保质保量完成本职工作的前提下，争取不断有所创新。对于具体的工作安排，我完全服从贵公司的需要，只要有事可做，忙点儿、累点儿、苦点儿，都没关系，望公司领导不要有什么顾虑。

我要说的最后一句话是："若给我一个机会，我不会让贵公司失望的。"

谢谢您能阅读我的求职信。

此致

敬礼

自荐人：林××

20××年4月7日

附件：个人简历、学历证明、等级证书、荣誉证书各一份

联系地址：××××××××××　　　　邮政编码：××××××

联系电话：×××××××××××

例文简析

这是一份求职自荐信。正文首先写缘起、缘由，接着写求职意愿、个人简历，最后提出要求。全文语言简洁，态度自信、恳切，礼貌而又不卑不亢。

例文 5.2

求职信

××公司董事长：

您好！

我叫李××，男，21岁，是武汉××职业学院计算机系应届毕业生。

贵公司是著名的中外合资企业，董事长知人善用，我慕名已久，渴望成为贵公司的一员。

我所学的是计算机软件专业。在三年的大学时光里，由于学习勤奋，汲取了丰富的专业知识，并锻炼了自己的能力。较好地掌握了C语言、汇编语言、编译原理、PowerBuilder、数据库原理，并对面向对象的C++和VC++等Windows编程有一定的了解。课外我还自学了Delphi编程，ASP动态网页及网络数据库。学好计算机必须有过硬的外语水平，

我以较好的成绩通过了英语四级考试，能借助词典阅读英文资料。

自入学以来，我十分重视社会实践锻炼，利用业余时间参加了社会实践活动。曾先后在多家电脑公司做过兼职，积累了较丰富的实践经验，尤其在软件开发及网络管理方面。

贵公司的事业欣欣向荣，若有幸加盟贵公司，我将倾全力贡献我之所学，与贵公司的同仁一起，创造公司更加辉煌的明天。

敬请函告或电话约见。谨候佳音。

此致

敬礼

求职人：李××

250××年10月20日

附：个人简历一份

学校推荐表一份

各科成绩单一份

证书复印件一份

联系地址：××××××××××

邮政编码：××××××

联系电话：×××××××××××

例文简析

这是一封求职信。正文导言谦恭有礼，说明“投石问路”的缘由。主体分为三部分：第一部分介绍自己的学业情况，重点介绍了自己的学习成绩和自学能力；第二部分突出自己注重参加社会实践；第三部分用恳切的言辞表达了自己的求职愿望和决心。附件为信函提供了旁证。

例文5.3

应聘信

尊敬的××旅行社经理：

您好!我叫×××。感谢您在百忙之中能够翻阅我的信。看到《××日报》刊登的贵社将要招聘三名导游人员的信息，作为一名即将毕业的大学生，我渴望在社会中找准自己的人生坐标，渴望拥有一片能够施展自己才华的天地。获悉贵处招纳人才，带着年轻人的自信，冒昧写信应聘。我毕业于××旅游学院导游服务专业，自认为对于此项工作能够胜任。

本人对导游工作有极浓厚的兴趣，该工作要求从业人员具备多方面素质：高度的责任心、广博的知识面，组织能力、协调能力、应变能力、语言表达能力、与人沟通能力以及流利的英语、活跃的思维等。在大学学习期间，我下苦功夫学习专业知识，如导游基础、导游实务、旅游历史文化、旅游美学、旅游地理等，认真学习基础学科，如大学英语、旅游应用写作、普通话等，并参加计算机操作技能的严格训练，这使我有能力胜任贵单位的工作。

此外，我还专门进行过口才艺术和创新学方面的训练，这将有利于我与贵社的客户建立融洽的业务关系，并进行创造性的工作。从事这项工作，对于我来说将是一个极大的挑战，也是难得的机遇。它将磨砺我快速成长，为社会做出应有的贡献。

我曾在××旅行社实习半年，并利用寒暑假进行社会实践，将校园里学到的知识与实践结合起来。在学校我是校园之声的主持人，采编了大批宣传稿件，利用业余时间义务导游，在学院举行的导游词创作比赛中获得一等奖。其他关于该项工作的任职资格，请见随信附上的个人简历。

我知道自己年轻，缺少工作经验，不过，年轻本身也是财富，我有的是青春、朝气、热情。我爱导游工作，我有信心将导游工作做好。希望能够加入贵社进一步提高自己。我热切期盼您的回音。

此致

敬礼

求职人：×××

20××年5月8日

联系地址：××市××路××号一单元312室

邮编：××××××

电话：×××××××××××

附表：在校四年学科及成绩一览表

例文简析

这是一份针对性较强的应聘信。它的应聘目标明确，应聘缘起清楚，应聘条件介绍恰如其分。

一、应聘文书的概念

应聘文书是用于大、中专院校毕业生、无业、待业人员求职，以及在职人员谋求转换职业和工作所使用的文书种类。

二、应聘文书的特点

1. 针对性

应聘文书是为了谋求某一职位而写作的，针对要应聘的职位所需要的条件，介绍自己的情况。

2. 自荐性

应聘文书是为了谋职而写的，写作者在应聘文书中要根据用人单位的需要，向用人单位推荐自己。

3. 目的性

应聘文书写作的目的很明确，就是为了求职，所以写作的目的性强。

三、应聘文书的种类和作用

（一）应聘文书的种类

1. 自荐信

自荐信是推荐自己担任某项工作或从事某种活动，以便对方能接受的一种专用信件。它的基本格式与普通书信相类似。尤其要注意的是内容要真实、具体，篇幅要短小精悍，行文要简洁明了。

2. 求职信

求职信是用来向用人单位表达求职意向的信函。

3. 应聘信

应聘信是指求职者根据用人单位发布的招聘人员广告、通知和其他相关信息，有目的地表达求职意向的信函。

（二）应聘文书的作用

帮助求职者向单位有效推荐自己，有利于获得理想的工作职位。

四、自荐信、求职信、应聘信写作

（一）自荐信、求职信、应聘信的异同

1. 相同点

（1）名称虽然不同，但基本作用相同，都是为了谋求一个职位。

（2）三者的结构相同，只是在正文的侧重内容上有所不同。

（3）写作的要求相同。

2. 不同点

自荐信是推荐自己担任某项工作或从事某项活动，以便对方能接受的专用信件。除了用于求职外，也可用于在职人员推荐自己从事某项活动，或担任某一职务。

求职信、应聘信一般是毕业生或待业人员为了获得某一职位所写的谋职文书。应聘信相对于求职信而言，求职目的比较明确，对用人单位的用人条件和相关要求心中有数，减少了求职的盲目性，与此同时也增加了求职的被动性，即必须依照用人单位的招聘条件有针对性地介绍自己，表达应聘要求。一般而言，求职者呈递应聘信时是有针对性地单独传递，不像求职信那样群发。

（二）求职应聘文书的写作格式

1. 标题

求职信、应聘信的标题通常单独由文种名称构成，表明书信的性质，如求职信、应聘信。

2. 称谓

由于读信人一般是用人单位的负责人，求职者不知其名，故可直呼为“××单位负责同志”“××厂厂长”“××公司经理”。

如果在招聘启事中已告知了联系人姓名，则可以写上姓名，称“××先生”“××小姐”。

3. 正文

（1）求职、应聘的缘由。

（2）个人背景（学历、年龄、专长、经历、业绩；个人的志向、兴趣、性格）。

（3）表明愿望、决心及要求。

如果是在没有招聘启事的情况下，你是投石问路，可先做一下自我介绍，交代清楚身份、年龄、学历、毕业学校等基本情况，给用人单位一个初步印象。然后再简单地表达你对目标单位的熟悉和热爱。如“我是……久闻贵公司实力不凡，声誉卓著，产品畅销全国。故冒昧写信自荐，希望加盟贵公司。”

如果你是看了招聘启事后写的应聘信，则要以启事为引子，谈自己意欲应聘的想法。如“我从《西宁晚报》上看到贵公司的招聘启事，非常兴奋，我如果能到贵公司从事服装设计与制作工作，将感到非常荣幸。”

介绍自己与所需职位相关的学历水平、经历、成绩等。但这些内容不能代替简历，较详细的简历应作为附件。

说明能胜任职位的各种能力，既要表明自己的专业知识，也要表明自己的社会实践经验和与工作要求相关的特长、兴趣、性格、能力等。

在应聘信中，千万不要写与职位毫不沾边的东西。

最后一般都以诚恳的态度把自己希望得到工作的迫切心情及若被录用自己工作的决心表达出来。然后写上祝颂语。

4. 落款

落款写求职、应聘者的名字和成文日期。有的在名字后用“敬上”“谨上”以示礼貌和谦逊。

5. 附件

附件注明在信后所附的有关资料的名称。这部分写在落款前或落款后都可以。

6. 联系方式

在信末写上自己的详细通信地址、邮政编码、联系电话。

求职信要针对自己对用人单位的了解和自己的实际；应聘信要针对用人单位的招聘条件和要求，来表达自己的愿望。决不能将求职信、应聘信写成一种能到处撒网、可以大量复制的信件。

因为求职信、应聘信很多，用人单位没耐心去读洋洋几千字的长篇大论，因此，要注意言简意赅，保持在一千字以内。这类信件文字的整洁美观很容易引起用人单位对求职者的好感，建议字写得好的人用手写稿，可以向用人单位展示自己的这一特长。

求职信、应聘信既要表现出你对所求职位的渴望，还要表现出你对胜任工作的自信。做到不卑不亢，用真情、真诚去赢得用人单位的好感与信任。自我评价要恰当，尽可能有事实依据。

（三）求职应聘文书的写作要求

（1）内容要简短。切忌长篇大论，篇幅控制在一千字以内（附件除外）。

（2）措辞有分寸。做到不卑不亢。过于谦卑，会给人庸碌无为的不良感觉；过于高傲，会给人轻佻浮夸的印象。

（3）投单位所好。善于换位思考，从用人单位的角度出发考虑问题，有针对性地提供自己的背景材料，表现出独到的智慧和才干。

（4）字迹要工整。洁净秀丽的字体本身就是一封最好的“介绍信”，容易给人留下良好的第一印象。

（5）留联系方式。求职信一定要写清联系方式，包括邮编、通信地址、电话等。

（四）求职信的写作技巧

撰写一封得体的求职信可能是你在寻找工作的时候遇到的棘手问题之一。在求职的过程中，体现个人才智并且文辞精美的求职信，一定有助于你谋求到一份理想的工作。因此，写求职信，还须讲究写作技巧，力求做到“情”“诚”“美”兼备，以“情”感人，以“诚”动人，以“美”迷人。

（1）以“情”感人。人际关系是人与人之间情感的凝结。作为求职者，在相互较为陌生的情况下，要以情感人，关键是两点，一是把握用人者的心理，投其所好；二是寻找共同点，引起共鸣。

（2）以“诚”动人。求职信的“诚”主要表现在“诚意”和“诚实”两个方面。“诚意”就是要求态度诚恳，不能夸夸其谈。“诚实”就是要如实地写出你想从事某项工作所具备的条件，以及选择某项工作的原因，或者是为了发挥某项专长与特长。诚实永远是人们所追求的最美好的品质之一，更是用人单位衡量求职者的重要标准之一。

（3）以“美”迷人。一封文情并茂的求职信，往往会让人爱不释手。要使信写得“美”，应力求做到：语言饱含感情，在求职信中，适当地选用一些谦辞、敬辞。如，“恳请”“敬请”“您”“贵公司”等，以表达和谐、亲切、相互尊重之意。语言要富于生气，善于运用成语和口语，使语言表达更精湛、凝练、精辟、形象、上口。

第三节　求职简历

例文析评

例文 5.4

求职简历

个人基本情况：

姓名：×××　　性别：女　　毕业院校：××职业技术学院

出生年月：2001年3月1日　　专业：计算机网络技术

通信地址：××省××市××镇××街　　邮政编码：××××××

联系电话：××××××××××× 电子邮箱：×××××@163. com

求职意向：大型企业高级文秘或基层管理岗位

技能总结：××××××

英语水平：

能熟练地进行听、说、读、写，并通过国家英语四级考试，尤其擅长撰写和回复英文商业信函，能熟练地运用网络查阅相关的英文资料并能及时予以翻译。

计算机水平：

国家计算机等级考试二级，熟悉网络和电子商务，精通办公自动化，能熟练地操作Win10系统，能独立操作并及时高效地完成日常办公文档的编辑工作。

实习经历：

2021年7月至11月，在××化工网站进行电子商务实习。实习期间的主要职责是协助网站编辑，在互联网上查阅国内以及国外的化工信息，搜集整理相关的中英文资料，整理和翻译英文资料。

教育背景：

2016年9月—2019年6月　　××市第一中学重点高中学习

2019年9月—2021年7月　　××职业技术学院学习

主修课程：

网络管理与维护、网络综合布线工程、网络数据库、网页设计与网站建设、计算机程序设计、网络基础、网络操作系统等。

获证情况：

大学英语四级证书、国家计算机等级考试证（二级）、信息产业部网络工程师证。

自我评价：

做事踏实、认真负责、适应能力强、勇于挑战。

例文简析

这份个人简历层次清晰，要素齐全，内容简明，关键词突出。

例文5. 5

求职简历

一、个人基本情况

姓名：秦×× 性别：女

毕业院校：××师范大学 学历：本科

主修专业：汉语言文学 辅修专业：新闻学

年龄：22 身高：166 cm

政治面貌：中共党员

移动电话：××××××××××× 固定电话：××××××××

电子邮箱：××××@163. com QQ号：××××××××××

二、教育经历

2019. 9—2023.7：××师范大学汉语言文学专业

三、知识与技能

（一）主修专业主干课程：文学理论、现代文学、古代文学、外国文学等。

（二）辅修专业主干课程：新闻采访学、报纸编辑学等。

（三）计算机能力：能熟练应用各类报刊排版和平面设计软件。

（四）外语能力：具备较强的听说读写的能力，达到公共英语六级水平。

（五）其他能力：有驾照。

四、在校期间担任的职务

2020—2021　××师范大学文学院学生会宣传部 部长

2020—2023　××师范大学文学院本科党支部 组织委员

五、社会实践经历及业绩

1. 在校期间兼任校报编辑，独立编辑报纸15期。

2. 参与学院卡拉OK大赛及演讲比赛的策划和组织。

3. 在各类报刊发表作品26篇。

六、个人评价

具备团队合作精神，生活态度积极、乐观，有进取心和责任感，善于与人沟通交流，有一定的工作组织能力。

七、特长与爱好

读书、运动、音乐。

例文简析

这份求职简历内容要素齐全，重点突出。特别值得一提的是，本简历突出了较强的文字功力，这是中文专业学生最大的能力点，也是大部分用人单位十分看重的能力点。

一、求职简历的概念及功能

求职简历是求职者向用人单位提供的反映自己生活、学习、工作、经历和成绩的概括材料，是帮助求职者顺利就业的主要材料。简言之，求职简历是一种自我营销的工具。

求职简历是用人单位对求职者的第一印象，是用人单位对求职者进行分析、比较、筛选，决定是否录用的主要依据。在趋之若鹜的求职者中，你的简历凭什么脱颖而出？实际上，简历只需突出两点就可以了：①你是优秀的；②证明第一点成立。

二、求职简历和求职信的区别

求职简历和求职信是有区别的：求职信的写作目的是吸引用人单位招聘负责人去看后边的简历，使其更具体地了解自己的情况；求职简历相当于推销自己的广告文稿，其作用如同产品介绍那样，把自己优秀的一面突出地展示给对方，目的在于引起用人单位对自己的浓厚兴趣，最终选聘自己。

三、求职简历的结构及写法

微课：简历写作技巧及注意事项

一般来讲，求职简历应该包括以下基本内容：

1. 个人基本情况

个人基本情况包括姓名、出生年月、性别、家庭住址、生源地、政治面貌、身体状况、联系方式（电话号码和电子邮箱）等。

2. 求职意向

求职意向包括向往职业的地域、行业、岗位等方面的意向。

3. 教育背景

教育背景包括毕业院校、所学专业、学位、学历、主要学习科目（把重点放在与申请职位有特殊关系的科目上）等。

4. 本人经历

大学以来的简单经历，主要是学习、社会职务或活动、义务性工作（志愿者）、社会性工作、社会实践，以及在这些工作中学到的工作经验等。

5. 知识、技能和品质

知识、技能和品质主要包括知识结构、技能优势、外语和计算机水平及其他技能证书等。

6. 个人特长及所获荣誉

个人特长及所获荣誉包括个人兴趣、特长，以及参加各种竞赛所获奖项、各种资格证书和奖学金等。

7. 自我评价

总结自己良好的个性品质，如学习能力、沟通能力、解决问题的能力、适应能力、好奇心或创新能力、团队合作精神、积极主动的工作态度、责任心、敬业精神等。

四、求职简历的写作要求

1. 简历要“简”

简历贵在简明扼要，各个部分内容较多时，选择其中最主要的几项即可。如论文选发表刊物层次最高的写，获得的奖项选颁奖单位级别最高的写，等等。总之，要把简历写得一目了然，给人留下十分清晰的印象。

2. 有的放矢

一般来讲，用人单位选人都是按预先设定的招聘条件来选的，因此，在写简历时一定要关注对方的招聘条件，并在自己的简历中突出自己与对方所要求的条件相关的内容，与应聘职位无关的不要写。

3. 突出自己的优势

写简历的时候，一定要突出自己的优势，尤其要突显自己与众不同的地方.同时还要注意，应聘什么职位就突出与之相应的那方面的特长。不要面面俱到地展示你所有的才能，这样反而会掩盖自己的优势，削弱自己的竞争力。

4. 注重艺术性和个性特色

怎样使简历在最短的时间内吸引用人单位的注意？一是要精心设计表现形式，力求达到让人“眼前一亮”的效果；二是关于个人专长的描述要实在而巧妙，让用人单位感到你的思维水平不同一般。

第四节 应聘口语技能训练

即将踏上社会、走上工作岗位的大学生，在当前就业的竞争中，要想使自己立于不败之地，仅有一点口语基础知识和基本技能是远远不够的，更重要的是了解、掌握并熟悉运用各行业的职业口语，只有这样，才有可能为用人单位所青睐，才有可能在走上工作岗位之后，在最短的时间内熟悉自己的业务，迈出成功的第一步。

一、应聘面试概述

随着社会主义市场经济体制的建立和发展，我国人才市场正逐步放开。近些年来，公务员招考录用过程中，面试是一个重要环节。其他用人单位面向社会招工、招干，也经常需要对应聘者进行面试。一般说来，应聘者进入人才市场或其他招聘场合，既是机遇又是挑战。无论你的学习成绩或者业务能力如何，都将面临求职、面试、应聘等问题，需要蓄积和展现自己的能力。而蓄积与展现能力的结果，在很大程度上取决于应聘者是否具有相应的口才。

（一）应聘面试的重要性

当前就业形势比较严峻，很多部门和职位挑选人才都是百里挑一，甚至千里挑一，用人单位不经过面谈或面试是不会决定录用某个人的。在整个应聘过程中，面试无疑具有决定性的意义。同时，面试也是求职者全面展示自身素质、能力、品质的最好时机。面试发挥出色，可以弥补先前笔试或是其他条件如学历、专业上的一些不足。在应聘的几个环节中，面试也是难度最大的一环。很多求职者未能很好地把握面试，空有满腹经纶却与良机失之交臂，令人遗憾。

1. 面试是招聘单位向应聘者敞开的大门

面试之所以重要，是因为招聘单位看过应聘者的材料，经过严格筛选，已经初步认为应聘者符合他们的用人条件，具备了进入他们单位的可能性。因此，面试意味着给应聘者带来进入该单位的希望。要把希望变成现实，应聘面试就显得格外重要了。

2. 面试决定应聘者能否最终进入用人单位

用人单位不仅要从应聘者的求职材料中了解应聘者的业务素质，而且非常重视应聘者的综合素质高低。通过面试，有经验的主考官能够从应聘者的言谈举止中判断其事业心、责任心、进取心、人际合作能力、逻辑思维能力、语言表达能力等综合素质，从而决定是否录用该应聘者。

3. 面试的关键是应聘者的语言表达能力

一般说来，用人单位在招聘中看重应聘者的口头表达，并非只是为了找到一个能说会道的雄辩家（某些职业或许对此十分重视），而是要通过应聘者的谈吐考查他的学识、素质、能力和修养，以及对该岗位的认识等。可以说，良好的语言表达能力是一个高素质人才必备的素质之一。在业务能力基本相当的情况下，一个语言表达能力强的应聘者被录用的机会远远大于一个不善言辞、不善交际的人。

因此我们要重视语言表达能力的培养和提高。

（二）应聘中应注意的问题

要想应聘成功，就要从面试前的准备和面试中的应对两个方面努力。应对问题我们将在后面的几节中阐述，这里先讨论面试前的准备工作。

一些求职者在应聘中失利与其在求职前的准备不充分有关：有的自以为是，以名牌大学高才生自居，认为“皇帝的女儿不愁嫁”；有的过于自负，觉得凭自己多年来的蓄积，能够随机应变，面试不过小菜一碟；有的虽无骄傲自满情绪，但是并不认真准备，稀里糊涂就去应聘了。

案例 1 面试不打无准备之战

求职人：小李（某外语院校国际贸易专业，现供职于某知名化妆品企业）。

临近毕业，我和同学们一样忙得团团乱转，哪里有人才市场，哪里就有我的身影，房地产公司、财政部门、银行、高校、咨询公司、销售公司……我几乎把所有与专业有所挂钩的单位都跑遍了，投了很多简历。不久，各个单位的面试通知陆陆续续地来了。

我经历的第一次面试是失败的，主考官当时让我即兴做一回5分钟的推销员，当时我就蒙了，不知道还有这招。

后来又经历了一次面试。这回，主考官的花样是将10位求职者围成一个圆圈做抢答题。吃一堑，长一智，我这次妙语连珠，而且把答案设计得与众不同。当时我觉得自己表现得很出色，可还是落选了。事后，我询问主考官，主考官对我说，我们单位最看中的是招聘者有务实的工作态度和真诚的合作意识，你的口才很好，但我们不需要。我这才悟出了一个道理：不同的单位、不同的职位有不同的需要，大智若愚与锋芒毕露都要“适销对路”才有用武之地。

我开始寻找面试应对的资料，在每次面试之前详细地了解对方的基本情况。在去我现在所在的这个公司面试的前一天，我拿着产品介绍书，专门跑到大商场里去辨认这些东西，并且扮成顾客的模样，请售货员讲解产品的性质和特点，我还从中了解到许多市场信息。

第二天面试的时候，有备而来的我凭着过硬的专业知识和灵敏的头脑，不仅流利地回答了考官的问题，还就产品结构与销售情况谈了自己的建议。最后，我顺利地进入了现在的单位。

点评

面试最关键的就是“不打无准备之仗”。如果参加面试之前对企业文化、应聘单位一无所知的话，很容易使自己陷入被动的局面。

那么，求职前应当从哪些方面做好准备呢？

1. 资料准备

知己知彼方能百战不殆。在应聘前，我们首先要“知己”：了解自己在人才市场上处在一个什么位置；自己有什么特长和优势；自己能做些什么，不能做什么；自己最需要什么；有哪些有利和不利的因素，又准备怎么处理；等等。而“知彼”，应聘者应当了解：用人单位的历史、现状、规模、业务、产品、服务等基本情况；用人单位的经销理念、管理水平、发展目标等情况。对这些情况了解得越多，就越容易和用人单位的招聘者沟通，他们将更能相信应聘者对他们单位的兴趣和诚意，从而增加被录用的可能性。

在资料准备方面，了解招聘者的类型也是一个很有效的方法。了解招聘者的风格，就能在应聘中更有针对性地回答问题，投其所好。大致说来，招聘者可以分成如下五种基本类型：①简洁明快型。这类招聘者面谈时简洁明快，不说任何套话，也希望应聘者回答得简明扼要。对这种人最好的回答方法就是思维敏捷、条理清晰，让他觉得你跟他一样是一个干练的人。通常他们的问话内容变化不大，如能从先面试过的人那儿打听一下就更有准备了。②温和亲切型。这类招聘者往往是年纪比较大的人，待人热情。遇到这类人要突出自己在人际交往中的能力，显示出善于与别人合作的精神。③师长型。这类招聘者自信能凭第一印象就看出求职者的全貌。他喜欢指导别人应该如何如何，会不客气地指出应聘者的不足，但这并不意味着应聘者不能被录用。遇到这类招聘者，第一印象很重要，特别要注意谦虚谨慎。最好多听少说，如果能表现出对他的尊重和聆听他教诲后的受益匪浅，他会对应聘者有好感。④专家型。这类招聘者往往是某一方面的专家，很重视应聘者对专业知识掌握的深度和广度，并且要求应聘者回答问题时概念准确、逻辑性强，对问题常常刨根究底，穷追不舍。应聘者必须实事求是地讲出自己的看法，要有理有据，切忌不懂装懂，贻笑大方。⑤豁达豪放型。这类招聘者往往是一些老板经理，他们谈笑风生，东拉西扯，提出一些古怪的问题来考查应聘者的应变能力。遇到这类人，应聘者要尽力回答得巧妙，把自己的机智、灵活，甚至幽默的才能表现出来，这样容易被其赏识。

2. 心理准备

一是要树立正确的择业观念。时下人才市场竞争激烈，就业形势严峻。有些求职者未能摆正心态，自我感觉过于良好，把自己当成人才市场的抢手货；有的一心只想到党政机关，不愿意到企业、公司；有的向往大城市和沿海发达地区，不愿意到有发展潜力的乡镇和欠发达地区；有的过分计较得失和享受，却很少考虑自己能创造多少价值。择业观念在很大程度上影响着求职者在人才市场做出的选择，也影响着应聘者在面试时的表现。

二是要有健康的心理状态和良好的心理素质。面对用人单位的提问，要沉着应对，不慌不忙。千万不能有自卑心理，要展现出应有的自信；不要惧怕失败，要坦然地面对面试的结果。这样，应聘者在面试中就更能发挥出自己的水平，获得应聘的成功。

案例2 知己知彼，建立自信

张同学的求职意向首选是国际四大会计师事务所。经过层层筛选，他如愿进入普华永道和安永华明的最后一轮面试，也就是要去见事务所的合伙人。能从数千大军中杀到见合伙人实属不易。然而，在见合伙人的时候，他特别紧张。在见普华的合伙人时，他叫错了合伙人的名字，并且临走时把包忘在了合伙人的办公室里。在见安永的合伙人时，由于是英文面试，他重复一个英文单词数遍，唯恐对方听不清楚，直至被那位合伙人打断并说明他已经明白了张同学的意思，他才明白该适可而止。结果是两家国际一流的会计公司都在最后面试时将他拒之门外。

李同学面试中信集团总部时，面试官问他对中信了解多少。他想了半分钟后说道：

“我接到面试时还没来得及查看中信的资料，所以不太了解。”面试官对他说：“我们招人自然希望他能了解中信，你还是回去再多了解了解吧。”

点评

从上面案例中可以看出张同学精神紧张，缺乏自信，跌倒在自己最想去的公司前；李同学对用人单位缺乏了解，回答不出常规问题。要想在面试中脱颖而出，给招聘人员留下深刻的印象，就要克服紧张，建立自信。要想自信，就必须知己知彼，对自己和用人单位都有客观的认识。求职应聘，是一个了解自己、了解用人单位，向用人单位展示自己能力与素质的面对面的接触过程。只有做好了充分的准备，才能用特色和真才实学为自己铺就成功之路。

3. 着装准备

面试时，求职者的穿着打扮往往决定着主考人员对应聘者的第一印象，并影响到面试的成败。衣着细节的讲究，能展示一个人的精神风貌和他的性格特征，以及对工作的责任心等，对此要足够重视。一般说来，求职者的着装应与社会时尚吻合，既高雅端庄，又大方得体，不能身着奇装异服，这样容易引起年纪较大的招聘者的反感。另外，要特别注意服装的整洁，服装可以不典雅高贵，但绝不可肮脏、邋遢。

（三）面试中的常见错误

在求职面试中，没有人能保证不犯错误，聪明的求职者会不断修正错误并最终走向成功。如果我们知道面试中常见的错误是什么，知道如何避免犯错误，我们就会少走许多弯路。

1. 不善于打破沉默

面试开始时，有的面试官并不说话，只注视着对方，这其实是一种无声的提问，他在等着应试者主动打破沉默。可是有些应试者以沉默对沉默，你不开口我也不开口，结果面试出现冷场。有的应试者虽然勉强打破沉默，可是词不达意、语调生硬，反使场面更显尴尬。这样的错误是致命的。一个不善于打破沉默的人，会被认为是缺乏交际能力、缺乏自信的人，会被认为是一个很难相处的人。面试过程中的交流应该是互动的，无论是面试前还是面试中，应试者应善于寻找合适的话题打破沉默，这是一种自信的表现，也是一种能力。

2. 与面试官“套近乎”

具备一定专业素质的面试官是忌讳应试者套近乎的，因为面试中双方关系过于随便或过于紧张都会影响面试官的评判。一位从某理工大学毕业的大学生，得知有一位面试官是他的大学校友，面试时，他进了门就直奔那位面试官而去，紧紧拉着对方的手喊校友，弄得那位面试官很尴尬，其他几位面试官也面面相觑。面试结束，给这位应试者打出低分的竟是那位“校友”。

3. 缺少提问技巧，不善于提问

对于求职者来说，向面试官提问本就是一种推销自己的方式，一个好的提问，会让面试官刮目相看。可是有些应试者缺少发问的技巧，要么问一些与工作无关的愚蠢问题，要么在不该提问时突然打断面试官的话发问，要么面试前没有足够的准备，轮到有提问机会时，张口结舌提不出问题。也有一些人，不分场合，不看时机，提出一些对方忌讳或不好回答的问题，如有求职者问面试官："听说贵公司经济效益下降，具体原因是什么？"这是一个可以在场外探讨的问题，可是将它搬到面试场合来讲显然不合时宜。还有一些人，在对方尚未明确表示是否录用时，便提出薪酬问题，甚至锱铢必较，既不合时宜，又给人留下斤斤计较的不良印象。

4. 将自己包装成完美的人

说自己是最完美的人，不但没人相信，还会弄巧成拙，让人怀疑是"秃子忌人说亮"。

5. 缺乏主见，没有明确的职业发展计划

这种人的口头禅是："你们招什么人，我就干什么活，我什么都会干。"有面试官问一求职者："未来5年，您对自己的职业发展有怎样的计划？"求职者听了，发了半天愣，然后嗫嚅着说："走一步看一步吧。"面试官马上在他的名字后面打了一个叉。一个"踩着西瓜皮，滑到哪里是哪里"的人，是一个没有目标的人，这样的人很难有责任感和进取心，被面试官淘汰是情理之中的事。

6. 自命不凡，目中无人

一些大学生，特别是一些来自重点大学或名牌高校的大学生，端着一副"天之骄子"的架子，说话的口气大得能撑破天，却眼高手低。这样的人只会让面试官讨厌——您厉害，那您就另谋高就吧。

7. 见面就打探薪酬福利

那种一开口就问"工资报酬多少，福利待遇如何？"的求职者最令面试官反感。一位人事经理说："求职者关心收入和待遇的心情是可以理解的，但八字未见一撇，一开口就讨价还价，是不成熟的表现。求职毕竟不是谈生意做买卖，'金钱第一'怎么说也容易让人产生反感。"

8. 贬低别人，抬高自己

这是所有错误中最难以让人原谅的错误。通过攻击别人来抬高自己总不那么光明磊落，也不那么令人信服。

9. 卑躬屈膝，唯唯诺诺

有些人为了得到面试官的青睐，对面试官极尽阿谀奉承之事，甚至对无理的要求也照单全收。不要以为这样就会让面试官满意。这样反倒会让人怀疑：这人会不会当面一套背后一套，乘人不备捅人一刀？

10. 抬出大人物压人

有的人面试时开口就说："我认识你们王总经理，我和他儿子是同学，关系不错。"如此等等。这种以上压下的话谁听了都会反感，面试官会认为应聘者是抬出大人物来以势压人，如果与这样的应聘者做了同事，让他难受的日子还在后面。

11. 慷慨陈词，却言之无物

有的应试者大谈个人成就、特长、技能，激情澎湃、陈词慷慨，虽然悦耳，可是挤去了语言的水分后会发现言之无物。推销自己关键不在于辞藻如何华丽，不在于激情是否澎湃，而在于有证明自己能力的事实。

12. 负面的肢体语言

如果一个应聘者说话的颤音暴露出了内心的紧张，是可以原谅的；但如果应聘者在面试官面前旁若无人地脱下自己的鞋子，则是不可原谅的。一个负面的肢体语言也会使应聘前功尽弃。

（四）应聘语言的基本要求

面试是一场智力的较量。在这场较量中，只有真正具有实力而又深谙面试技巧和策略的人才能获胜。面试没有一个固定的模式，也没有完美的标准答案，但却有一个检验答案的共同标准——应聘者是否进行了理智的谈话。

在招聘实际中，招聘的单位和岗位千差万别，主持招聘面试的考官也风格各异，故应聘者在具体应聘过程中应根据实际情况灵活应对。但不管何种类型的应聘面试，都有一些必须普遍遵循的语言要求，按照这些基本原则和要求来设计应聘答问，将取得良好的效果。这些要求主要包括：

1. 礼貌谦和原则

礼貌是文明社会的基本要求，是有素质的人才必备的品质：我们注意了礼仪礼貌，不见得会给招聘者留下什么良好印象；但是若不注意礼仪礼貌，则百分之百地会给他们留下较恶劣的印象，甚至被“一票否决”。因此，参加应聘，首先要注意人际交往最基本的礼仪。

其次要注意谦和。谦和是对用人单位和招聘主考官的尊重，体现了应聘者不骄不躁、德才兼备的素质。我们的传统文化十分看重一个人是否谦逊，即使在强调自信，强调真才实学的今天，绝大多数人还是认为，不管一个人才学有多高，他都应该谦和，与人为善。而如果本身水平有限，却还自以为是，则不可避免地要遭到用人单位的否决。

2. 不卑不亢原则

有些应聘者在面试中措辞过于谦卑，把自己贬得一文不值，对用人单位大肆吹捧，以为这样可以体现自己的“谦虚”和“诚意”。殊不知用人单位需要的是自信而不自满的实干家，而不是低三下四的奉承者。与此相反，另外一些应聘者，尤其是一些名校“高才生”年轻气盛，优越感强，在参加一些应聘时往往显得过于自大，出言不逊，大言不惭，这很容易引起招聘者的反感。因此，我们在应聘中要不卑不亢，体现出良好的人格魅力。

3. 以诚相待原则

应聘中可以讲究一些语言技巧，但诚实永远是“大巧不工”的利器，最能赢得招聘者的青睐。诚信是用人单位在招聘新人时重视的品质之一，诚信也是社会交往赖以维系和发展的基础。在以人为本的时代背景下，人性化的选材用人，是用人单位的管理方式。在进行双向选择时，应当将自己真实的情况展现在用人单位面前，以自己的风采赢得用人单位的认同，进而与用人单位达成协议。求职者的费尽心机，总会有露馅的一天，到头来将是对自己最大的打击。

有些人在被问到不懂或一知半解的问题时，强不知以为知，信口开河、夸夸其谈，还自以为“机巧善变”，这往往会引起招聘者的不满。不仅怀疑应聘者的业务水平，甚至怀疑应聘者的品德。其实只要态度诚恳、以诚相待，即使面试中遇到个别难题回答不出来或者回答得不好，也不会有太大的影响。当然，如果在实话实说过程中讲究一些语言技巧，体现应聘者良好的口才，会令招聘者刮目相看。

4. 机智幽默原则

机智是思维活跃、应变能力强的标志。机智的人更能应付工作中的突发事件；幽默的人亲和力、凝聚力强，更能在工作中融入团队，协调各方面关系。因此，在遵循上述基本原则的前提下，应聘者如能讲究语言艺术，体现出自己随机应变的机智和幽默风趣的语言风格，一定能锦上添花，给招聘者留下深刻的印象，从而从众多应聘者中脱颖而出，大大增加被录用的可能性。

二、应聘语言技能

应聘面试，既是对应聘者智慧的考验，更是对其口才的考验。在面试时，除了合适得体的衣着、沉稳的举止外，最关键的就是如何应对。

（一）面试常见问题及其回答要领

1. 这项工作对你来说有什么重要意义?

在回答这个问题时，应聘者应该说工作的具体好处，如工作的挑战性、成就感，以及表明自己想做出的贡献，而不要说薪水。

2. 你为什么要到本公司工作?

应聘者可以谈一下这家公司的名望、所提供的待遇及其工作条件，强调想到这家公司工作是你深思熟虑的选择。

3. 我们凭什么要招聘你?

这时应聘者应自述自己的专业水平、工作技能以及为这家公司工作的热情；要提及自己过去的工作经历，以证明自己有能力干好这份工作。

4. 如果聘用你，你能工作多久?

应聘者可以这样回答："只要职位适合我的能力，使我学有所用，工作有长进，我可以一直干下去。"

5. 我们能为你提供职业发展的前途吗?

碰到这样的问题，应聘者可以回答："我相信，一旦我适应了公司内部的运作过程，你们一定能为我提供一条事业发展的道路。能否说说有关情况?"这也许能使应聘者获得更多的信息。

6. 你最突出的特长是什么?

应聘者可用以下方式回答，例如："我能够明白需要做什么，并努力去做""我愿意做决定""我善于与人合作""我能有效地安排自己的时间"等。记住，应谈与从事某工作有关的优点，而不是泛泛而谈自己所有的特长。

7. 你最明显的弱点是什么?

应聘者可以确认一至两个"安全"的弱点，比如说："我对自己的要求过于苛刻""我期望他人能超常工作""我喜欢快节奏的工作，如节奏不快，我就持批评态度"等。要注意，这些弱点也可以被认为是可取的素质。回答这个问题的策略在于要让所说的弱点也能被人看成一种优点。

需要提醒的是：有的主考官问完这个问题之后，会故意长时间不动声色，此时紧张的应聘者会滔滔不绝地说下去。一个人曾搜肠刮肚列出自己八大弱点，结果工作泡了汤。要记住，说完一两点之后就停下来。

8. 在以前的工作中，你不喜欢什么?

应聘者可以谈谈自己不喜欢的事情，但要注意的是，应避免谈及任何有关自己以前雇主的事情。

9. 你在业余时间干什么？

应聘者回答这个问题，要提及多层面的兴趣——积极的和宁静的、社会的和个人的，不宜说单一兴趣。

10. 你所受的教育或经历中有什么欠缺？

在面试之前，应聘者就要想好这些不足之处，应从正面阐述它们，这样在谈论自己各种优点时，就会发现这些欠缺微不足道。

11. 五年以后，你想达到什么目标？

尽管求职者说想当董事长是不够恰当的，但很少有雇主希望自己的雇员满足于现状。因此，应聘者可以这样回答："五年后，我想在公司中具有较高职位。"

12. 你希望什么样的薪水？

如果在面试开始时问到这个问题，应聘者最好说："是否在决定了我是不是合格人选以后再来谈论这个问题。"但如果面试人对应聘者真的感兴趣而问到这个问题时，应聘者可以讲真话，或许雇主一方可能会尽量满足应聘者的要求。如果应聘者需要这方面的详情，可以问："能提供贵公司有关薪水的情况吗？"

13. 如果……你该怎么办？

这个问题是专门用来测试反应能力的。比如："在限时报表时，你的电脑突然坏了，你怎么办？"这时如何回答该问题并不重要，重要的是应聘者回答这个问题的思路。应聘者应该保持冷静，可以这样说："我可以这样做……"然后提出几种可供选择的方法。

14. 你喜爱什么样的职位？

各公司的职位头衔和职责都不相同，应聘者应先说明你的技能，如："我善于计算"，再提出需要这些技能的职位，如"出纳"等。

15. 你能告诉我有关你个人的情况吗？

回答这个问题之前，应首先表明自己很乐意谈论自己的情况，并且询问面试人想知道自己哪方面的情况。如果弄清了这一点，应聘者就可以回答了。这个问题为应聘者提供了推销自己的大好机会。

16. 你为什么放弃你的第一份工作？

事实上，考官并不是想知道你辞职的真正原因。因此，回答这个问题最好是以工作上的理由，例如："我想在职业上谋求更大发展。贵公司实力雄厚，是这一领域的佼佼者。"

17. 你有信心与上级处理好关系吗？

有些人对这个问题踌躇不决，不知如何回答。建议这样回答："我只关心工作和工作成绩。就人际能力而言，我几乎可以和所有人相处融洽。"

这个问题有一种更尖锐的提法："谈谈你相处过的最糟糕的上级。"这时回答要措辞谨慎，重点讲述你们处理问题时方式上的分歧，而不要掺杂个人的好恶。

18. 你对本公司和本工作还有什么问题？

绝大多数雇主都喜欢求职者对其公司感兴趣，因此这也是应聘者表达自己兴趣和热情的最佳时机。

（二）面试答问的应对之道

1. 答好首问，亮出自我

“请介绍一下你的基本情况”，这往往是面试官对求职者提出的第一个问题。这个问题看似简单，但它关系到应聘者给人的第一印象，因此要精心回答好这个问题，亮出自己的底子，为应聘打下良好的基础。在回答这个问题时，应使用简洁的语言介绍自己的姓名、年龄、履历、特长等，但要注意不必强调自己的学校或者单位是否有名气，而应重点突出自己的学习成绩和实际工作业绩，因为用人单位看重的是应聘者的能力。在谈到自己的特长或者优势的时候，要回答得真实具体，令人信服。

案例3 展现自己的特点和优势

上海某金融大学毕业的小骆来到人才市场，渴望找到一份适合自己专业的工作；但她面临的是金融专业已经不如从前抢手，甚至供大于求的就业环境。怎么办呢？小骆苦苦思考如何在面试过程中展现自己的特点和优势。

到了面试那天，小骆除了向用人单位介绍自己所学的专业及所取得的成绩外，着重介绍了一番别人所没有的社会经验，如她曾经为一家大公司搞过产品促销活动，参加过各种社会实践活动，同时她关于金融方面的调查报告还在大学生征文赛中得过奖。

小骆的一番介绍说得用人单位心动不已，她如愿以偿地找到了一份理想的工作。

点评

小骆的成功之处就是能够客观地分析自己，更了解市场和用人单位的需求，站得高，看得远，把自己的特长和优势与用人单位的需求密切地联系在一起，从而取得了应聘的成功。

2. 讲究措辞，展示自我

（1）用事实说话。巧言令色、哗众取宠不可取；泛泛而谈难以给招聘者留下深刻印象。因而，学会老老实实用事实和数字说话不失为一个万全之策。在谈到过去的专业工作和学习经历时，应多用通俗语言，少用专业术语。但在面对专家型主考官时，回答问题可适当地、同时十分准确地用点专业术语。在谈及数据时，如果能把末尾的几位数字也准确地说出来，会给人一种做事踏实、严谨细致的良好印象。

案例4 展示自己的严谨和细致

某厂厂长已六十有三，按年龄应该退休了。一天，市长到该厂视察，该厂长在汇报时，不看任何文字材料，一口气汇报了厂里十年来每年的经济数据。市长把这些数据一一记下来，过后悄悄地让秘书到厂财会室核对，结果分毫不差。市长离厂后就建议：“这位厂长还不算老，脑子很好使，可再搞一届。”

点评

该厂长通过如数家珍似的准确汇报，以事实说明了自己不仅业务熟悉，而且精力旺盛，没有“廉颇老矣”的迹象，得到了市长的肯定与赏识。

（2）提问有讲究。招聘者向应聘人员提供提问机会，既能更好地实现应聘与招聘间的双向沟通，营造相互尊重的良好氛围，也是测试应聘人员综合素质的一种方式。但是，许多应聘人员在面对“你还有什么问题需要问我吗？”或“还有什么需要我进一步说明？”这类问话时，却显得措手不及，使下一轮面试机会“付之东流”。应聘面试不仅需要回答问题，有时也要主动向招聘者提出问题。应聘者可提的问题主要有两类，一类是关心该单位的发展前途，对所谋求的工作有浓厚兴趣的问题，以增加对方的好感；一类是关系到自己切身利益的问题，如“工作是否稳定”“工作发展前景如何”“工作待遇和收入怎样”“这个职位的工作范围”“这个职位对工作者有哪些特殊要求”等。提这类问题一定要比较委婉，如果提得适当，可以给人认真务实的感觉；反之则可能造成反感，还不知道要不要你呢，就有这么多条件。而且在提问之前最好礼貌地征求对方的意见：“我可以提个问题吗？”得到许可后再提问。

提问要有讲究。问题提得不好，会给招聘者留下话柄，并对应聘者产生“不善交际”的印象。在应聘时有人这样提问：“你们单位还要某某专业的人吗？”“你们单位要女生吗？”“你们单位要不要外地生？”这类提问恰好给用人单位的推脱提供了一个顺水推舟的机会，而且从中也可以看出应聘者对自己缺乏自信。如果是一个女生，上面那个“要不要女生”的问题可以这样问：“女大学生到贵单位工作的多吗？”假如对方回答多，那当然很好；假如对方回答不多，应聘者可以展示特长，争取机会。

（3）答问讲策略。实话实说是回答问题的基本方法，但有时说大实话可能会给自己带来某些不利影响；或者答问过于朴素，难以给招聘者留下鲜明的印象。因此，答问要注意讲究策略，或巧妙掩盖自己的不足，或体现自己的机智与幽默。

案例5　讲究应对策略，展现个人优势

某经营机构招收女性秘书，要求才貌双全。有一位面貌不佳者前去应聘。总经理问：“难道你没有看清楚我们的招聘条件？”女方回答说：“看到了。”总经理又问：“那你为什么还要来应聘？”她回答说：“你如果聘用了我，既显得别出心裁，又显出人格的高尚，因为出绯闻的多是在漂亮的女秘书身上。何况，正因我貌不如人，我会更加努力工作。”最后，她被聘用了。

点评

貌不如人是劣势，是缺陷，但这位应聘者能够直面自己的不利条件，并运用逆向思维把缺陷蕴藏的有利因素表达出来，博得了招聘者的青睐。

3. 展现自信，推销自我

面试场合，求职者必须有自信心才有可能在竞争中获得成功，如果还未上阵就先怯场，那是很难成功的。大部分求职者面试失败的主要原因，通常就在一个“怕”字——害怕失败，而并非他们不符合应聘岗位的能力要求。作为一个求职者，在面试中强化自信心是很重要的。谦逊固然是一种美德，但在面试中，如果自己明明很拿手的工作却只说“差不多”“还凑合”“应该行吧”“马马虎虎”，那是很难让人满意的。求职者在应聘中要推销的第一个对象便是他自己，因此一定要拿出足够的自信和勇气来面对应聘中可能遇到的任何困难和问题。

案例6 一个女孩的面试经过

我很幸运，大学毕业后，正准备回家乡找工作，恰好赶上香港特区政府推行“输港优才计划”，要从内地招2 000名本科以上学历的人才赴港工作。由于我所学专业是商业管理，加之形象、气质都不错，一位香港公司主管在初试中对我表示满意，但能否到那座国际大都市就职，还要过一个决定性的面试关。

这家香港公司的面试地点，设在一家星级酒店内。我妆扮一新，按约定找到603房间。敲门进去后，看见3名男子正靠在沙发上聊天。“请问这是香港×××公司招聘办公室吗?”我问。“你搞错了，这不是公司招聘办。”一位先生回答。

我愣了一下，回身看看房门号，又走了进去：“对不起，招聘启事上说的就是这里呀?”“现在还没到面试的时间呢。”另一位男子回答。

这下我顿觉心里一块石头落了地，于是就欣然搭讪道：“那我可以在这儿等一会吗?”不料对方却又当头泼给我一盆冷水：“你别等了，要招的人已经满了。”我不甘心地说：“可是说好的面试截止时间是明天，请给我一个机会。”我坚持用简短的语言把自己的情况和工作设想说了出来。没想到这时奇迹出现了，“OK!”他们听完我的话竟相视一笑，其中一位先生说：“刘小姐对公司的工作待遇没有异议的话，现在我们就可以签订合同，你被录用了!”“天呐!这是真的吗?”当时既兴奋又满头雾水的我不禁在心里惊呼起来。

经对方解释我才明白，在自己之前，已经有很多人被他们这三句话给打发走了。原来，主考官精心设计了这三句话，是用来考验新员工的判断力、自信力、与人沟通的能力和锲而不舍的品质的。

点评

这是一场非常特殊的招聘面试，应聘者事先根本就不知道自己已经进入了面试进程。缺乏判断力、自信力、与人沟通的能力和锲而不舍的品质的人自然会被淘汰。

4. 善于倾听，淡化自我

求职应聘“能说会道”固然是优点，但做一个有耐心的听众，把自己对对方的尊重体现出来，也不失为一种良策。善于听，既是对对方的尊重，也是回答好应聘问题的前提。有些求职者未能听清提问者的问话，答题牛头不对马嘴，招聘者很自然地会对这些答非所问的应聘者不感兴趣。在求职中，很多人常犯的最大错误就是高谈阔论，自我表白，“我”字不离口，给人一种自以为是、唯我独尊的不良印象。这种应聘者普遍缺少倾听的耐心，对别人说些什么很少认真去听，而多半是忙于考虑接下去的措辞，那又如何能够说服、打动对方？由于无暇倾听，这些应聘者常常被拒之门外，与良机失之交臂。

案例7 善于倾听，尊重对方

一家中外合资企业的经理到某大学去招聘职员，他对二十多名大学生进行了反复核查，从中挑选出三名进行最后的面试。其中的两名大学生在经理面前夸夸其谈，炫耀自己的能力如何高如何强，并提出一大堆的建议和设想。另一名大学生则与他们相反，他在面试时耐心地倾听经理的见解和要求，很少插嘴，只有当对方询问时，他才回答，而且很简练。在面试结束时，他才委婉地说：“我很重视您的要求，也非常赞同您的见解。如果我能被录用的话，还望您今后多多指导。”

三天后，这位善于倾听的大学生接到了录用通知，而那两位夸夸其谈者则被淘汰了。

点评

被录用的这位善于倾听，尊重才学、见识都比自己强的经理先生，体现出礼貌和谦虚的美德，这是获得进步的重要品质。那两位夸夸其谈者虽然可能也有真才实学，但是他们这种好为人师、自以为是的性格将阻碍他们在工作中不断前进，所以他们没有获得经理的认可。

能力训练

1. 假如你即将毕业，需要应聘求职。请根据自己所在院校和所学专业的实际，为自己设计一份精美的个性化的求职信和求职简历。（求职单位可自行决定，能力素质情况可合理虚构）

2. 请在面试之前对以下几个问题尝试性地做出回答，打好腹稿或在纸上写出答案均可。这些问题均是面试中常见的基本问题，预先想好答案可以使自己在应聘过程中从容不迫。

（1）你最喜欢什么样的老板，什么样的工作？最不喜欢什么样的老板，什么样的工作？

（2）你为什么要选择我们企业？你有何特长？

（3）谈谈你的优点和缺点吧。

（4）你认为你将要去干的这项工作对你来说是大材小用还是小材大用？你有十足的把握干好这项工作吗？

（5）你怎么有这么长一段时间没有工作呢？（或：你怎么至今还没有工作？）

（6）你觉得自己在哪些方面还需要提高？

（7）你最讨厌什么样的性格，最讨厌什么样的人？

（8）你如果没有被我们聘用怎么办？

3. 请你以“我很丑，可是我很优秀”为题，写一篇求职面试时的讲话稿。

4. 一名大学生到人才交流中心求职，对用人单位说：“大学期间我学习非常刻苦，学习成绩在班上一直名列前茅。我当过班长、系团总支书记、系学生会主席，工作很出色。我在学生当中很有号召力，威信高，简直可以说是一呼百应。”用人单位听后印象欠佳。试分析这是为什么？换成你，你准备怎么介绍？

第六章　策划文书

学习目标

1. 能掌握活动策划、宣传策划的概念、特征、写作注意事项和写作格式。
2. 能掌握策划文案的写作技巧，根据情境要求进行写作，能将活动办得有声有色。
3. 感受事务写作的意义，培养团队合作能力，增强分析问题、解决问题的能力，提高逻辑思维能力。

现代社会，几乎各个领域、各个方面都能见到策划的踪迹：政治领域、军事领域、经济领域、科技领域、文化领域……大到联合国、各国政府，小到单位、个人，工作上的、生活上的，战略上的、战术上的，等等。在现代社会，任何成功的活动都离不开高水平的策划。

策划是对具体的问题提出对策，制订计划。具体地说，就是“通过整合各种资源，利用系统的分析方法和手段，通过对变化无穷的市场和各种相关要素的把握，设计出能解决实际问题的、具有科学的系统分析和论证的可行性方案和计划，并使这样的方案和计划达到最优化，使效益和价值达到最大化的过程。”

当我们把策划的结果以文字和设计图、表格等形式，按照一定的思维和规律记录下来，就形成了策划文书。策划文书，就是指记载、表达策划成果的文书。

第一节　策划文书概述

例文析评

世界读书日活动策划书

一、活动主题

让阅读成为习惯，让思考伴随人生

二、活动背景

“世界读书日”全称“世界图书与版权日”，又译“世界图书日”，最初的创意来自于国际出版商协会。1995年正式确定每年4月23日为“世界图书与版权日”，设立目的是希望散居在世界各地的人们，无论你是年老还是年轻，无论你是贫穷还是富裕，无论你是患病还是健康，都能享受阅读的乐趣，都能尊重和感谢为人类文明做出过巨大贡献的文学、文化、科学、思想大师们，都能保护知识产权。每年的这一天，世界100多个国家和地区都会举办各种各样的庆祝和图书宣传活动。2022年4月23日，由中央宣传部（国家新闻出版署）、北京市委、北京市政府指导，中宣部出版局、北京市宣传部主办的首届全民阅读大会在北京举行。目前已举办两届，第三届将于2024年4月23日在云南昆明举办。

三、活动目的

为庆祝这个庄严而神圣的日子，也为提高大学生对读书的重视，让更多的人漫步于书廊下，畅游于书海中，从而学得更多获得更多，青年志愿者协会携手××工学院图书馆举办此次活动，旨在以多种不同形式的活动向大家展示读书的魅力!也让更多的人了解“世界读书日”并培养对阅读的兴趣，加强读书学习的交流。

四、活动主办方

青年志愿者协会、图书馆

五、活动时间与地点

时间：暂定于20××年4月22日

地点：××工学院百花公寓前

六、活动前期准备

组织部：

活动期间安排人员维持秩序，活动前提前去布置现场。

生活部：

准备活动所需器材：遮阳篷、摆放书本所用的桌子、书本分类牌以及会帽、会旗。8米长横幅用于校内宣传与读书日签字活动、签字笔。

宣传部：

制作两张POP，写三张海报，张贴于百花公寓、校门口、教学楼。内容：介绍读书日活动的内容、地点、时间。安排现场拍摄人员（2人）。

办公室：

安排2人对活动进行记录。

此外各个部门安排4名成员到寝室（主要以毕业生寝室为主）进行活动宣传，记录需要卖书卖物或者捐书的情况。把卖书者的姓名、寝室号，以及价格进行详细记录。

（注：书本的价格应依据书本的新旧程度以及原价来定）

七、活动流程

（一）活动宣传

前期宣传：由宣传部制作POP与海报进行张贴。

中期宣传：各部门安排4人到寝室收集书本时进行活动宣传。要说明清楚本次活动的时间、地点以及活动内容的趣味性、实际意义。

后期宣传：进行板报宣传，悬挂签名的横幅。

（二）基本流程

1. 收集寄售书本

（1）到寝室收集寄售书本时要说明卖书、换书的流程，并鼓励同学们活动当天到活动地点来参与签名、换书活动。

（2）收集时要卖书者在书签上写一句赠言或者感言，若书本卖出，买书人可以获得这张书签。书本未卖出，书签则反馈给捐书人。

2. 记录寄售或捐赠信息

（1）记录内容包括书名、原持有人姓名、寝室号、价格。

（2）将捐书人、卖书人的姓名、寝室号用铅笔写在书本第一页的角落上，方便售出书本时进行统计与后期的反馈工作。

(3) 将收集到的要寄售的书本进行分类，如：教学辅导书、军事历史书、小说类、语言文字类等。

3. 活动现场布置

22日上午10：00开始布置现场，布置工作由组织部负责，有空余时间的青协成员前往百花公寓前篮球场帮忙布置。

4. 十一点半活动正式开始

八、活动后期工作

1. 组织部负责归还活动道具，清理现场。

2. 生活部负责回收会旗，会帽。

3. 宣传部完成活动后期板报宣传，悬挂签名的横幅。

4. 活动后要根据活动前期记录的名单进行反馈。捐出书本的同学可以获得小礼品，将售出书本的所得（除去捐给工本2304同学的部分）交还给卖书者，未售出的书本根据本人意愿或捐出或归还。

5. 办公室负责完成活动总结，更新青协网站内容。

6. 外联部负责联系广播站，看是否能对活动进行报导。

九、活动注意事项

1. 活动当天如果有下雨迹象，则将活动推迟。

2. 到寝室进行宣传时，要跟卖书者说明清楚，出售书本的所得的一小部分将由青年志愿者协会捐给工本2304班家人患病的同学，捐出书本卖掉的所得也同样捐给该同学。

3. 卖书者在给书本定价时工作人员要进行提醒，书本定价要符合实际情况。

4. 寄售或捐赠的书本卖出时，工作人员要做好书本的出售记录（包括书本名称、价钱、原书本持有者寝室号）。

5. 书本卖出时，买主可以留一句祝福语给书本原主人，祝福语写在书签或便条上，反馈的时候由我们转交给原书本持有者。

十、资金预算

横幅8×4=32元

POP海报及相关打印费用≈20元

反馈礼品（书签、书夹、糖果）约100元

经济与管理系青年志愿者协会

20××年4月15日

例文简析

这是一篇活动策划书，整篇策划步骤完整、条理清晰，内容具体翔实，且便于操作。

一、策划书的概念

根据已经掌握的相关信息，推测判断事物发展的趋势，分析需要解决的问题和主客观条件，在行动之前，对指导思想、目标、对象、方针、政策、战略、策略、途径、步骤、人员安排、时间利用、经费开支、方式方法等做出构思和设计，并形成系统、完整的方案，叫作策划。简言之，策划就是为行动谋划方案。而由此形成的书面文件，便称为策划书或策划案，有时也简称为策划。

策划书属于计划类文书，它包括计划类文书的基本构成，即指导思想、基本情况、目标任务、步骤措施等。但其各部分形式与内容与一般的计划有着明显的不同，策划书有其明显的专业性。

二、策划的作用

在现代社会中，任何成功的活动离不开高水平的策划。具体地讲，策划的作用有以下几个方面。

1. 它是实践活动取得成功的保证

“凡事预则立，不预则废”。预，是指预备、准备、策划。策划的过程，就是认识、分析客观现实，发挥人的主观能动性的过程。建立在科学基础上的策划，能使人的主观意志更加符合客观现实，同时，为人们的行动提供一个指南和纲领，使人们的行动不再是盲目的、紊乱的，而是有计划、有步骤、有方法的。策划提供的纲领能指引人们的实践行为，从成功走向成功。

2. 策划可以增强竞争力

在策划过程中，人们要对事物的发展趋势、自身的主观条件等进行分析，明确自己的努力方向和目标。既要符合客观实际，又要有所创新，对各种不利因素进行回避和克服，对各种有利因素、有利资源进行优化组合，使这些因素、资源发挥更大的效用，从而增强自身的竞争力。

3. 策划可以改善管理

一个好的策划，对改善内部管理起着积极的作用。策划的过程，是发现问题、寻找对策的过程，行动目标、战略、策略、途径、方法等都在这一过程中被提出来，这些对加强和改善内部管理是很有帮助的。

三、策划书的种类

策划书按不同的标准，可分为不同的种类。按策划书的内容分，有政治策划、文化策划、军事策划、企业策划等。其中各类又可分为若干小项，如文化策划又可以分为影视策划、图书出版策划、文艺演出策划、旅游活动策划、联欢会策划等，企业策划又可分为产品策划、广告策划、企业形象策划、营销策划等。

四、策划书的基本内容

策划书没有固定的模式，一般情况下和所要策划项目的构成要素（内容）保持一致，这样可以使策划书的制作效率化。表6-1列出了策划书的一些基本的、常见的内容。

表 6-1　　策划书的基本内容

序号	内容
1	策划名称（策划主题）
2	策划者姓名（小组名称、成员名称）
3	策划制作年、月、日
4	策划目的以及策划内容的简要说明
5	策划的经过说明
6	策划内容的详细说明
7	策划实施步骤说明以及计划书（时间、人员、费用、操作等计划表）
8	策划的期待效果、预测效果
9	对策划问题症结的想法
10	可供参考的策划案、文献、案例等
11	如有第二、第三备选方案时，列出其概要
12	策划实施应注意之处及希望事项

说明：当项目内容相对简单时，有1～6项就可以了；如果为了实施简便，把7、8两项加进去会更好；如果要更详细说明时，9～12项就有必要加进去了。

五、策划书写作的基本方法

1. 策划内容简单明了且具体

（1）策划名称（策划主题）：尽可能具体地写出策划名称，如“×年×月××大学××活动策划书”，置于页面中央。也可以使用正副标题的写法，如以“培训策划书”为正标题，“2024年8月公司全体营销人员第六期培训策划书”为副标题；或“公司第六期营销培训策划书”为正标题，副标题为“于2024年8月以全体营销人员为对象”。

（2）策划者姓名（小组名称、成员名称）：写明所属部门、职务、姓名。若是小组形式，就写出小组的名称、负责人、成员的姓名（包括所属部门、职务）。如果有外界人员参与，也应明白记载。

（3）策划制作年、月、日：编制完成时的日期。为方便起见，通常都以评审日或前三日为准。如果完成时间已久，可以写为某年某月某日编制，某年某月某日修正，修正日应较接近评审日期，则印象较为深刻。

（4）策划目的以及策划内容的简要说明：要有技巧地把策划目的、要点用简短的几行写出，同时也把策划的核心构想或画龙点睛之处明确地写出。

（5）策划的经过说明：策划主题如何被提出，策划活动如何进行，又是经过何种程序完成等，这些缘起及经过都要加以交代。因为时间、人员、费用等都有一定的限制，所以可以在此预作伏笔，说明无法做充分的策划。当然，借口和理由太多的话，也会影响策划的说服力和信赖性。

（6）策划内容的详细说明：这是说明策划的主要部分。表达方式要简单明了，使评审的人一看一听就能明白。不要单单用文字表示，可适当地利用数字或加入一些图表来说明。

（7）策划实施步骤说明以及计划书（时间、人员、费用、操作等计划表）：对策划的实施操作步骤、程序都应做成计划。这些实施程序、时间表（从准备执行到成果的综合整理以及反省时间）等各项计划都要附在计划书里。至于费用计划、人员计划、作业计划、对外委托部分，也都要编制成计划书。

2. 包含效果与结果的预测

（1）策划的期待效果、预期效果：对于该策划实行之后所能期待的效果与预测可得到的效果，应尽可能依据足以信赖的根据来提出。同时，费用与效果所表示出来的效率，或对公司内外无形有形的效果等，也要说明清楚。

（2）对策划问题症结的想法：不论什么策划，要达到一百分都是很困难的。对策划中出现的短处、问题症结不应回避，要在汇报中一一列明，并写明自己的想法。

（3）可供参考的策划案、文献、案例等：从说服的观点来看，如果能把本公司或其他公司的成功案例，或文献上记载的成功案例拿来作为参考，合格的可能性就会增加。

（4）如有第二、第三备选方案时，列出其概要：如果策划不止一个（其实这是更加科学的态度和做法），在策划书中也应一并说明，以起到参考意义。

（5）策划实施应注意之处及希望事项：策划书是以事实为前提而编制的，有许多需要特别注意的事项，对这些要做成备忘录，并且要有技巧地把它们整理出来附在策划书上。

3. 同时准备第二方案、第三方案

当拟订策划书时，并没有硬性规定一定只能做一个策划案。对于同一个主题，同时做出两个或三个策划案也是可以的。当然，有时策划人员会过于自信，认为自己的工作是完美无缺的。但从企业的实践而言，在对策划进行审查时，一定会有各种不同的意见出现，所以事先准备替代方案是明智的。

有经验的策划者会预测审查者可能会提出的反对意见，或者摸清审查者的习惯，然后再准备第二方案、第三方案。万一第一、第二方案都通不过时，还可以利用最后一套方案来达到目的。总之，与其让第一方案一遭否决便使自己全军覆没，倒不如事先准备好后备方案，以提高成功概率。

4. 突出重点，切忌面面俱到

在策划过程中，过分贪婪是要不得的。贪得无厌会使一个策划里面纳入太多的构想，变得目标过多。当然，对一个善于思考的人来说，就某个问题产生很多的想法是个优点，但如果把过多的想法纳入策划之中，就是一种危险。要学会把构想浓缩，即使有很好的方案，只要与主题无关，也要舍得删除。适当的舍弃是重要的策划技术。

六、策划书写作时应注意的几个问题

1. 主题要单一

在策划活动的时候，首先要根据企业本身的实际问题和市场分析情况做出准确的判断，并且在进行SWOT（S：strength，优势；W：weakness，劣势；O：opportunity，机会；T：threat，威胁）分析之后扬长避短地提取当前最重要的，也是当前最值得推广的一个主

题，而且也只能是一个主题。这样才能把最想传达的信息充分地传达给目标消费群体，才能引起受众群体的关注，并且比较容易记住所表达的信息。

2. 活动要集中

并不是只有丰富多彩的活动才能引起消费者的注意，活动必须围绕主题进行，不然，容易造成主次不分，很难达到预期的效果。而且太多的活动，不仅要投入更多的人力、物力和财力，直接导致活动成本的增加，还容易导致操作人员执行不力，最终导致策划案的失败。

3. 安排应周密

安排要具有良好的执行性，除了需要进行周密的思考外，详细的活动安排也是必不可少的。活动的时间、方式、地点、人员等情况都必须进行仔细的分析，在具体安排上应尽量周全，另外，还应该考虑外部环境（如天气、民俗）的影响。

4. 表述忌主观

在进行活动策划的前期，市场分析和调查是十分必要的。同样，在策划书的写作过程中，也应该避免主观想法，切忌出现主观类字眼。因为策划案没有付诸实施，任何结果都可能出现，策划者的主观臆断将会直接导致执行者对事件和活动形式产生模糊的概念。

第二节　专题活动策划书

例文析评　　××大学信息物理工程学院活动策划书

活动内容：国际志愿者日组织募书

活动时间：20××－12－5

举办单位：××大学信息物理工程学院青年志愿者协会（青协）

协办单位：信息物理工程学院院委

关于在国际志愿者日组织募书活动的策划书

志愿服务是一项高尚的事业。志愿者所体现和倡导的“奉献、友爱、互助、进步”的精神，是中华民族助人为乐、扶贫济困的传统美德和雷锋精神的继承、创新和发展。××大学信息物理工程学院青年志愿者协会准备在20××年国际志愿者日到来之际与海外中国教育基金会（Overseas China Education Foundation）合作组织一次为贫困地区的中小学生捐助图书的活动。

附：海外中国教育基金会（OCEF）是一个基于美国的助学组织。宗旨是帮助中国贫困地区中小学生的义务教育。在中国的主要项目是为贫困地区的中小学募捐图书和建立图书室。OCEF的所有工作人员都是义工，不从OCEF获得任何报酬。

一、活动背景

1985年12月17日，联合国大会通过40/212号决议，确定每年12月5日作为国际志愿者日，其目的是在世界范围内弘扬志愿者精神，宣传志愿者在社会和经济发展中的作用。每年的这一天，世界各国都开展庆祝活动，以推动志愿者服务活动的开展。

二、活动目的

弘扬志愿者精神，为贫困地区中小学生的教育事业贡献一份力量。

三、活动简介

院青协计划于20××年12月5日左右举行一次大型的宣传活动，并借助此次宣传将募书活动持久开展下去（考虑到同学们手中适合中小学生阅读的书籍较少，我们计划将第一阶段的活动延续至下学期，以保证同学们能利用放假回家的机会带来一些合适的书籍。预计第一阶段活动将持续到来年3月）。如果各方面条件成熟，可以考虑将此项募书活动作为信息物理工程学院青协的传统逐届开展下去。

四、活动地点及负责人

宣传活动地点：校本部饮食文化中心前、××大学南校区七食堂前。

校本部负责人：戴××。

南校区负责人：吴××。

五、活动步骤

（一）前期准备

（1）活动申请。

（2）设计宣传板。OCEF组织有特制的宣传板报，可供直接使用。

（3）设计及复印海报和宣传单。可参考OCEF组织的特制海报和宣传单。

（4）在校园网BBS发表募书帖。借助科技部网站的管理权限，对募书活动在网上进行积极宣传。

（5）大力开展本院的内部宣传。通知全院各班的青协负责人务必在班级内做好宣传工作，让他们将此次活动的精神和意义翔实地传达给班级中每一位同学，争取在本院学生中募到更多书籍。

（6）制作书籍募集明细表。供集书负责人登记捐书者个人以及所捐书籍的详细信息。

（7）为捐书者准备小纪念品若干。如OCEF组织特制的书签等。

（二）活动实施

（1）12月4日前完成前期宣传工作。将海报贴在所有学生宿舍楼下及人流密集区（食堂、教学区和宣传栏）内。

（2）12月4日（周日）组织大型的宣传活动。宣传板分别于南校区七食堂前、本部饮食文化中心前展出，志愿者派发宣传单，并向大家介绍本次活动的具体流程及开展意义。

（3）确定固定的收书时间和收书地点。由专人负责收书和收书信息登记工作，便于该活动的长期开展。

（4）书籍的托运工作。在募集到一定数量的图书之后，分类整理托运到OCEF组织的受助学校。

（三）注意事项

（1）海报尽可能持久地保留，避免被覆盖。

（2）南校区与本部的协调。

（3）图书的管理和保存。

（4）由于活动规模较大，历经周期较长，所需人手较多，可考虑让某一班级来承办此次活动。

（5）在书籍质量上严格把关，以适合农村中小学生阅读为标准。如果收到一些不合要求的书籍，我们将作为旧书变卖，所得现金将用于购买适量适合的图书或者作为包装费用开支。

(6) 关于图书托运，要事先找好运输公司。

(7) 所有费用一律以发票作为报销凭证。

六、活动预算

横幅：2条，10元/条。

宣传板：2块，70元/块。

海报（A3纸张）：80份，0.15元/份。

宣传单（A4纸张）：1 000份，0.07元/份。

书籍募集明细表（A4纸张）：70份，0.05元/份。

纪念书签：200份，由OCEF供给。

书籍托运费用（铁路慢运）：300千克以内，费用由OCEF供给。

合计：10×2+70×2+0.15×80+0.07×1 000+0.05×70=245.5（元）

七、预计影响

(1) 预计募书500本左右，为农村中小学提供宝贵的精神食粮。

(2) 弘扬志愿者精神，扩大我院青协在全校的影响力，达到“双赢”的效果。

信息物理工程学院青年志愿者协会

20××年11月24日

例文简析

活动策划和实施是公关工作常用的技术手段。这篇策划书从封面到正文格式都较为完整规范。策划书就活动的目的、意义和目标简洁地做了介绍，主题鲜明突出，目的明确。对资源的需要、人员的组织配置、经费预算等各个细节都进行了比较具体周密的安排和计算，有较强的操作性。不足之处，个别环节的安排略显粗糙。

一、专题活动策划书的概念

专题活动主要指对外接待、参观、开业、庆典、新闻发布会、记者招待会、竞赛、捐助、促销等大型活动。这种专题活动是为了达到一定的目的，在一个特定的时期、特定的场合下，使成为对象的每一个人都能亲身体会到直接针对性的某种刺激媒介，这种直接性是报纸杂志、广播电视等媒介所不可比拟的。而专题活动策划书就是为上述这些活动所制订的行动计划文案。

二、专题活动策划的步骤

1. 确立目的，设计主题

确立专题活动所要达到的具体目的，并据此设计专题活动的主题。活动的主题是多样的，它既可以是一句口号，如“为了千千万万个失学儿童”“迎接奥运，爱我中华”，也可以是陈述式表白。

2. 确定采用的形式、规模，选择媒介

专题活动所采用的形式及规模，要根据具体目的、所要达到的效果，以及针对的公众对象来加以确定。

专题活动的传播媒介主要选择大众传播媒介与群体传播媒介，应根据专题活动的形式、对象、需要传播的内容来加以考虑和予以综合利用。

3. 编制实施计划的工作程序表

做程序时间表不可抽象化，要和具体的条件相结合，而且要能够实现。如果程序表中的某一细节无法实现，就会直接影响到下一步细节的发展，进而影响到整个活动项目的实现。

4. 确定主要参加者

专题活动的主要参加者包括主持人、有关领导、重要来宾等。其中主持人可以说是关键人物，直接影响到专题活动的水平甚至成败。公众往往通过这一关键性人物来确认企业的形象。主要参加者确定后，应提前印发请柬，以保证出席。

5. 制订宣传方案

首先要确定本次专题活动主要是宣传什么。一次专题活动一般只围绕一个主题进行宣传，即抓住一个重点。专题活动举办前要尽早通知新闻单位，并提供素材。帮助记者事先了解该项专题活动可能产生的社会效益与经济效益，争取支持。

6. 组织筹备人员队伍

专题活动在策划与实施中，需要各个环节的相互照应，密切配合，这样才能提高工作效率；同时通过周密的组织工作，可以使公众感受到经营企业的实力与魅力，从而增强对经营企业的信任感。

7. 筹备各种设施、实物、礼品

根据专题活动的需要提早筹备现场各种设施。这是一项繁琐、复杂然而又必须仔细的工作。如现场电源、灯光、音响、投影机、摄像机等的准备和调试。现场实物如企业标志等，亦应提前准备好。

礼品应尽量体现企业独特的风格。既有纪念意义，又要考虑实用价值，还要能产生广告效果。

现场的装饰与布置应独具匠心，服从于专题活动主题的需要。其中主席台与记者席是重点，应特别加以考虑。

8. 预算费用开支

专题活动的各种开支都要事先估计到，以便做到量入为出，并留有余地。任何一个企业在举办专题活动前都要考虑成本问题，并详细做好各项预算。因为这不仅体现了设计、组织者的科学的工作态度，同时有助于强化活动计划的科学性。

9. 现场组织

现场组织工作主要包括引领、登记、接待，发放宣传品、纪念品，解决临时发生的有关问题等。

10. 方案调整与进程控制

在专题活动的计划方案确定后仍应当根据各种反馈信息不断调整、修正方案，以提高专题活动的质量。在专题活动实施过程中，则应尽力把握进程，除非发生特殊情况，否则应严格执行原定计划方案，以便收到预期效果。

三、专题活动策划书的主要内容

专题活动策划书记录着整个策划活动过程，一般包括开展活动的背景、活动目的、活动主题、活动时间、主办单位、承办单位、参加人员、媒体、活动的主要内容和日程安排及开支预算等。

第三节 宣传策划书

例文析评

激情无限 青春飞扬

——××职业学院学前教育系首届学生能力展演宣传策划方案

为迎接20××年的到来，学前教育系特举办“激情无限 青春飞扬”首届学前教育系学生能力展演。晚会旨在突出学前教育系的办学特色，展现学前教育系的教学成果，加强学生课外锻炼、培养学生的表演能力，激发学生的学习兴趣。

一、策划目标

1. 为学院党建评估献礼，向学院汇报，扩大学前教育系在全院的影响力。
2. 通过特色活动吸引校园媒介及受众的注意。
3. 突出学前教育系的办学特色，展现学前教育系的教学成果。
4. 丰富的文艺活动，加强学生课外锻炼，培养绝大多数学生的表演能力。
5. 通过宣传策划，加强学前教育系与各幼儿园的感情联系。
6. 通过大型文艺活动营造节日气氛，师生迎新年，庆团圆，提升凝聚力。

二、策划原则

作为学院新诞生的系部，本次策划活动紧扣学前教育系的核心价值进行，策划拟体现以下原则。

1. 体现学前教育系的综合实力和朝阳专业的发展前景。
2. 体现学前教育系对学生能力培养的关注。
3. 活动形式新颖大气，能吸引学院领导和学生的关注，引起共鸣。
4. 精彩的技能展示能够打动幼儿园园长的心，利于来年毕业生的就业。

三、策划主题

激情无限 青春飞扬

四、宣传时间

20××年11月15日—20××年1月15日。

五、宣传措施

第一阶段

于20××年11月在户外悬挂横幅，上印“激情无限 青春飞扬，预祝首届学前教育系学生能力展演圆满成功”，在全院宣传造势，借助开放式的前期排练、彩排，晚会的现场布置，在校内营造演出气氛。晚会形式确立为：一台以演员来充分调动观众情绪，集声乐、舞蹈、器乐、语言、表演等节目为一体的综艺节目。主持人由富有多年舞台主持经验的教师及优秀学生担任。灯光音响要求：专业的演出灯光音响，效果要好。舞台设计要求：要具有学前教育系专业特色和元旦喜庆特色，加上屏幕展示节目主题、节目内容、广告宣传、商家标识。

发送精美请柬。除学前教育系的师生组成的主体观众群外，以精美请帖形式邀请市政府，市、区教育局，市电视台，学院的领导，以及全市100家幼儿园园长，学院各系领导，相关的赞助商，相关的学生家长，以扩大晚会的影响力。

第二阶段

20××年12月30日晚上7点半在学院大礼堂进行演出。在节目开始之前大屏幕播放商家的宣传广告以及学前教育系的宣传广告。节目演出前一分钟播放钟声，表示用钟声来迎接新年的到来。

晚会以板块、乐章的形式用大屏幕展示，邀请电视台等媒体全程摄像并在相关的媒体播放。晚会主要分为庆、乐、颂、秀、和5个乐章。

附乐章解说：

开场篇　庆

大型的舞蹈开场，主要道具是鼓，学生舞蹈队着红色喜庆的舞蹈服装在气氛热烈和节奏欢快的音乐中庆祝学院新年。主持人上场带动全场的第一次气氛。接下来用屏幕展示第一篇的内容，同时在大屏幕中展示主体赞助商的标志。

第一篇　乐

本乐章总共有4个节目，主要是展示学院的精神面貌，学前教育系在新的开始——新年到来之际全体师生其乐融融。用大屏幕逐个介绍每个节目的内容。

1. 藏族舞《新洗衣舞》。由20位少女表现西藏边远地区新开铁路时，好奇、惊喜，接受新鲜事物的状态，并为工人洗衣裳，表达藏汉一家亲。

2. 扇子舞《茉莉花》。以扇子为主要道具，通过演员扇子层次交替的变化，结合融入现代说唱版的民族音乐，表现出优雅大气的舞蹈场景。

3. 女声独唱《为了谁》。该生是本学期开始培养的声乐特长生，并由舞蹈队伴舞。歌曲情感真挚感人，能带动现场观众产生共鸣。

4. 钢琴四手联弹《哆来咪》。8位学生伴舞，展现学前教育系学生的青春活力，一种欢快而又诙谐的快乐传遍现场的每一个角落。

第二篇　颂

本乐章主要歌颂学院的新风貌，党建评估以及学前教育系在院领导的带领下展现出乐观向上的精神面貌。一共5个节目。

1. 童话诗朗诵《贝尔格莱德出了乱子》，讲故事与书法表演。前台是新排练的学生童话诗朗诵，展示学生的普通话水平和语言表现力；后台为书法特长班学生书写对联，展现综合技能。

2. 健美操《活力啦啦操》。由20～30位学生在舞台上表演健美操，体现学生青春活力的同时带动现场观众参与律动。

3. 儿童歌舞《快乐地跳吧》。展示学前教育专业特色，同时培养学生对幼儿的教育爱心和教育亲和力，也体现学生活泼可爱的一面。

4. T台秀。服装由教师指导学生采用报纸、塑料等材料手工制作，另外还有相关的时装参与展示，由学生自由搭配。由学前教育系礼仪模特队和幼师班男生表演。

5. 钢琴与简笔画联合表演。前者由钢琴特长生表演，后者由首届简笔画大赛获奖选手表演，现场把图片中的实物创作成简笔画形象。同时，安排学生在舞台上展示为迎接新年由首届简笔画大赛获奖选手集体创作的儿童画。

第三篇　秀

本乐章一共是5个节目，主要是壮族、藏族等民族舞蹈和童话剧的表演秀，同时还有实力派青年歌唱家的倾情献艺，展示学前教育系音乐舞蹈教学成果和办学特色。

1. 壮族舞《走在山水间》。壮族的大山大水孕育出的独特的歌舞文化，行走在山水间，歌飘万里。舞蹈映射出一幅壮族山水画，令人神往，美不胜收。

2. 童话剧《活了100万次的猫》。由安徒生童话剧团倾力打造。改编自当代日本作家佐野洋子的同名绘本，故事富于人生哲理，曾经感动万千家庭。12只猫的造型独特，表演诙谐，富于童趣，将把观众带进一个神奇的情感世界。

3. 独唱伴舞《向往神鹰》。这个节目是学前教育系廖老师演唱的歌曲，是一首带有浓厚西藏风情的现代通俗歌曲，体现××职业学院的民族特色，歌颂湖北教育援藏的奉献精神，展现西藏学生对美好未来的憧憬。采用通俗唱法，由西藏学生舞蹈队伴舞。

4. 舞蹈串烧。本节目由学前教育系舞蹈队串烧表演藏族、苗族、汉族、维吾尔族、土家族等少数民族的舞蹈，体现××职业学院的办学特色，同时带动全场气氛。

5. 原生态藏族舞蹈《情满天路——扎西德勒》。展现藏族未开发的原生文化，表达一种无尽的人间大爱，愿每一位欣赏者和表演者——扎西德勒。

尾声篇　和

本乐章是整台晚会的尾声，由学前教育系李老师和全体学生一起演唱歌曲《今夜无眠》，全体演员上台一起舞动，带动现场所有的观众，晚会在祥和而欢乐的气氛中结束。安排所有的领导上台慰问演员。

第三阶段

20××年1月15日前，完成视频资料的剪辑，光碟的刻制、赠送，学前教育系学生人手一张，约600张。寒假要求学生带回家播放给父母看，以进一步扩大影响力。

通过上述活动，实现全系师生同台练兵，把学前教育系的知名度和美誉度推向一个新的高度，真正实现以能力展演为系部形象宣传服务，实现新成立的学前教育系向全院大系迈进的战略构想。

××职业学院学前教育系节目组
20××年11月5日

例文简析

节目组的成员共同策划的这个宣传策划书，目标明确，主题鲜明，宣传措施影响面广，且操作性强，对于培养学前教育系师生爱系进取的精神很有帮助，活动不花哨，能指向学生的专业技能锻炼和教师在实践中指导学生的能力，有利于彰显学前教育系的活力。通过邀请100家幼儿园的园长观摩，扩大专业的知名度，在实习与就业方面做先期情感联络，宣传效果十分明显。从标题到正文的5个部分，条分缕析，思路井然。语言雅致庄重，是一篇操作性较强的宣传类策划书范例。

宣传是集政治、文化、市场、广告、形象、品牌等于一身的整体概念。宣传工作是对企业的外部包装，更是对企业内涵的提炼与升华。随着市场竞争的日趋激烈，“品牌效应”的作用日益凸显。一方面，企业要通过较高的知名度、良好的社会信誉来赢得社会和客户的支持；另一方面，企业要通过树立的品牌来赢得更多忠诚的客户，切割更大的市场蛋糕，这就必须发挥企业的宣传作用。

要发挥宣传的作用，制订切实可行的宣传策划方案，是提升企业知名度很好的途径。

一、宣传策划书的概念

宣传策划是指企、事业单位或其他组织为了提升本单位的整体形象，提高本单位的知名度、美誉度，或推广本单位的某项产品或服务而进行的宣传谋划活动。宣传策划书就是把这种谋划活动的过程和结果用文字的形式表达出来的一种行动计划。

二、宣传策划书的特征

（一）整体性

宣传策划是为了树立和塑造产品或企业形象。对其形象做宣传，要注重整体效果，不能顾此失彼。做宣传策划时，要强化企业经营理念，并使之在公众脑海中形成感觉和记忆。

（二）差异性

各企事业单位有自身的特征，要根据客观条件、经济实力、发展战略，设计出有本区域特色的与众不同的形象宣传。

（三）长期性

形象的组成是一个长期的过程，塑造形象涉及多方面、多层次。要让公众认可、接受和实施，需要较长的时间。不要为了短期利益目标，去做欺骗公众的事情，从而影响企业或单位的信誉。

（四）可操作性

方案的制订要切实可操作，不能方案是一套，实际操作又是另一套，这样，方案就失去了它的意义。

三、宣传策划书的写作格式

宣传策划书使用的范围极为广泛，不同种类的宣传策划内容和要求不同，操作的难易程度有别，具体到策划书也会有很大的差异性。古人说，“文无定法”，宣传策划的写作也没有固定的格式，大致而言，宣传策划书包括如下内容。

（一）标题

可采用单、双标题形式。单标题要写明单位名称、宣传内容和文种，例如《××学校60周年校庆宣传策划书》。如果采用双标题，正标题往往揭示宣传主题，副标题标明宣传内容和文种。如例文标题《激情无限 青春飞扬——××职业学院学前教育系首届学生能力展演宣传策划方案》。

（二）正文

1. 做好宣传背景分析

要把产品或企业、单位形象推销出去，必须了解同类产品或同行业的基本情况，做到“知己知彼”。了解市场的情况后，还要对自身产品或企业形象的优、劣势进行分析。只有在充分认识自身及周围环境特点的情况下，才有可能把宣传目标定准确，从而更好地做好宣传策划工作。

2. 定好宣传目标

宣传目标影响着后面宣传要点的策划、媒体的选择和预算的编制等步骤。需要确定的是宣传的范围和宣传的目标人群。因为只有目标明确，才能有的放矢。

3. 确定宣传主题

主题是宣传策划方案的灵魂。宣传策划方案的主题，是连接各个项目、各个步骤的桥梁，其他一切项目都受其支配。因此，选准、选好主题，是写好宣传策划书的关键。

4. 策划“新闻点”

即根据企业的营销要求，整合企业优势资源，通过新闻媒体，借助热点事件，来树立企业和产品形象，打造企业和产品品牌，并拓展良好的外部发展环境，打开产品市场，培育消费需求，从而达到销售产品的目的。通常采用“借势法”和“造势法”。借势就是借助有影响力的事件、人物、产品、故事、传说、影视作品、社会潮流等，策划出对自己有利的新闻事件的策划方式。可以借助行业演进之势、新闻事件之势、舆论导向之势、名人影视作品之势等。造势就是举办活动，或制造事件，再通过大众传播媒体的报道，引起社会大众或特定对象的注意，造成对自己有利的声势，达到企业扬名的目的，提高品牌的知名度，在公众中建立良好的企业形象，以及改变那些对企业不友善的态度或者不好的看法。

5. 具体宣传方案及宣传措施

这部分根据各企业或单位的情况做具体安排。如会场布置，时间、地点安排，发布广告，设置比赛项目，安排会谈，甚至还可以进行采访、开展文艺演出活动等。

6. 选择媒体

宣传策划一般是通过媒体的传播来完成的，因此媒体的选择非常重要。一般根据产品的特性和宣传目标来选择媒体，比如大众产品，应选择大众媒体。如果客户目标是女性，应选择女性媒体。专业化的产品，应选择专业化的媒体。而市场为全国的，则应选择全国性媒体。

7. 编制预算

做一次宣传，要衡量投入产品比，对预算做到心中有数。宣传策划的预算主要是新闻事件的实施费用，优秀的宣传策划只需要少量的费用甚至不需要媒体费用。

（三）落款

在右下角写明单位名称和日期。要写全称。

（四）写作宣传策划方案的注意事项

（1）写作前，要深入了解企业或单位的情况，对宣传什么，要做到心中有数。

（2）必要时，要做一定的市场调查，摸清同类或相关行业的经营状况，并结合自身情况拟定目标和措施，以保证方案切实可行。

（3）宣传策划要有“亮点”。要把企业或单位最值得推广的最有价值的东西挖掘出来，做到人有我有，人无我也有。如果是推广产品，对其独特之处尤其要做重点宣传，以激发顾客的购买欲望。如果是宣传企业或单位形象，则要在宣传该企业或单位独特的经营理念和经营方式方面多下功夫。

能力训练

1. 学院拟在全院开展“感恩父母、感恩老师、感恩朋友、感恩社会”演讲比赛活动。请你围绕这个主题，以院学生会学习部的名义，为这次活动撰写一份策划书。

2. “五四”青年节快到了，假设你是团委办公室的一名成员，请拟写一份宣传策划书。

附　录

大学活动策划书格式

为指导同学们写出专业化、规范化的策划书，有效开展各项活动，表6–2提供了基本策划书模式。

注：1. 策划书须制作一张封面，装订时从纸张长边装订；

　　2. 系级以上的策划须按如下格式交电子版和打印版各一份。

表6–2　　策划书的基本模式

一、策划书名称	尽可能具体地写出策划书名称，如“×年×月×日信息系×活动策划书”，置于页面中央
二、活动背景	这部分内容应根据策划书的特点在以下项目中选取内容重点阐述。具体项目有：基本情况简介、主要执行对象、近期状况、组织部门、活动开展原因、社会影响以及相关目的动机。其次应说明问题的环境特征，主要考虑环境的内在优势、劣势、机会及威胁等因素，对其做好全面分析（SWOT分析）。将内容重点放在环境分析的各项因素上，对过去、现在的情况进行详细的描述，并通过对情况的预测制订计划；如环境不明，则应该通过调查研究等方式进行分析加以补充
三、活动目的及意义	活动的目的、意义应用简洁明了的语言将目的要点表述清楚；在陈述目的要点时，该活动的核心构成或策划的独到之处及由此产生的意义都应该明确写出

四、活动名称	根据活动的具体内容、影响及意义拟定能够全面概括活动的名称
五、活动目标	此部分需明示要实现的目标及重点（目标选择需要满足重要性、可行性、时效性）
六、活动开展	作为策划的正文部分，表现方式要简洁明了，使人容易理解。在此部分中，不仅可用文字表述，也可适当加入统计图表等；对策划的各工作项目，应按照时间的先后顺序排列，绘制实施时间表有助于方案核查。另外，人员的组织配置、活动对象、相应权责及时间地点也应在这部分加以说明，执行的应变程序也应该在这部分加以考虑
七、经费预算	活动的各项费用根据实际情况进行具体、周密的计算后，用清晰明了的形式列出
八、活动中应注意的问题及细节	内外环境的变化，不可避免地会给方案的执行带来一些不确定性因素，因此，当环境变化时是否有应变措施，损失的概率是多少，造成的损失多大等也应在策划中加以说明
九、活动负责人及主要参与者	注明组织者、参与者姓名、单位（如果是小组策划应注明小组名称、负责人）

社团活动策划书格式要求

一、策划书名称

写清策划书名称，简单明了，如“××活动策划书”，“××”为活动内容或活动主题，不需要冠以协会名称。如果需要冠名协会，则可以考虑以正、副标题的形式出现。避免使用诸如“社团活动策划书”等模糊标题。

二、活动背景、目的与意义

活动背景、活动目的与活动意义要贯穿一致，突出该活动的核心构成或策划的独到之处。活动背景要求紧扣时代背景、社会背景与教育背景，鲜明体现在活动主题上；活动目的即举办活动要达到一个什么样的目标，陈述活动目的要简洁明了，要具体；活动意义包括文化意义、教育意义和社会效益，及预期在活动中产生怎样的效果或影响等，书写应明确、具体、到位。

三、活动时间与地点

该项必须详细写出，非一次性举办的常规活动、项目活动必须列出时间安排表（教室申请另行安排）。活动时间与地点要考虑周密，充分考虑各种客观情况，比如，教室申请、场地因素、天气状况等。

四、活动开展形式

协会须注明所开展活动的形式，比如文艺演出、文体竞赛、影视欣赏、知识宣传、展览、调查、讲座等。

五、活动内容

活动内容为活动举办的关键部分。活动内容要符合时代主题旋律和校园文化建设内涵，健康向上，富有教育意义与启示意义。杜绝涉及非健康文化的消极内容。要详细介绍所开展活动的主要内容，如影片放映要写出影片的性质、名称和大致内容。

六、活动开展

活动开展作为策划的主体部分，表述方面要力求详尽，不仅可用文字表述，也可适当加入统计图表、数据等，便于统筹。活动开展应包括活动流程安排、奖项设置、时间设定等。涉及奖项评定标准、活动规则的内容可选择以附录的形式出现。活动流程安排大致可以分为三个阶段：

（一）活动准备阶段（包括海报宣传、前期报名、赞助经费等）。

（二）活动举办阶段（包括人员的组织配置、场地安排情况等）。

注：须注明开展活动的阶段负责人、指导单位、参加人数等信息。

（三）活动后续阶段（包括结果公示、活动开展情况总结等）。

注：如有涉及校园卫生、环境等情况，应及时清理。

七、活动经费预算

经费预算要尽量符合实际花费；写出每一笔经费的预算开支，以便于报销处理（报销时附正规发票）。如果大型活动需要资金赞助，联系社团外联部。

八、活动安全

对于大型活动和户外活动，要成立安全小组，指定第一安全负责人，充分考虑安全隐患，把人身安全放在活动开展的首要位置。在策划书的结尾，除写明策划单位、策划时间外，协会负责人须亲自签名，并盖上协会印章，以示责任。

附：注意事项

1. 本策划书格式要求只提供基本参考方面，为必需内容。在此基础上，社团策划书可以根据活动大小与类型适当添加、灵活书写，做到内容充实、版面安排得当。

2. 本策划书格式要求只对策划内容做出规定，策划书字体、版面排版得当等不做统一要求，但各社团要保证策划书样式规范、美观。

3. 如有附件（比赛规则、评分标准、奖项设置等）可以附于策划书后面，作为附录部分。

4. 策划书电子版须妥善保管，以备后用。

5. 活动策划书应尽量于5~7天前上交活动管理部。

第三篇

口语技能训练

第七章　一般口语交际技能概述

学习目标

1. 能准确认识自己的口才能力。
2. 能制订有针对性的训练计划。
3. 能认识口才的重要性。
4. 培养学生的语言组织能力，使其能够使用准确、得体的词汇和语法结构来表达正确思想。

知识导引

一般口语交际是社会人际交往中基本的口头言语活动，而一般口语交际能力则是适应现代社会发展需要的重要能力。

一、一般口语交际训练的基本要求

（一）培养“交际意识”

口语交际训练不只是指导受训者如何把话说得流利、规范、深刻、精彩，为了提高口语交际水平，还必须在口语训练的同时，注意培养受训者的“交际意识”，即交际目的意识、交际对象意识、交际话题意识、交际语境意识。

1. 交际目的意识

口语交际是为了一定的交际目的而进行的。因此，说话要服从并服务于主旨。

2. 交际对象意识

口语交际是一种对象明确的双向交际，交流和表述时不仅要考虑自己和交际对象的关系（陌生还是熟悉、亲近还是疏远），还应考虑对方的年龄身份、文化学识、思想境界、性格气质、近期心情等诸多方面，交流要因人而异，区别对待。

3. 交际话题意识

口语交际是围绕话题而进行的，如何把握话题、能否把握话题的主动权，就成了口语交际能否成功的一个关键。

4. 交际语境意识

口语交际受制于一定的交际环境（由一定的时间因素、空间因素和交际情景有机组成的交际场合），要利用合适的语言环境，改变不合适的语言环境，说话要语随境迁、语随境发。

（二）以理论为指导，以练习为主线

口语交际技能训练具有较强的技巧性，要以科学理论为指导，避免训练的盲目性，但更重要的是要“练”。只有通过练，才能把口语交际的基础理论落到实处，发挥其指导作用。总之，要以理论为指导，以练习为主线。

（三）课上导练与课下自练相结合

俗话说：“师傅领进门，修行靠个人。”口语交际训练，仅靠课堂上有限的练习远远不够，还需要课外大量的自觉练习，即要做到课上导练与课下自练相结合。缺乏课上导练，课下自练难免陷入盲目性；缺乏大量课下自练，课上导练效果难显。只有在做好课堂训练的同时，引导受训者利用各种机会，采取各种形式，做到“拳不离手、曲不离口”，天长日久、持之以恒，口语交际能力才会明显提高。

二、一般口语交际训练的基本任务

（一）进一步强化以声传意的技巧

以声传意是口语交际最基本的特点。为使双方的交流准确无误地进行，必须掌握以声传意的基本技巧。具体而言，就是进一步强化以下几点：

1. 吐字畅晰，用词准确

发声时气息要通畅，吐字共鸣要准确清晰，遣词造句要符合语法，没有语病，力戒似是而非、含糊不清、词不达意。

2. 语调适中，节奏合理

能借助语调的抑扬顿挫、高低升降的变化来表达内心的思想感情。

3. 语言形象，富有感染力

语言生动活泼，绘声绘色；声音和谐悦耳，富有节奏感；词汇丰富，句式富于变化，给人以美的感受。

4. 表情自然，态势得体

在表达的外部形象上，自觉而得体地运用面部表情、手势动作等“态势语言”，增强口语表达的感染力。

（二）掌握一般口语交际的基本技能

在口语交际中，根据不同的交际需要，形成了不同的口语形态，亦称语体，如朗读、交谈、复述、演讲、辩论、应聘、推销等。人们运用语言进行交际，不仅要遵守语音、词汇、语法等的一般规范，而且应该恰当地使用相应的语体。否则，就与语言环境不协调，从而影响表达效果。

本篇主要学习态势语言、朗读、演讲、辩论、交谈五项基本语体。学习时，既要对各种语体有理论上的明确认识，更要在理论指导下刻苦训练，以便在口语交际中运用自如，借助口才实现自己的追求。

第八章　态势语言训练

学习目标

1. 能了解的态势语言定义、作用、类型及操作。
2. 能在口语交际中恰当运用态势语言，提高语言表达能力。
3. 培养学生的口语表达能力，增强自信心。

知识导引

态势语言是以人的表情、姿态和动作等来表示一定语义、进行信息传递的一种伴随性无声语言，又称为体态语言。

态势语言是口语交际的重要辅助手段，作为一种视觉形象，态势语言作用非同小可。美国人类学家霍尔曾指出："一个成功的交际者不但需要了解他人的有声语言，更重要的是能够观察他人的无声信号，并且能在不同的场合使用这种信号。"态势语言以众多的不同造型，描摹着事物的复杂状貌，传达着潜在的心声，披露着心灵深处的微妙情感。心理学家阿尔·伯特梅拉毕安曾发现这样一个公式：

信息的总效果＝7%的书面语＋38%的音调＋55%的面部表情

由此可见，态势语言在语言信息表达中占有绝对重要的地位。

一、态势语言运用的原则

态势语言是一种非言语形式的口语辅助手段，自然、得体、适度、和谐是其应遵循的最重要的原则。

二、态势语言类型及操作

态势语言包括的内容很多，常用的有眼神、面部表情、手势、身姿、服饰、体距等。

（一）眼神

眼睛是心灵的窗户，嘴巴可以说话，眼睛不能说话，眼睛的奥妙在于它是真实的。可以编出一千句、一万句谎言，却不能遮挡眼睛的真实性。甚至有的心理学家还认为，人的视线活动占70%的态势语言表达领域。芬兰的心理学家还做过这样的实验：把表现演员不同情绪的照片，裁成只保留眼神部分的细条，然后让人分辨他们所表现的情感，结果正确率很高。这说明：人们能解读眼神语言。

眼睛注视方法用得多的有三种：（1）点视法；（2）环视法；（3）虚视法。

在具体使用过程中，要根据内容、形式和环境等具体情况，把这三种方法结合起来。要两眼生辉、炯炯有神，切忌双目无神、无精打采。

（二）面部表情

心理学家曾通过大量试验，得出这样的经验：人们在相互的语言交往中，通过面部表情所表达的情感要占到55%，美国公民评论罗斯福的演讲，说他全身好像是一架表现感情的机器，他满脸都是动人的表情。古人言“喜怒形于色”，人脸上的神气是心灵的反映，喜则眉飞色舞，怒则咬牙切齿，哀则蹙额锁眉，乐则笑逐颜开。表情的表现力是极强的、极丰富的，各种复杂的心理活动，都会在面部表情上活灵活现地呈现出来。

运用面部表情要遵循以下原则：

（1）发自内心，真诚自然。

（2）与表达内容和现场气氛相适应。

（3）表现适度，不愠不火。

（4）有鲜明感。

（三）手势

手势是用来表达思想感情的手和胳膊的动作与造型。手势是态势语言中一个引人注目的角色，能使表达更富有感染力。不同的手势，可以起到不一样的表达作用。从不同的角度可以把手势划分为不同的类型。例如，按照手势的不同作用可分为情意手势、象征手势、指示手势、象形手势。

（四）身姿

姿态既体现一个人的性情气质，又反映一个人的文化修养。它的作用有时非常微妙。

身姿包括上台、站立、下台等身体姿态。表达者应注意自己的一举一动，给听众以完美的印象。

（五）服饰

服饰具有信息传播功能，它能显示人的职业、爱好、社会地位、性情气质、文化修养、信仰观念、生活习惯及风俗等。服饰就等于一幅活广告。服饰必须符合目前国际上公认的TPO衣着原则。“T”（Time）指时间，“P”（Place）代表地方、场所、位置、职位，“O”（Object）代表目的、目标、对象。1987年年底，美、苏两国首脑在华盛顿签署中程导弹条约时，两位第一夫人（南希和赖莎）的服装便是一次无声的“自我介绍”。两人不约而同地穿上了灰色的套装。赖莎为改变苏联妇女的“货车司机”形象，再外加一件红色恤衫以突出上下身比例，令人耳目一新；而南希的套装双肩垫得太浮，收腰过于夸张，在这种庄重的外交场合似乎不太协调，新闻媒介认为赖莎胜于南希，这就是服饰的作用。

（六）体距

体距行为又称“体距语”，是交际中人与人之间所处的角度及空间的位置，是人与人之间传递信息，交流感情的一种无形的力量，是人际关系密切程度的一个尺码。美国人类学家霍尔认为，人们在交际过程中对空间领域有一定的要求，并根据人与人之间的亲昵和疏远程度提出几种不同的距离要求，即亲密区（50厘米以内）、个人区（50~125厘米）、社交区（125~350厘米）、公共区（350~750厘米）。空间距离的作用不可低估，间隔过大或过小，都会导致一方或双方产生一种排斥心理，这种心理会削弱乃至破坏交际的效果。而适中的距离，则会大大强化语言的感化作用。

态势语言丰富多彩，眼神、面部表情、手势、身姿、服饰、体距，各有各的作用，但在口语表达中不能各自为政，而应该和谐统一，综合运用，并且要和有声语言有机配合，恰到好处。另外，有的态势语言是在表达前设计好的，也有的是在表达过程中情不自禁即兴发挥的，是表达者内在情感的自然流露。我们要努力学习、坚持训练、勇于实践，熟练掌握各种动作技巧，不断提高口语表达水平。

能力训练

1. 同桌相互微笑注视30秒钟。

要求：相互观察对方的笑容是否自然、真诚、美丽，保持眼神的专注。

2. 从容走上讲台，真诚行礼，环视全班同学，声音清晰响亮地说："大家好!很高兴与你们相会在××课堂，以后请多多关照!"然后行礼，返回座位。

3. 登台后虚视：

（1）眼睛从正前方看出去，盯住教室后墙的一个点，心里想着对它说话，用以排除众目睽睽下的压力感。

（2）眼睛望前方，盯住想象中的远方的某一景物使我们既可抬起头来，又能有目的地避开台下的目光。

4. 手势训练：

（1）只有这样，才会有充实的生活，才会有灿烂的人生!

（双手，手心向上；上区）

一个人如果没有远大的理想，那他将一事无成。

（两手由合而分；下区）

他们欢呼：胜利了，胜利了!

（双掌上竖，摇动；上区）

夜幕笼罩了群山。

（单手，手心向下；上区）

月光洒落在树枝上。

（单手，手心向下；中区）

伟大的人物也躺在他们倒下的地方。

（单手，手心向上；下区）

不要过分利用我的爱。

（单手，手掌竖立；中区）

（2）朗诵下列诗句，按要求完成几个动作，反复体会，找到舒展、自然的感觉。

我骄傲，我是中国人!

（右手抚胸如自我介绍）

我们的祖国，如红日冉冉升起在21世纪的东方。

（右手向斜前方伸出，慢慢上举，如仰望红日升起）

“东亚病夫”的历史已被我们远远地抛进了太平洋，

（右臂如鄙视般向身侧下方挥去）

让我们张开双臂迎接中华民族复兴的辉煌。

（两臂向前方环形张开，做拥抱状）

提示：做手势时身体始终要保持站姿的基本姿态，不能出现扭曲或晃动，应时刻注意向上挺拔。手势应与身姿训练结合起来。

5. 朗诵“0的断想”，综合进行微笑、平视、手势、身姿等的训练。

0的断想

0是谦虚者的起点，

（象征手势：可单手掌心向上，抬小臂，微伸；中区）

0是骄傲者的终点。

（翻转掌心向下）

0的负担最轻，但任务最重。

（情意手势：抬臂至肩下，握拳，拳心向内）

0是一面镜子，让你认识自己。

（指示手势：松拳成掌，掌心向内）

0是一只救生圈，让弱者随波逐流；

（情意手势：翻转掌心，向下，由内向外缓缓移动）

0是一面敲响的战鼓，催强者奋勇进取。

（情意手势：举起右手，带动小臂，向前向上抬；手与肩平，动作有力度）

提示：朗诵时，各诗句的动作要有连贯性，过渡自然，中间不要做收势、出势。动作幅度也不宜过大。练习时不要拘泥于规定的手势，可根据自己对诗句的体会，创造性地进行设计。

第九章　朗读技能训练

学习目标

1. 能学会运用朗读的多种技能技巧。
2. 能在理解的基础上有声朗读文学作品，提高语言的表现力。
3. 培养自我评估能力，提高对优秀作品的理解能力和自身语言表达能力。

知识导引

朗读是把书面语言转化为发音规范的有声语言的再创造过程。也就是说朗读要运用普通话把书面语言清晰、响亮、富有感情地读出来，变文字这个视觉形象为听觉形象。朗读是一项创造性的口头语言艺术，需要创造性地还原语气，使无声的书面语言变成活生生的有声的口头语言。朗读是一种最常用、最有效地提高口语表达能力的训练方法。

一、朗读的基本要求

（一）准确

准确的要求包括以下几方面：

1. 普通话语音要标准

音节的声、韵、调三要素发音要正确无误，音变要合乎规则，节律要合情合理。

2. 对作品内容的理解要准确

要深入理解文章的内容，根据内容的需要适当地处理语流中的轻重、抑扬、快慢、停延关系，绝不能因一段、一句、一词甚至一字的处理不当而造成对文章内容的曲解、误解、肢解。

3. 在理解内容的基础上选择合适的基调

基调是作品的基本情调，即全文总的思想感情的色彩和分量，是理解和表达的和谐统一。基调必须通过节律来反映，而节律则又会反过来对基调产生一定的影响。

（二）自然

自然就是要求朗读者在准确把握普通话语音和节律的基础上，使用自如的声音通畅地读出文字材料。既不能仅仅为了追求字音的准确而一字一顿、生硬刻板；又不可不顾自身声音的特点，华而不实、矫揉造作地刻意模仿名家的声音和技巧。要根据文章的内容，合理地运用朗读技巧，使声音形式完全服从于内容的表达。

总之，要始终用质朴自然的声音得体地表现文字内容。

（三）清晰

朗读是用有声语言表达书面材料。既然声音是表达的唯一载体，那么就必须注意发音的清晰和响亮，不可含混。如果音量过小，读得再好，也难以达到自己预期的目的。要尽量做到字正腔圆、饱满到位。当然，清晰不仅指音量的大小，还包括吐字归音的处理。这些通过训练，都可以有明显的进步。

（四）含情

文字材料都是表达一定思想内容的。优秀的文章蕴涵着作者各种各样细腻而又复杂的感情，字字句句都体现着作者的匠心。这就要求朗读者首先要充分体验到作者的用心，然后再用自己的声音尽量传达出文字中感受、领悟到的深层含义。只有恰当地把握住文章作者的感情脉络，才有可能将作者的书面文字变为亲切灵动、富有感染力的有声语言。

二、初学朗读五忌

正确的朗读方式，可以给听者以美的享受；错误的朗读方式，只能给听者以虚假、厌烦之感。现将错误的朗读方式分述如下，以期引起初学朗读者注意：念字式、念经式、八股式、演戏式（分角色朗读除外）、固定式。

三、朗读的表达技巧

朗读作为一门口头表达艺术，十分讲究语言技巧的运用。朗读技巧主要包括停延、轻重、语调、语速四个方面。

（一）停延

停延指口头表达时声音的停顿和延接。停顿是由音节之间语音中断形成的，中断的时间有长有短；延接是音节之间的延续和连接，可以由音节尾音拖长或音素间音长缩短而成。停延不仅仅是生理上换气的需要，而且是揭示语言内在的层次结构、准确体现语句意思的方式，更是交际上表达感情的需要。

停延一般分三种：生理停延、语法停延、强调停延。

1. 生理停延

因为生理需要调节气息的停延，叫生理停延。生理停延不能产生语气的中断感，破坏语言结构的完整性，影响语句的理解。

警卫员哇地一声哭了出来：“报告军长，他就是刚任命的V军需处长。棉衣不够了……每人发的御寒辣椒｜他都没舍得｜吃一口……”

“V”表示极短的停顿，“｜”表示稍长的停顿，“//”表示较长的停顿。

军需处长没有穿棉衣被冻死了，警卫员的话在“军需处长”前安排一个停顿，用以突出语句中没有显露的对“廉洁奉公”“无私奉献”崇高品德的赞扬。在“辣椒”和“没舍得”之后各加一个稍长一点的停顿，用以表示缅怀烈士、泣不成声的心理状态和生理状态。

2. 语法停延

句子结构中主语和谓语之间、动词和宾语之间、定语或状语和中心语之间、多项并列成分之间都可以停顿；句子之间、句群之间也可以停顿。停顿的位置不同，反映的结构关系也有差别。例如：

几个小组的组长

这个语言结构可以有两种停延方式：A. 几个小组的 / 组长；B. 几个 / 小组的组长。

3. 强调停延

为了强调某一事物、突出某个语意或表达某种感情，对语法停顿的长短或位置做改动，这种停延叫强调停延，也叫逻辑停延。

他//不是 | 你 ∨ 的 | 对 | 手？

“∨”表示极短的停顿，“|”表示稍长的停顿，“//”表示较长的停顿。

主语和谓语之间的停延时间变长，宾语中“你”同“的”之间、中心词“对手”之间都做了停顿，从而突出了某种难以置信的语气。再如：

这件事你不说我也会说。//

由于是紧缩复句，整句话的速度很快，用连接代替了某些停顿。

在朗读中，逻辑停延表现为在书面语没有标点的地方做停顿，或者不按标点停顿时间长短的一般规律处理；有时候也可以在有标点符号的地方做连接。例如：

（1）白杨树 | 实在是 ∨ 不平凡的，//我 | 赞美 | 白 ∨ 杨 ∨ 树!//

（2）第二天的 ∨ 清晨，| 这个小女孩 ∨ 坐在墙角里，| 两腮 ∨ 通红，| 嘴上 ∨ 带着微笑。| 她 | 死 ∨ 了，| 在旧年的大年夜 | 冻 | 死 | 了。//

（3）“叔叔!⌒明天还下雪？ | 说呀，⌒叔叔！ | 明天还下？//”

（1）（2）例如果只按标点做常规停延，就会显得比较平淡，现在的处理就能使形象鲜明，特别是（2）最后三个字的处理，传达了某种深刻的含义。（3）由“⌒”在标点处所表示的连接，表达了一个孩子急切的心情。

这三种停延在说话或朗读时是一个有机的整体，必须认识清楚它们各自的特点及三者之间的关系。一般来说，三种停延中，生理停延是最基本的需要，是其他停延方式得以存在的生理保证，生理停延往往会同语法结构和语义取得一致性。语法停延是最常用的，是其他停延方式的基础，它显示了语言结构本身的层次组合规律，可以使话语的语意清楚、明确。而强调停延则主要由说话者的观点、态度、感情等语义因素来确定，虽然它也以语法停延为前提，但一旦有语义表达的需要，语法停延的某些规律也可以改变，这时，语法停延就要服从于强调停延。

（二）轻重

实际话语里，每个音节的轻重程度是不同的，话语里的某个词或句子里的某些音节有意识地说得比较响亮，这就叫重音。实验结果表明，重音的实质主要是音强和音长，音高也有一定的作用。重音和轻音是相对而言的，比较响亮的是重音，不太响亮的是轻音。每一种语言系统都

微课：朗读技能训练——轻重

有自身轻重音的特点。

轻重音有两种：词的轻重音和语句重音。

1. 词的轻重音

词的轻重音是指双音节词或多音节词的基本轻重格式，在话语中，非重读词语一般应该按照基本格式去读。普通话里，根据音节的音高和音长的程度，词的轻重可以分为三等：重音、中音（次重音）、轻音。

（1）双音节词的轻重格式主要有两种：中重格式、重轻格式。例如：

中·重：国家　卡车　法院　音乐　治疗　东南
重·轻：休息　暖和　姑娘　生意　喇叭　爷爷

（2）三音节词有三种格式，其中以“中轻重”和“中重轻”两种格式为多。例如：

中·轻·重：差不多　西红柿　摩托车　巧克力　星期天
中·重·轻：为什么　老太太　胡萝卜　小伙子　不由得
重·轻·轻：朋友们　姑娘家　孩子们

（3）另外还有四音节词的轻重格式，例如：

中·轻·中·重：稀里糊涂　老老实实　一举两得
中·轻·重·轻：知识分子　鸡毛掸子　外甥媳妇

2. 语句重音

句子中的某些词语说得比较响亮，这就是语句重音。语句重音不同于词的重音，它与实际话语的内容密切联系，显然是语义的侧重点。语句重音有助于听者抓住要点，正确领会说话者的用意或思想感情，一般有以下两种：

（1）语法重音：根据句子语法结构的关系，把其中的某些成分说得响亮些，这叫语法重音。语法重音是句子内在固有结构规律的语音表现，它可以使句子结构清楚、意思明确，是语句重音的基础形式。语法重音的基本规律如下：

第一，主谓短语的短句中，谓语通常读重音。例如：

①东风来了，春天的脚步近了。
②山朗润起来了，水涨起来了，太阳的脸红起来了。

第二，偏正短语中，修饰语，包括状语或定语通常读重音。例如：

①他匆匆地走进来。
②眼前就是浩瀚的大海。
③您的信件拿来了。

第三，动宾短语中，包括介词短语，宾语通常读重音。例如：

①昨天下雨了。
②他读完了大学。
③他从北京来。
④我坐在椅子上。

第四，述补短语中，补语通常读重音。例如：

①树叶儿却绿得发亮，小草儿也青得逼你的眼。
②我们高兴极了。

第五，表示疑问、特指或活用的代词往往读重音。例如：

①谁能把花生的好处说出来？
②这不对。
③哪儿都不去。

（2）逻辑重音：在话语交际时为表达特定的语意或情感而有意识地把句中某个词说得响亮些，这叫逻辑重音。逻辑重音往往是语义的焦点部分，它能提示出话语的前提，所以逻辑重音位置不同，往往是由于前提的改变。例如“我在家看书”这句话，随着逻辑重音的不同可以揭示出几个前提：

①我在家看书。（谁在家里看书？）
②我在家看书。（你在什么地方看书？）
③我在家看书。（你在家里干吗？）
④我在家看书。（你在家里看什么？）

在实际的话语当中，上下文是连贯的，彼此相依的，环环紧扣的，说话者为了突出用意，把蕴含在话语里的观点和情感的脉络表达清楚，在某些地方会出现逻辑重音。

表示并列关系。例如：

①桂林的山真奇啊，……桂林的山真秀啊，……桂林的山真险啊，……
②国参展的服装，简练中见高雅，朴素中有华丽。

表示对比关系。例如：

①雀很美丽，但也很骄傲。
②骆驼很高，羊很矮。骆驼说：“长得高多好啊！”羊说：“不对，长得矮才好呢。”

表示承递或转折等关系。例如：

①开荒计划每人六亩，起初是首长号召，随后变成了群众突击、竞赛运动。
②我们的工作是普通的，可是，我们的责任是重要的。

比喻性和夸张性的词语、拟声词语和肯定性词语等也经常用逻辑重音。

语句重音的表达方式有很多，为了能显示出语义的重点，往往利用语音形式的各种对比来表现，如声音的长和短、高和低、强和弱、快和慢及停和延等，千万不要误解为语句重音只是加重音量，比较常见的表达方式是“拖长音节”“加强音量”“放轻音量”“一字一顿”“夸大调值”等。

重音形式在书面语言上一般难以表现，因此，在朗读时，必须深入理解书面材料的文义，认清结构关系，把握好内在的思想感情，准确地表达语句重音。

（三）语调

微课：朗读技能训练——语调

语调是指语流声音的升降平曲、高低起伏的变化形式，它是通过控制声带的松紧来实现的。语调由平升高，高亢激昂，称为“扬”；语调先平后降，低沉持重，称为“抑”；语调缺少变化，平直舒展，称为“平”；语调升降反复，起伏不定，称为“曲”。朗读中的语调，主要指句调，即贯穿全句的高低升降变化。句调的处理和运用是朗读必备的技巧。

句调一般有四种：平调、降调、升调、曲调。

1. 平调

句子（或分句）末尾部分的高低没有特别明显的升降变化，语势平直舒缓。一般用来表达客观、严肃、冷淡、庄重情绪的陈述，说明性的句子多用平调。如：

（1）峨眉山下，伏虎寺旁，有一种蝴蝶，比最美丽的蝴蝶可能还要美丽些，是峨眉山最珍贵的特产之一。（客观）

（2）我没有什么要交代的。（冷淡）

（3）烈士的英名和业绩将永垂不朽。（庄重）

（4）这事我对他说——还是不说。（迟疑）

2. 降调

句子（或分句）末尾部分下抑，语势前高后低或前平后降。随着语气的不同，这种变化有的明显有的微弱。一般用来表达请求、感叹、赞扬、坚决、沉痛等语气的陈述句、祈使句和疑问代词处于句首的疑问句多用降调。如：

（1）健康的人总是快乐的。（肯定）

（2）多么蓝的天啊！（感叹）

（3）举起手来！（命令）

（4）再给我一次机会吧！（请求）

（5）你再也不要吸烟了！（劝阻）

（6）谁告诉你的？（疑问）

3. 升调

句子（或分句）末尾上升，语势前低后高或前平后扬。一般用来表达设问、反问、疑问、号召、鼓动、惊异等语气的疑问句和感叹句多用升调。如：

（1）这是什么树？怎么不大像枫叶？（疑问）

（2）为什么我的眼里常含泪水？因为我对这土地爱得深沉。（设问）

（3）不是他救了我，我又怎么能活到今天？（反问）

（4）中华人民共和国成立了！中国人民站起来了！（感叹）

4. 曲调

整个句子的语势呈现出明显的曲折变化，一般分为降升调和升降调两种。表示怀疑、讽刺、夸张、幽默、双关等语气的疑问句、陈述句、祈使句多用曲调。如：

（1）门外有狗！（双关）

（2）你行，你什么都行！（讽刺）

（3）我不会说普通话？（怀疑）

语调是语气外在的快慢、高低、长短、强弱、虚实等各种声音形式的总和。因此，朗诵的语气千变万化，才有语调的丰富多彩。但变化无规律，必须因作品的感情基调而变化。正确把握语调的多种表现形式，才能增强有声语言的感染力和说服力。

（四）语速

语速指口头表达时的快慢，主要取决于音长。音节的音长较短且连接得比较紧密，语速就快；反之则慢。在普通话的节律中，语速和停延、重音、语调会互相影响，因为速度的快慢要取决于内容的特点和表达者的感情态度。一般来说，欢快、兴奋、激动、紧张、惊恐、愤怒时，语速要快；而忧郁、压抑、悲痛、庄严、平静、迟疑、失望时，语速较慢。语速不但是节律的重要组成部分，而且可以体现出一段话的基调。

语速有三种：快速、中速、慢速。

1. 快速

表现热闹的场景或激动的心情：

（1）在苍茫的大海上，狂风卷集着乌云。在乌云和大海之间，海燕像黑色的闪电，在高傲地飞翔。一会儿翅膀碰着波浪，一会儿又箭一般直冲云霄，它叫喊着，——在这鸟儿勇敢的叫喊声里，乌云听出了欢乐。在这叫喊声里，充满了对暴风雨的渴望！在这叫喊声里，乌云感到了愤怒的力量，热情的火焰和胜利的信心。（热闹）

（2）现在，我终于亲眼看到这思慕已久的雄关了。啊，好一座威武的雄关！果然名不虚传：那气势的雄伟，那地形的险要，在我所看到的重关要塞中，是没有能与它伦比的了。（激动）

（3）哎呀，大会马上就开始了，他怎么还不来啊？（焦急）

2. 中速

适用于一般性的陈述、说明：

（1）月光如流水一般，静静地泻在这一片叶子和花上，薄薄的青雾浮起在荷塘里。叶子和花仿佛在牛乳中洗过一样，又像笼着轻纱的梦。（陈述）

（2）空间在人类的发展中，是无所不在的、不可或缺的。但是，由于个体人的局限性，使我们无法了解空间的无限，只能在有限的空间内生活。就是在这有限的空间中，我们也只是沧海一粟。（说明）

3. 慢速

适用于表现沉重的情绪、压抑的气氛：

（1）在这千万的被饲养者的中间，没有光，没有热，没有希望，…… （压抑）

（2）我不相信，一九七六年的日历，会埋着这个苍白的日子；我不相信，迎风招展的红旗，会覆盖上他的身躯。我只相信，即使把他交给火，也不会垂下辛勤的双臂。但，千山默哀，万水波息。微茫里，却传来无尽的哀乐，哽咽的汽笛。（悲伤）

这只是对语速的粗疏分类，在具体的表达过程中，根据内容的需要和表达者的感情变化，语速也呈现出多种多样的组合变化形式。任何一篇文章、一段话内部，我们可以发现总是存在着快慢的对比和变化；否则，语言也就失去了美感和生命力。

停延、轻重、语调、语速，这四者是构成朗读技巧的主要因素。但是在朗读过程中，这四者并不是独立地各司其职，而是互相联系，互相影响，形成一个有机整体，综合发挥作用的。停延、轻重是基础，而单纯的停延、轻重又毫无意义，语调往往要通过停延、轻重、语速的综合运用来体现，而语速也要借助于停延、重音的技巧并且要通过准确体会作品内在语气的变化才能更好地把握。所以，在朗读中，各种技巧都不是单独使用的，应当根据思想感情表达的需要，综合把握，灵活运用，才能取得好的效果。

能力训练

1. 诗歌朗读：

（1）《楼兰新娘》，席慕蓉。

（2）《我爱这土地》，艾青。

2. 散文朗读：

（1）《岳阳楼记》，范仲淹。

（2）《匆匆》，朱自清。

第十章　演讲技能训练

学习目标

1. 能熟练运用演讲和即兴演讲的技能技巧。
2. 能用敏捷的思维能力和应变能力进行语言的综合表达。
3. 培养学生语言组织能力，提高普通话水平，讲好中国故事。

知识导引

演讲，是指在特定的时空环境下，以有声语言和相应的态势语言为手段，就某个问题向听众阐明说理、抒发感情的一种口语实践活动。演讲从目的、对象、过程、表述的效果等方面看，具有如下特点：演讲目的的鲜明性、演讲对象的公众性、演讲过程的语态表达性、演讲效果的鼓动性。

一、演讲的意义和基本要求

（一）演讲的意义

加强演讲训练，提高演讲水平，对个人成才及社会发展都有积极作用。

首先，演讲能促使演讲者迅速成才。一个成功的演讲者，不仅需要悦耳的声音、和谐的语调、优美的态势语言、敏锐的观察力、丰富的想象力、敏捷的思维力以及较强的记忆力、迅速的应变能力，而且需要精深的思想、渊博的知识、丰富的阅历。通过加倍努力学习和艰苦的磨炼，演讲者的思想、学识、智能等方面都能得到极大的提高。

实际上，从古到今，都把有无演讲口才作为衡量一个人有无才能的重要标准之一。宋王安石认为："欲审知其德，问以行；欲审知其才，问以言。"当今社会，演讲已成为考核人才的重要尺度之一，各单位的竞争上岗或社会上的人才招聘均离不开演讲，西方人甚至认为一个人的成功，智力因素、专业技术固然不可少，但是起决定作用的是沟通技巧和演讲口才。正因如此，美国的大学不管是理工类还是文史类，都把基础作文法和演讲规定为必修课；日本、新加坡等国规定，政府工作人员要进行三个月到半年的演讲训练才能上岗工作。

其次，演讲对社会的发展有着积极的促进作用。演讲的社会作用体现在政治、经济、军事、外交、文化、教育等各个领域。

（1）演讲历来是政治家发表政见、阐明观点、批驳政敌、争取盟友的有力武器，特别是社会处于激烈变革的年代时，这种社会作用尤显突出。春秋战国时期辩士游说之风、三国时期诸葛亮舌战群儒之辩即是典型。

（2）演讲亦是思想教育者们的有力武器，在说服人们明辨是非、引导人们追求和实现生命的价值方面发挥了积极作用。综观演讲历史，有历史责任感的演讲家不计其数。外国的林肯、爱因斯坦，中国的孙中山、毛泽东等都是其中的佼佼者。

（3）演讲在外交领域也起着极为重要的沟通与交流作用。当今社会，国家之间、党派之间、行业之间的沟通与交流，不少是通过演讲来进行的。

（4）随着社会的不断进步、文明程度的普遍提高，经济技术方面的合作也日渐增多，演讲在经济技术交流合作方面也发挥着越来越重要的作用。

总之，演讲不仅在过去对社会的发展发挥了积极作用，而且对当今和未来社会的发展也必将发挥重要作用。

（二）演讲的基本要求

归纳起来，成功的演讲需做到以下几点：

选题——有的放矢；内容——正确感人；结构——跌宕起伏；表达——流畅生动；感情——朴实真挚；态势——自然得体。

二、命题演讲训练

根据事先是否有所准备，演讲可分为命题演讲和即兴演讲两种。命题演讲是事先写好演讲稿的演讲，训练时要注意以下两个环节。

（一）演讲稿写作

1. 精心选择事例

（1）选择真实事例

真实是演讲赖以生存的生命线。演讲事例不能胡编乱造、弄虚作假，或添枝加叶，随意拔高。真实事例包括他人事例及自身经历。演讲者通常认为，自己没经历什么大事，因此选材往往选择他人事例，尤其是一些先进人物的感人事例。但在大多数情况下，演讲者在讲述这些事例时很难融入真感情，演讲效果自然不好。其实，每个人都处在一定的生活环境中，拥有与众不同的经历，只要将独特的经历中感人的部分挖掘出来，即使是小事，往往也能触动听众的心灵。

（2）选择典型事例

典型事例是指那些最具有普遍性、最能说明问题的代表性材料。演讲中，选取典型事例能深化主题，震撼听众。

（3）选择感人事例

演讲不仅要以理服人，还要以情动人，以情动人的关键之一就是选取感人的事例。2005年度“感动中国”十大人物中，有一位不仅感动了中国，也感动了“万国邮联大会”的普通人，他就是王顺发。王顺发，四川木里藏族自治县邮政局邮递员，被誉为“高原马班信使”。2005年10月19日，他站在瑞士万国邮联大会的讲台上，用20年扎根山区服务人民的感人事迹，深深打动了台下各国邮政官员。

2. 巧设“开场白”

演讲开头应短小精巧、新颖诱人。“善于始者，成功已半。”演讲的开头，在通篇演讲中处于领先的特殊位置，在演讲者和听众之间架起一座沟通思想情感的桥梁，为演讲的成功开辟道路。出手不凡的开头，能唤起听众的兴趣和求知欲，产生巨大的吸引力，使听众想听下去。

那么，究竟怎样设计和安排演讲的开头呢？这主要取决于演讲的内容、环境和听众的情况。内容和时空环境的多样性决定了演讲开头的多样性。常见的有下列几种：

（1）设问式开头

演讲者一开始就提出一个或几个出乎意料的问题，能够迅速唤起听众的兴趣和注意力，激发听众的参与意识，从而缩短演讲者与听众的距离，使两者的思想感情得以迅速沟通。例如，在一场爱国主义教育演讲中，一位演讲者这样开头："我常想起拿破仑在1816年曾说过的一句话：中国是一个多病的沉睡的巨人，但是当他醒来时，全世界都会震动。"接着便出人意料地发问："大家说，中国这个巨人现在醒了没有？"全场立即活跃起来，听众迅速转入这场讨论中。这时，演讲者立即将话题收回，谈自己的看法，很自然地突出了演讲的中心内容。

采用设问式开头，关键在于问题要提得好，提得恰当。如，一位演讲者在《怀才不遇的时候》的演讲中这样开头："在我们青年人中，最容易见到怀才不遇的人，最容易听到怀才不遇的话，不少人冷眼看世界，撇嘴论英雄。我不禁要问：我们真的怀才不遇吗？"

"我们真的怀才不遇吗？"一句简短的设问，不仅紧扣主题，引起听众的兴趣和思考，又能与后面阐述的问题紧密联系，巧妙而自然地引发出演讲的主体内容。

（2）故事式开头

比如，一个演讲者在《当我走进大学校门的时候》的演讲中巧用故事开头：

> 大家一定记得这样的一个传说吧，阿拉伯有个神奇的山洞，里面收藏了40个大盗偷来的金银财宝和珍珠玛瑙，只要掌握了一句咒语，洞门就会自动打开。有一天，一个叫作阿里巴巴的人无意中知道了这句咒语，他打开了这个财宝之门成为巨富。

演讲者以人们熟知的阿拉伯传说为开场白，把大学校门比作知识的财富之门，获得了较好的演讲效果。用故事触发兴趣的开头，要求做到：

①叙事简明扼要，短小精悍，不可啰唆拖沓。

②事情本身要有针对性，耐人寻味，能触发听众的兴趣。

③所叙事情要与中心论题密切相关。

（3）幽默式开头

幽默式开头用语诙谐、巧妙，容易活跃现场气氛，缩短与听众的距离。胡适在一次演讲中这样开头："我今天不是来向诸君做报告的，我是来胡说的，因为我姓胡。"话音刚落，听众捧腹大笑。胡适的幽默式开头不仅巧妙地介绍了自己，更活跃了现场气氛，为演讲开了一个好头。

（4）明旨式开头

这是常见的一种方式。这种方式开门见山、直奔主题、简洁明快，且常常使用名言、警句、谚语等。比如，一名演讲者在《近墨者未必黑》的演讲中这样开头：

> 俗话说"近朱者赤，近墨者黑"，意思是：人在好的环境中便会受好人的影响而变得崇高，人在坏的环境中便会受坏人的影响而变得卑鄙。近墨者黑，被人们看成一成不变的真理，并且常常否定坏环境中的闪光点。这使我不敢苟同，我认为近墨者未必黑。

此演讲用名言开头，点明主题，语言准确凝练，发人深省。

（5）道具式开头

道具式演讲，通过展示道具、借助道具提出和阐述自己的见解。比如一位著名的演讲者在《生命的价值》的演讲中没讲一句开场白，却是这样开头的：

手里高举着一张20美元的钞票，面对会议室里的200个人，他问“谁要这20美元？”一只只手举了起来。他接着说：“我打算把这20美元送给你们中的一位，但在这之前请允许我做一件事。”他说着将钞票揉成一团，然后问：“谁还要？”仍有人举起手来。他又说：“假如我这样做又会怎么样呢？”他把钞票扔到地上，又踏上一只脚，并且用脚碾它。而后，他拾起钞票，钞票已变得又脏又皱。“现在谁还要？”还是有人举起手来……

这是一段演讲的开头，演讲人巧妙地借助钞票，阐述了生命的价值不依赖于我们的所作所为，也不仰仗于我们结交的人物，而是取决于我们本身。增强了演讲的生动性和感染力，刺激了听众的注意力，取得了较好的效果。

此外，演讲的开头常见的还有抒情式、宣讲式、辩论式、议论式等。总之，演讲开场白的选用是由一定情境所决定的，而且各种开场方式也是相对而言的，在许多场合，若干开场白方式可以同时并用。需要注意的是，不论选用何种方式，都要注意简短切题、要有魅力，要有真挚感情，切不可故作谦虚，力求一开始就给听众造成一种良好的心理定式，切忌套话和陈词滥调。

3. 锤炼演讲语言

优秀的演讲语言，应做到既“上口”又“入耳”，即既要简洁、流畅、生动、活泼，又要精确、规范、优美、典雅。为了达到演讲语言的以上要求，恰当合理地运用辞格非常必要。辞格是用以表达一定的思想内容、具有特殊的修辞效果和某种语言形式的修辞方法。辞格不仅表达通顺、准确，而且生动形象，音韵和谐，表意深刻，富有艺术性和审美价值。它能使枯燥变生动、抽象变具体、平凡变神奇。因此，在演讲中恰当使用辞格，能为演讲增辉添色。演讲中常用的辞格有比喻、对比、排比、反问等。

（1）比喻

比喻是运用具体、通俗、浅显的事物或道理来说明抽象、深奥的事物或道理的一种修辞方式，具有深刻、形象和幽默诙谐的特点，可以增强语言的表现力和感染力，是演讲中常用的一种辞格。比如《敬爱的老师，你们辛苦了》这篇在教师节上的献辞，演讲者在“感谢老师们无私的奉献和教诲”时，就用了一连串的比喻：

你们是人类灵魂的工程师，是希望与幸福的传播者。你们像蜡烛一样燃烧自己，照亮别人，而照亮别人的火焰会永远燃烧；你们像石子一样默默地铺筑历史的跑道，而这些铺筑跑道的石子与青山一样不老。敬爱的老师，在学生成长的道路上，是你们用青春、用智慧在我们心灵的荒漠里开拓出一片片绿洲；以身体力行，用为人师表，在莘莘学子的人生旅途中树起引航的灯塔、道德的丰碑。

这里把“教师”比喻为“人类灵魂的工程师”“希望与幸福的传播者”“燃烧自己，照亮别人的蜡烛”“铺筑跑道的石子”，比喻贴切，赞美了人民教师伟大的奉献精神，表达了对人民教师无比崇敬的情怀。

运用比喻要新鲜奇特、贴切得体，切忌陈词滥调。英国作家王尔德说得好：“第一个用花比美人的人是天才，第二个再用的是庸才，第三个就是蠢材了。”绝妙的比喻，才能给人深刻的印象。

（2）对比

对比是将有对立、矛盾关系的双方或多方放在一起进行比较，以显示事物之间的不同点。演讲中恰当地运用对比手法，使形象突出，能较全面地表达演讲者的观点，深刻揭示事物的本质特征。比如，在著名黑人民权运动领袖马丁·路德·金的不朽演讲《我有一个梦想》中，开头就运用了对比的手法：

100年前，一位伟大的美国人——今天我们就站在他象征性的身影下——签署了《解放宣言》。这项重要法令的颁布，对于千百万灼烤于非正义残焰中的黑奴，犹如带来希望之光的硕大灯塔，恰似结束漫漫长夜禁锢的欢畅黎明。

然而，100年后，黑人依然没有获得自由。100年后，黑人依然悲惨地蹒跚在种族隔离和种族歧视的枷锁之下。100年后，黑人依然生活在贫困孤岛上。100年后，黑人依然在美国社会中间向隅而泣，依然感到自己在国土家园中流离漂泊。

马丁·路德·金通过100年前《解放宣言》颁布的重大意义及100年后黑人悲惨处境的对比，强烈抨击了种族歧视政策，增强了对敌的战斗力。

（3）排比

三个或三个以上结构相同、字数相近、语气一致、意义相关而互相平行的词语或段落，连续排列在一起，就构成排比。排比在演讲中运用广泛，既可用来铺陈描述，又可用来议论说明，还可用来抒发情怀，增强了演讲的语势，增强了节奏感和旋律美，增强了条理性和严密性，提高了演讲的说服力和感染力。同样以《我有一个梦想》为例，在演讲的结尾部分，有连续四个自然段：

我梦想有一天，这个国家将会奋起，实现其立国信条的真话：“我们认为这些真理不言而喻：人人生而平等。”

我梦想有一天，在佐治亚州的红色山冈上，昔日奴隶的儿子能够同昔日奴隶主的儿子同席而坐，亲如手足。

我梦想有一天，甚至连密西西比州——一个非正义和压迫的热浪逼人的荒漠之州，也会改造成为自由和公正的青青绿洲。

我梦想有一天，我的四个小女儿将生活在一个不是以皮肤的颜色，而是以品格的优劣作为评判标准的国家里。

四个由“我梦想有一天”领起的排比句，构成了四个自然段，层层推进，一气呵成，痛快淋漓地表现了对平等的渴望、对自由的憧憬，将演讲推向高潮。

运用排比手法，在形式上要做到结构相同、句式整齐、字数相近、音韵匀称；在内容上要表意确切明了。各句间语意平行，不可因辞害义、重复啰唆。

（4）反问

反问即无疑而问，明知故问，用疑问句的形式表示非疑问句的内容。反问的答案就在于它的反面，即答案在问话中。反问问题采取不容置疑的语气来强调和突出重要的内容，有力地激发人们进一步思考问题，加强了表达效果。在演讲中使用反问，不仅使演讲的内容得到强调和突出，而且使语言气势峭劲、挺拔有力、更加感人。比如，演讲者唐彩霞在

《强者之歌》中有这样一段：

可是，亲爱的同学，你是否想过，老师在人类历史上的伟大贡献和巨大作用？哪一个成才者没有受过教育？哪一个伟人离得开老师的启迪和指引？哪一个民族不要知识？有哪一门知识不要千千万万的教师去“传道、授业、解惑”，没有园丁的辛勤汗水，哪有祖国春天里的满园桃李；没有知识的繁衍、延续和推陈出新，社会又如何发展、前进？

这里用了反问的修辞方式，再加上一系列的排比，更是加强了气势，突出了演讲的中心——歌颂人民教师的伟大贡献。

除了上述几种辞格之外，对偶、借代、反复、粘连、移觉等辞格在演讲中也常常被用到，而且，人们在表达某种思想感情、某层中心意思时，往往将多种辞格综合运用，以便取得多方面的修辞效果。

4. 写好结尾

结尾能否写好至关重要，如果写不好结尾，即使有好的开头和主体，那也是虎头蛇尾。所以写好结尾，可以给人警醒，回味无穷。

（1）总结式结尾。以简短的话语对演讲内容进行概括性总结，再次揭示主题，使听众对整个演讲有清晰明确的印象。《自豪吧，我们的名字叫军人》的结尾：

自豪吧，同志们!因为我们的职业是军人，军人的代名词就是牺牲，而这种牺牲换来的是我们民族的繁荣昌盛。

（2）号召式结尾。演讲稿的结尾，提出希望、发出号召，或展示未来，能唤起听众强烈的认同，使听众产生一种蓬勃向上的力量，慷慨激昂，促人行动。《祖国在我心中》的结尾：

让我们一起把对祖国的爱深藏在心中，到祖国最需要我们的地方去，成为国家的栋梁。

（3）决心式结尾。是以表决心、立誓言的方式结尾，它有助于坚定听众的信念，增强演讲的号召力。《我的理想》的结尾：

历史，令我们懂得了国力强盛、国防坚强与国家安宁、人民幸福的休戚关系；现实，让我们知道了建设现代化国防需要的是拥有现代科学文化知识的真正人才!我——一名中学生，为我的理想，为我向往的橄榄绿，为创造国防事业更加灿烂的明天，我将努力学习，不断进步，全面发展。

（4）故事名言式结尾。是指以一个与演讲主题有关的故事作为结束词或是以名言警句结尾，将主题加以升华。《年青，就该去奋斗》的结尾：

最后，让我用马克思的话语来结束我的演讲吧：后悔过去，不如奋斗将来!

（5）幽默式结尾。是指用风趣幽默的言语在欢声笑语、轻松氛围中结束演讲。一个演讲者能在结束时既赢得掌声又赢得笑声，这是演讲者演讲技巧成熟的表现，更是演讲圆满结束的标志。

我国著名作家老舍先生是好幽默的。他在某市的一次演讲中，开头即说：“我今天给大家谈六个问题”，接着，他第一、第二、第三、第四、第五，井井有条地谈下去。谈完第五个问题，他发现离散会的时间不多了，于是他提高嗓门，一本正经地说："第六，散会。"听众起初一愣，不久就欢快地鼓起掌来。

老舍先生在这里运用的就是一种"平地起波澜"的艺术，打破了正常的演讲内容，出乎听众的意料，从而收到了幽默的效果。风趣幽默、妙趣横生，听众们的一点疲劳和倦意也在笑声中一扫而光了。

(6) 高潮式结尾。就是演讲以高潮结尾，即把演讲的高潮放在最后，通过层层推进、逐层累积的方式，在精彩处戛然而止，耐人寻味。如在一次有关尼亚加拉大瀑布的演说中，林肯是这样结尾的：

这使我们回忆起过去。当哥伦布首次发现这个大陆，当基督在十字架上受苦，当摩西领导以色列人通过红海，甚至当亚当首次从造物者手中诞生时，那时候和现在一样，尼亚加拉瀑布早已在此地怒吼。已经绝种但其骨头塞满印第安土墩的巨人族，当年也曾以他们的眼睛凝视着尼亚加拉瀑布，正如我们今天一般。尼亚加拉瀑布与人类的远祖同期，今天它仍和万年以前一样声势浩大。而那些早已死亡，只有骨头碎片才能证明它们曾经生存在这个世界上的巨象，也曾经看过尼亚加拉瀑布。在这段漫长无比的时间里，这个瀑布从未静止过一分钟，从未干枯，从未冻结，从未合眼，从未休息。

演讲结尾的方式没有固定的模式，除以上提到的几种常用方式，还有用歌声结尾的，使听众在美妙的歌声中陶醉而流连忘返；可以用提问题的方式结尾，还可以用道具式、反思式结尾，目的是给听众留下深刻的印象。

（二）命题演讲的技巧

1. 克服怯场的技巧

演讲时产生怯场紧张的心理，是任何演讲者都有过的体验。尤其是初上讲台的人，怯场更是不可避免的。面对听众他们常常精神紧张，手足无措，四肢冰冷，头冒虚汗，张口结舌，语无伦次，甚至头脑一片空白，无法继续讲话，总之，就是言语表达失控。其实，世上没有一个成功的演讲者在演讲时一点都不紧张，只是他们善于把紧张的程度控制在最小的范围之内。

克服怯场的技巧：心境调节法、语言暗示法、分散注意法、假装勇敢法。

2. 应对意外情况的技巧

忘词怎么办？讲错怎么办？或者演讲引不起听众的兴趣，甚至会场躁动起来，怎么办？

有经验的演讲者事先在准备演讲稿时，会准备一两个与主题、内容有关的幽默故事或笑话，以防万一，在必要时用来调节会场的气氛。

其他方法有压缩听众不感兴趣的内容，突然短暂地停讲，临时增加设问，等等。

三、即兴演讲

即兴演讲是临场有感而发的演讲。即兴演讲，由于在表情达意方面的针对性、快捷性，适应快节奏、高效率的现代社会生活需要，因此很受群众欢迎。在社会文化方面，它具有命题演讲不可替代的重要作用。做即兴演讲，需要有多方面的知识素养和能力，特别需要有敏捷的思维能力、快速的语言表达能力和应变能力。在事先未准备的情况下，能面对听众侃侃而谈、出口成章，经常被看作是有才智、有能力的标志。即兴演讲能力，已成为现代社会人才的必备能力。

（一）即兴演讲的注意事项

即兴演讲是临场发挥的，因此即兴演讲要注意以下几点：

1. 稳定情绪

首先，应该稳定自己的情绪，调节好心理，不仅要排除心理障碍，还要借此梳理思路。心静才能神清，才能形成良好心态。选用清喉及敛神的方法，可以达到稳定情绪的目的。清喉，是要震动心神、振作精神、排除杂念；敛神，是要集中注意力，使大脑进入兴奋状态，使所储存的知识进入待选备用状态。

其次，应该稳定场面气氛。一般来说，公众场合免不了嘈杂喧闹，演讲人不管三七二十一，直起嗓门就说，要么犯下“说话不看对象”的大忌，要么就是白费口舌、劳而无功。欲动先静，以静制动。演讲需要听众的参与，即兴演讲中，这种来自听众的参与性要求尤为突出。因此，演讲者要善于驾驭环境气氛，要迅速吸引和集中听众的注意力。可以试用一静、二看的策略。静，是沉默10秒、20秒，既能稳定自己的情绪，又能形成一种让听众期待的氛围，有助于场面安静下来；看，是扫视全场，让人们感到演讲人对全体听众的关注，形成每个人都以为演讲人要与自己交流、关注自己的想法之势，从而静待恭听。

2. 迅速构思

首先要根据交际情境迅速确定讲什么、表达什么意思或情感，要选择谈自己感受最深又容易把握的问题，而且要力求集中、新颖。其次要快速取材，组织结构，具体方法可从现场的人、事、物中取材，也可从自己的生活背景和生活体验中取材。最后要想好开头和结尾，这样除了有利于顺利开头和成功结束之外，还能增强自信心。

闻一多先生在做《最后一次的演讲》演讲快结束时，正好抬起头来，看到了窗外的蓝天，阳光照射在礼堂的门槛上，于是他满怀热情地向年轻朋友们继续说道：

“我们的光明就要出现了。看!光明就在我们眼前。正像李先生临终时说的，‘天快亮了!’现在正是黎明前那个最黑暗的时候，我们有力量打破这个黑暗，争到光明!我们的光明，就是反动派的末日。”

闻一多先生以视觉上的光明象征政治上的光明，形象贴切，含义隽永，对未来充满了希望。

当然，即兴演讲能力的高低并非单纯的技巧问题，很大程度上取决于一个人的心理素质、思想深度和知识的广度，取决于认识能力和表达能力的高低，因此平时要做有心人，尤其是知识的积累。“巧妇难为无米之炊”，平时博闻强记，勤于笔录，有了自己的“材料库”，临场才能有话可说，而且说得有深度，有吸引力。

（二）即兴演讲的构思方法

训练即兴演讲的能力，要在临场开讲前两三分钟的构思上下功夫。怎么构思？这里介绍几种方法。

1. 散点连缀法

迅速构思时，脑子里跳出的可能只是一些词，不但支离破碎，而且稍纵即逝。散点连缀法是将这些看似没有关联，有些甚至是风马牛不相及的散点（词或词语），即时记录下来，然后确定一个表达中心（目的）。通过筛选这些散点，并用一定的语言表达方式，巧妙地连缀起来，组合成一段话，表达一个完整的意思。比如，有一次一位教语言学的老师被请去就学院新生演讲比赛做即兴点评。事出突然，这位老师又不好拒绝。她静下心来快速构思："闪光点""啦啦队""选题好""台风好""表达不错""自信""不足""空乏""缺乏真情""比去年比赛胜一筹"…… 一个个观点和词汇快速闪现。她立即进行筛选，组织思路：比赛水平比去年胜一筹—闪光点—选题好—表达好—台风好—不足—内容空乏—缺乏真情—继续努力，然后略加以充实。当她条理清楚、有理有据地点评完走下讲台时，有评委老师夸奖说：短短几分钟做出这么流畅且专业的点评，不愧是教口才课的老师。

微课：五步打造精彩演讲

2. 金字塔形结构法

演讲者在演讲时，先确定一个演讲范围。在这个演讲范围中，再确定一个演讲主题，这个主题必须用一个简单句。主题明确后，立即从这个主题中找出一个关键词，然后围绕这个关键词对主题做较详细的论证和说明。西方演讲学界把这种即兴演讲方法称为"金字塔形结构法"，他们很形象地将主题句称为金字塔顶，把围绕这个主题所做的较详细的论证和说明比作支撑金字塔顶的塔底和塔身。金字塔形结构的好处在于它能在较短时间内将演讲者的思维凝聚于某一点，使演讲者清楚自己应演讲什么，然后集中精力解决怎么讲的问题，从而避免越讲越离题的毛病。

在这种结构中，主题的提出是关键，而主题句中的关键词则决定着整篇即兴演讲的基本内容。

3. 借题发挥法

所谓借题发挥，是指借现场之"题"，如时间、地点、物品、氛围等，快速地确定一个题旨，边说边想，构成朴实自然的即兴演讲。

能力训练

1. 小组"续句接龙"训练：分小组，先确立一个话题，选一个同学开始说第一句，下面一个接一个地围绕中心话题继续说。开始练习时，间隔的时间可能长一些，但不可以用笔做准备，否则，就失去了训练的意义。遇到特别难的地方，允许自告奋勇出面解围。例如，可以这样确立中心话题开头：

（1）"幸福快乐"是一个诱人的字眼，自古以来被人们所追求，可是每个人对幸福的理解、对幸福快乐的追求是不同的……

（2）杰出的作家歌德曾有一句著名的诗句："生命之树常青"，是的，生命是太阳带来的，大家应当在太阳底下生活……

（3）谁可以用一个字来归纳青年人和中华民族的关联？我觉得这类关联归纳起来，便是一个"根"字……

2. 下面是一位军长离职时演讲的前言部分，请为其设计最佳语调（演讲者曾以部队为家，在部队的一万五千多个日日夜夜里，生命、工作、欢乐、荣辱、前途，都与部队紧密相关，如今离“家”远走，真是难舍难分，但为了大局，为了事业的发展，离职也心甘情愿)。

今天晚上，我要跟同志们告别了。小车就停在外面，说完话，就走了，就要离开我生活战斗了四十二年的英雄部队了……我舍不得啊!同志们。四十二年——一万五千多个日日夜夜，经历了多少次出生入死的战斗，完成了多少困难重重的任务啊!我从来没有想过有一天我要离开我的部队，多少年来，部队就是我的家，我的摇篮。我的生命，我的成长，我的欢乐，我的荣辱，我的前途，都跟我的部队紧密相连。我真想在部队里奋斗到生命的最后一息。但是，当今社会已经进入了信息时代，我国的社会主义建设也进入了高速发展的新时期。这就需要一大批有胆识、有文化、年富力强、勇于创新的同志走上领导岗位。因此，辞老迎青，势在必行。这是党的事业发展的需要，也是我一个老兵的衷心愿望。我在离任之前，思绪万千。唯一能聊以自慰的是，我们部队一大批年轻同志已经成长起来，可以放心地委以重任了!

3. 请就下面题目发表即兴演讲。

(1) 自从有了互联网

(2)“明星”之我见

(3) 生活从“心”开始

(4) 时间都去哪了

(5) 时尚人生

(6) 诚信与成长

第十一章 辩论技能训练

学习目标

1. 能了解辩论的内涵和特点。
2. 能掌握辩论基本类型的内容侧重点。
3. 能运用辩论技巧进行辩论。
4. 培养学生用准确的语言表达正确的思想，传播正能量。

知识导引

辩论，也称论辩，指观点对立的双方或多方，围绕同一辩题，以口语或书面语为媒介，进行针锋相对的论争，以达到明是非、辨善恶、批谬误、求真理的一种社会实践活动。与其他语言活动相比，辩论具有观点的对立性、论证的严密性、表达的临场性等特征。

辩论活动古已有之。在中国，早在春秋时期，诸子百家就“率其群徒，辩其谈说”，以辩论为武器，宣扬各自的学术主张；战国之际，策士之徒更是纵横游说，穿梭各国，在外交和军事斗争中发挥着举足轻重的作用。刘勰谓之：“一人之辩，重于九鼎之宝；三寸之舌，强于百万之师。”可见辩论的威力。在西方，辩论更是成风。古希腊的雅典就是当时辩论的中心，造就了苏格拉底、柏拉图、亚里士多德、麦加拉等闻名古今的雄辩家，更为难得的是，他们著书立说，首创了辩论的理论，推动了辩论的发展。

现代社会，由于经济文化的发展，辩论活动盛行于外交、经济、军事、政治、法庭、学校等各个领域。

一、辩论的基本要求

1. 要有正确且针锋相对的观点

辩论是思想观点的较量。正确全面的观点，是辩论成功的关键。常言道：“有理走遍天下，无理寸步难行。”只有思想观点正确，才能高瞻远瞩，顺理成章，做到旗帜鲜明，理直气壮。

2. 要选取最佳角度，进行严密推理

在辩论中，必须知己知彼，扬长避短，论据充分，逻辑严密，同时，还要选取最佳的辩论角度。选好辩论角度，有时在不利的形势下也能别开生面，变被动为主动，最后取胜。

3. 要出言迅速，简洁有力

辩论的攻击力，主要表现在语言上。辩论语言必须干净利落、尖锐犀利、简练有力。

只有简练犀利、一语中的、切中要害的语言，才具有威慑力、征服力。当然，辩论语言尖锐犀利，是指对问题的争辩，不能用于挖苦讽刺对方或搞人身攻击。

4. 要专注听辩

要专注地听辩，透过纷繁的表象抓住实质，只有对语言信息有敏锐的感受力才能赢得主动。同时，要控制情绪，不要急不择语，伤害对方，也不要以势压人，要以理服人。

由此可见，辩论对辩手的素质要求较高，不仅需要深刻的思想、犀利的口才、丰富的知识、批判的精神，还需要较强的思维能力、稳定的心理素质、高超的辩论技巧以及良好的礼仪风度等，其中较强的思维能力、稳定的心理素质、高超的辩论技巧是一个辩手不可缺少的条件，只有具备了较强的思维能力，辩论中才能自圆其说、无懈可击；只有具备了稳定的心理素质，才能处变不惊、临危不惧；只有具备了高超的辩论技巧，发言时才能能言善辩、语惊四座。本章设置了三个方面的训练，分别是思维优化训练、心理控制技巧训练和辩论技巧训练。

二、思维优化训练

“问渠哪得清如许，为有源头活水来。”辩论不只是口舌之争，更是思维的比拼。语言只是思维的展现，思维才是辩论的灵魂。在辩论中，辩手必须对论题抓得准、想得透、挖得深、论证严、反应快、驳斥妙、表述明，这一切的基础在思维。因此，培养和锻炼雄辩的语言表达能力，首要的是培养和锻炼辩手的思维能力。

思维优化训练的目的是学习和掌握科学的富有创造性的思维方法，克服单一模式的思维定式，不断提高思维水平。为此，下面分别介绍逆向思维训练、发散思维训练及思维的敏捷性训练。

（一）逆向思维训练

逆向思维又称反向思维，是指从习惯的常态思维的反方向去思考，甚至对人们已经认可的定论，也要从中推导出异于寻常的新见解。在辩论中，沿着定向的直线的途径进行思考，往往无法找到解决问题或说服对方的方法。这时，如果善于进行逆向思维，也许会迅速找到摆脱困境、解决问题的办法。有这样一个事例：有一位慈善家，发动他的朋友们出去募捐，以供建立一所慈善医院，但是募捐的成效甚微，朋友们垂头丧气地引用“小叩柴扉久不开”的诗句来说明募捐的艰难。而这位慈善家却不气馁，他向朋友们解释说：毕竟小叩柴扉有一扇门打开了，那么百叩柴扉呢，就会有十户开门捐献，所以我们大家一定要努力。他的话鼓舞了朋友们，终于通过募捐建成了一座慈善医院。

当然，我们所说的逆向思维，并非怀疑一切，否定一切，而是说要合乎逻辑地、辩证地去寻找解决问题的新途径，它可以寻找到一般常态思维寻找不到的解决问题的新方法、新见解。而那种不分青红皂白，对任何观点、任何理论一味地任意地去唱反调，并不是严肃认真地进行逆向思维，只不过是胡搅蛮缠。

在此推荐一种逆向思维训练方法，具体的训练方式是这样的：以一个成语或俗语为对象，针对其观念已经显得陈旧，从传统理解原本就欠准确之处，反其原意而立论。比如俗语是“良药苦口，忠言逆耳”，训练时则可提出“良药何需苦口，忠言不必逆耳” 的观点并展开论述。逆向思维的特点是注重对传统思维模式做反方向运动的思考，也就是说，这一训练的前提是要紧扣传统思维模式。失去了这一点，也就谈不上“逆向思维”了，即使表达言之有理，头头是道，也不能视为合理。如曾有学生对“瓮中捉鳖”做逆向思维表达，该成语的传统释义是：“比喻所欲得者已在掌握之中。”但该同学解释为“利用权势为所欲为”，然后从“任何有权势者都不应为所欲为，也不可能为所欲为”的角度展开论证。不难看出，这样的表述已失去了逆向思维训练的特点。

（二）发散思维训练

发散思维即思路从某一中心向不同层次、不同方向辐射，从而引出许多新的信息，并能主动灵活地转换问题的思考方式，从多个角度对话题展开立体分析。发散思维在辩论中非常重要。在准备辩题的时候，应利用发散思维设想各种理论模式，从而融会贯通，找到一个既切合题目又出人意料的逻辑框架。辩论中的进攻和防守也一样，进攻要如水银泻地，从各个方面多角度出击，而防守则如铜墙铁壁，能够设想到来自每一个方向的攻击，才不会被对方的攻击乱了阵脚。

发散思维训练时，可从生活中任选一个思维中心点，以“××（思维中心点A）的随想（或理想）”为题，做一定的准备后，登台讲演，注意每一篇中的“遐想点B”一般不得少于四个（由“A”引出的B1、B2、B3、B4）。比如，关于“手”的联想，即可从以下方面展开：手最基本的动作是弯曲和伸展指头。这样简单的动作却让我们领悟到能屈能伸的人生谋略；当五个手指攥成一个拳头时，可联想到团结就是力量；由手心手背都是肉，联想到平等意识；由五个手指长短不一，联想到人与人之间能力的差异。

此环节训练时，应注意把握两点：一是思维的辐射面（思维宽度）；二是思考要有一定的深刻性（思维深度）。从思维宽度而言，即B1、B2……之间，虽然位置毗邻相接，但是内容上应有一定的跳跃性，每一个B都应是可以独立展开论述的分话题。

（三）思维的敏捷性训练

思维的敏捷性是指在思维中能够迅速发现问题和及时解决问题。在口语交际中，思维敏捷以及思维向言语的快速转化，是最重要的思维品质，也是衡量一个人口语能力的重要标志之一。辩论更需要思维敏捷，一种观点的确立需要破立结合，有立也得有破。必须针对关键性问题展开论辩，驳倒对方、确立自己所持观点的正确性。而能发现问题的症结所在，第一步是要具有能够敏锐地、快速地、及时地对某种论点、论据或某种变化做出反应或判断的能力。

思维敏捷性的训练方法主要有以下几种：

1. 成语速接训练

开头者先说一个成语，第一位速接者以开头者所说成语的末尾字的字音（或谐音）为自己说的成语的首字字音，余者类推。如果到谁那里卡了壳，就罚谁出个小节目（讲笑话、背古诗、讲故事等）。例如，开头者说：“百年树人”，第二位速接者可以说：“人才辈出”或“人才济济”，第三位可说“出类拔萃”或“济济一堂”……

2. 快速归纳训练

例如，看谁能一口气快速说出“体育活动项目”的名称：游泳、划船、乒乓球、滑冰、赛跑、踢毽子……

三、心理控制技巧训练

大致而言，心理控制又分为两个方向：自我心理控制和对手心理控制。

（一）自我心理控制

辩手心理状态是否良好，直接影响到辩论谋略、技巧的选择和实施，影响到辩手才华的显示和发挥，影响到辩论的成败。因此，如何进行自我心理调控也就成为辩手的必修技巧。

辩手的个体心理素质中，辩论情绪是首要的因素。情绪稳定，直接关系到辩论的成败。所以，辩手一定要注意自己情绪的控制，尤其要消除紧张，防止冲动，努力保持自信、冷静、沉着的心理状态，去积极争取辩论的主动权。

1. 消除紧张

紧张情绪，大多因辩论对辩者的心理压力而引起。紧张会使辩者生理和心理都失去平衡。比如，像呼吸、血液循环、内分泌、内脏运动、肌肉运动等都会失常，从而导致思维、语言、动作的稳定性和协调性下降，严重者甚至可能失去控制。一旦这种情况出现，会造成辩者心情紧张，表情惊慌，声音不清，语无伦次，动作失调，手足失措，严重者可导致完全丧失辩论能力。排除紧张情绪的方法很多，其中主要有以下两点：

（1）增强自信。辩者要清楚地理解辩论的目的，对自己所要宣扬的观点和主张，要有坚定的信念，对自己的辩才、辩论技巧以及获取辩论的胜利要充满信心。这样才会精神焕发，斗志旺盛，神态自若，使自己的辩才得到充分发挥。

（2）充分准备。辩者对自己辩论所需要的各种材料要十分熟悉，并要充分估计到可能发生的种种情况，制定好辩论谋略，准备好应急措施，选择好辩论技巧，做到胸有成竹，轻松愉快，这样上阵以后，才能从容不迫，应付自如。

2. 防止冲动

遇到辩论激烈时、陷入困境时、论敌激将时、激动或冷漠时……辩者都可能会出现情绪冲动。这时辩者或眉飞色舞、兴高采烈，或垂头丧气、流露不满，或捶胸顿足、怒气冲天，或手舞足蹈、得意忘形……这样，辩者情绪和辩论内容就不可能保持协调一致，效果必然不佳。所以必须摆脱这种冲动的情绪，主要方法有：

（1）摆正与对手和受众的关系。与对手的辩论是为了探寻真理，对手并不是你真正意义上的敌人，故在辩论时应亲切自然、和蔼待人；对受众更应亲切友善，努力适应，积极争取，遇到受众不满、厌烦、抵制甚至吵闹起哄时，应多做自省，迅速调整自己的辩论方式、方法，以满足受众的需要。

（2）学会克制。在辩论中无论出现什么情况，都要泰然处之，绝不冲动，做到对人不攻击，不揭其隐痛，不败坏人格，平心静气，沉着应战。

（二）对手心理控制

对手心理控制，主要指对对手的情绪控制。即破坏对手原有心理平衡，瓦解他们的心理防线，使其按照己方给予的提示或思路去思考和行动，让他们接受己方的观点和主张，从而驳倒对方。下面介绍几种常用战术。

1. 引诱法

引诱法是诱导对方陷入自相矛盾中，使其走入自我否定的混乱逻辑内。美国总统华盛顿曾有一件趣事：

有一次，华盛顿家里丢了一匹马，他获悉是一位邻人偷走了，便同一位警官到邻人家去讨索。但邻人拒绝归还，并声称那是他自家的马。

华盛顿灵机一动，走上前去，用双手蒙住马的双眼，对邻人说："如果这匹马是你的，请告诉我，马的哪只眼睛是瞎的？"

"右眼。"邻居答道。

华盛顿放开右手，马的眼睛并不瞎。

"我说错了，马的左眼才是瞎的。"邻人急忙争辩说。

华盛顿放开左手，马的左眼也不瞎。

警官说："这样，已经证明马不是你的，必须把马还给华盛顿先生。"

引诱法的妙处在于，它往往使对方在不知不觉中落进陷阱，自己批驳自己，等发现时为时已晚，因而只得低头认错。

2. 激将法

这就是要充分了解对手（或受众）的实际需要，顺水推舟，攻其弱处，以达己方之目的。《三国演义》描写诸葛亮智激周瑜，促其下定抗曹决心，完成孙刘抗曹联合阵线的情节就充分表现了"激"的作用。

诸葛亮见周瑜年轻气盛，又明知小乔为周瑜之妻，便故意背诵曹操所写的"揽二乔于东南兮，乐朝夕之与共"的文句，去激怒周瑜。周瑜果然中计，大骂曹操："老贼欺我太甚!"并说："我与老贼势不两立，望孔明助我一臂之力，同破曹贼!"攻下了周瑜这个关键人物，孙刘的抗曹联盟便大功告成。

激将法就是要激发对手（或受众）的情感波动，使其超出理智的控制，从而达到己方所需的目的。

3. 悬念法

把该摆出来的辩论内容故意延宕，偏偏不摆出来，这样就可以制造悬念，引起对手（或受众）迫切的期待感，使之更加关切延宕的内容，也就是卖关子。待这悬念积累到一定程度，辩者再摆出这延宕的辩论内容，就能收到攻心的作用。且看一则"三字谏"的故事。

薛地是靖郭君的属地，他要在那里修筑城池，属下纷纷劝阻，靖郭君根本不听，并命负责传事的官员，不准再替来劝阻的人通报。此时，门客中有一齐人，求见靖郭君。他说："我只讲三个字，如果多讲，甘愿受烹刑。"靖郭君想看看他的本事，便命他讲。齐人只说"海大鱼"三字，转身便跑，靖郭君不解何意，便派人追上他，让他说清。齐人说："我不敢拿性命当儿戏。"靖郭君急于要明白真相，就说："没关系，我让你说明白。"齐人才慢慢道来："您知道大鱼在深水的地方，网儿兜不住它，钓儿也钓不上它，可是一到了没水的地方，就连小小的蚂蚁也能任意欺侮它。现在齐国是您的水，您只要能得到齐国的保护，又何必在薛地修筑城池？若是您失去齐国的保护，您的城池再高也没有用。"靖郭君点头称是，于是放弃了筑城的打算。

齐人妙就妙在故意延宕，给靖郭君制造了悬念，激起他的好奇心。这就减弱、排除了靖郭君对劝谏的抵触情绪和排斥心理，达到了进谏劝阻的目的。

四、辩论技巧训练

（一）立论技巧

1. 例证法

俗话说：事实胜于雄辩。辩论中适当引用一些事实证明观点，会收到很强的说明效果，摆事实、讲道理是辩论中最基本，也是最常用的技巧。如《百口前往》中有这样一个故事：

“此人其他方面都不坏，只有两样不好：第一，喜欢发怒；第二，做事鲁莽。”不料此人正好经过门外，听后勃然大怒，一脚踢进去，挥拳就打那说话的人，嘴里叫道：“我到底什么时候喜欢发怒？什么时候做事鲁莽？”别的人都说道：“过去且不说了，现在不就证明了？”

这里，事实起到了“立刻证明”的作用，比任何雄辩都有力。

运用例证法要注意以下几点：一是所举事实要真实；二是所举事实要典型，列举的事例越典型，越具有说服力；三是所举事实必须与所证道理有必然联系，否则就是两张皮，适得其反。

2. 引证法

引证法指引用权威性言论、成语、典故、俗话等来立论或反驳的方法。在辩论中运用引证法且引用适当，能增强辩论的说服力。如：

多练才能提高辩论能力。唱戏的讲究“曲不离口”，打拳的讲究“拳不离手”。中国还有句老话，叫作“师傅领进门，修行在个人”。叶圣陶老先生也说：“所谓能力，不是一会儿就能够从无到有的，……一要得其道；二要经常历练，历练到习惯，才有了这种能力。”可见，从古到今，历来都十分强调“熟能生巧”。综上所述，我们应该相信，辩论能力从来都不单靠听出来或看出来，而主要靠练出来。

这段论证，通过博引一些名言俗语，借助归纳推理，有力地证明了论题。

3. 喻证法

喻证法指通过人们熟知的事例、事物，用比喻来论述深奥道理的一种方法，其优点在于使抽象的道理形象化、简单化，使人易于接受和理解。因而，在辩论中为能深入浅出地说明观点时，经常使用此法。

如复旦大学一位辩手在辩驳“儒家思想可以抑制西方歪风”这一观点时说：

“从事实上看，儒家思想并没有抵御西方歪风，我们说抵御当是指有效的抵御，就像穿一件棉袄可以御寒，当然是以不感到冷为前提，可是儒家思想是一件美丽的丝绸衣服，在西方歪风冰天雪地里人人自危的时候，它是起不到抵御作用的。”

这个丝绸衣服不能御寒的比喻，即把己方观点提示得通俗鲜明，较好地增强和渲染了辩论的表达效果。

总之，在辩论中，一个生动形象的比喻，能化深奥为浅显，化抽象为具体，化生僻为通俗，使自己的论证如虎添翼，效果倍增。

4. 类比法

类比法就是将两个某些特征相似的事物加以对比，从而做出它们在其他特征上也可能相似的结论的一种推理方法。例如，1982年，著名科学家钱伟长去新疆讲学，谈到新疆的发展远景时，他说：

"19世纪初，加利福尼亚是美国最落后的地方，后来，人们利用淘金和工业积累了资金，继而建设了大型水利工程，开辟了农业区，最后使加利福尼亚成为美国最富裕的地方之一。新疆不但有金矿，还有铂金属和宝石矿，也可以用这个办法积累资金，建设水利、电力工业，开辟荒原，发展农牧业。这样，新疆完全能够建设得比美国的加利福尼亚更美。"

钱伟长的这一段论证运用的就是类比法。他通过新疆与美国加利福尼亚之间的类比，得到了"新疆完全能够建设得比美国的加利福尼亚更美"这个令人鼓舞的结论。

5. 比较法

比较法是以事物之间相对或相反的性质进行比较，作为论据来证明观点的一种论证方法。俗话说："不怕不识货，就怕货比货。"观点的比较亦然，孰高孰低，孰优孰劣，放在一起就一目了然了。如在关于"信息社会仍需还是无需读书破万卷"的辩论中，反方二辩有这样一段辩词：

我认为，今天电脑的运用、网络的普及，使人们能在最短的时间内获得最大量的知识，对此，对方同学为何视而不见，听而不闻呢？而照对方同学那样通过读万卷书的方式取得知识，恐怕对方同学成为年迈老翁的同时，所得的知识也成为明日黄花啦!一边是"读书破万卷"的事倍功半，一边是现代科学的事半功倍，一边是"头悬梁、锥刺骨"的辛苦与汗水，一边是网络科学的精彩与纷呈。何去何从，难道对方同学还不明白吗？还要用陈旧的观点去改造社会，建设新时代吗？请对方同学三思而后行!

这段辩词将"电脑、网络"获取知识的事半功倍与"读书破万卷"的事倍功半做鲜明对比，并加以描写、渲染，说服力强，效果好。

（二）进攻技巧

进攻是辩论比赛的要义和精髓，只有进攻，才有可能获胜。攻既要勇猛顽强，势不可挡，又要攻之有方，切忌盲目。进攻的方法很多，下面择要阐述。

1. 直接破的法

俗话说："擒贼先擒王。"直接破的法即直接反驳对方论点的方法。例如，我国军队现代化建设需要许多有才干的年轻人，可有的人对起用年轻人总不放心，其理由是：年轻人嘴上没毛，办事不牢。对此，有人反驳道：

"'嘴上没毛'就一定'办事不牢'吗？古今中外许许多多军事活动家，恰恰就是在风华正茂的时候，建立了不朽功业。岳飞 20多岁即带兵抗金，当节度使时只有31岁；其子岳云12岁从军，14岁打随州率先登城，成了军中骁将，20岁就当了将军。曾统率大军席卷欧洲大陆的拿破仑，从巴黎军事学院毕业时不过是炮兵少尉，法国大革命时参加革命军，1793年率部在土伦战役中击溃保皇复辟势力，被晋升为少将时，才24岁；统兵攻打意大利，战胜奥地利时才27岁。

俄国十月革命的军事统帅伏龙芝，不到30岁即当了东线和南线的指挥官，独当一面，任国防部长时才40岁。在我们军队里，许多老帅和老将们，多数不也是在20岁的时候就当师长、军长、团长乃至方面军总指挥吗?

可见‘嘴上没毛’与‘办事不牢’之间没有必然联系，关键是有才与无才。套用一句话来说，有才不在年高，无知空长百岁。”

反驳者列举了古今中外确凿的事实，直接驳斥了对方观点的荒谬性，具有极强的反驳力和说服力。

2. 釜底抽薪法

在辩论中，要证明自己的论点，必须要有正确而充分的论据，这正如要使一锅水沸腾，锅下必须有柴火燃烧一样。反驳时，如能像抽走燃烧的柴火一样驳倒论据，论点自然站不住脚。

批驳论据主要有三种：一是揭露论据的虚假；二是驳斥论据不充分；三是指出论据与论点没有必然联系。

以“艾滋病是医学问题，不是社会问题”为辩题的一段辩词为例：

正方：所以我倒要告诉对方，1987年中国预防医学科学院副院长就告诉我们，他们的研究人员已经分离出一种艾滋病毒，也已经开展艾滋病病源和分子生物学研究，也已经得出了研究结果，而且是有效的。

反方：著名的中国艾滋病研究专家康来仪先生就说，刚才那个所谓的研究成果到现在也没有办法可以证明。

正方举例证明反方“医学研究对艾滋病尚无解决办法”的观点是错误的，而反方则马上引用权威的话，证明这项研究成果尚无法得到证明，从而揭露了对方论据的虚假性，使对方观点不攻自破。

3. 引申归谬法

这是一种间接反驳的方法，当对方说出荒谬的观点时，先不直接反驳，而是假定它是对的，然后按其观点的逻辑加以引申，直至充分暴露它的谬误，从而使对方的观点不攻自破。

在我国战国时期，楚国有一个卖矛和盾的人。他举起自己的矛说：“这是世界上最锋利的矛，最坚固的盾都能够被它刺穿!”围观的群众也赞叹不已!然后他放下手中的矛，拿起自己的盾说：“这是世界上最坚固的盾。最锋利的矛都不能刺穿它!”一位群众忍不住就问：“用你的矛刺你的盾，结果会如何?”楚国人立刻瞠目结舌，无法回答他的问题。围观群众也哄堂大笑!

这就是“自相矛盾”成语的由来。这位聪明的群众就用了引申归谬法的辩论技巧。

4. 针锋相对法

这是指针对对方的观点或论据、战术，旗帜鲜明地亮出自己的观点，给予对方正面的、尖锐有力的反击，使其无法闪避，带伤应战，从而取得辩论的主动权。如《陈太丘与友期》所记述的陈元方与来客对话的场景：

某天陈太丘和朋友相约出行，约定在中午。过了中午朋友还没到，陈太丘不再等候就离开了。离开后朋友才到。元方当时年七岁，在门外玩耍。朋友问元方："你的父亲在吗？"元方回答道："等了您很久您却没有到，现在已经离开了。"

朋友便生气地说道："真不是君子啊！和别人相约出行，却丢下别人自己走了。"元方说："您与我父亲约在正午。您没到，这是不讲信用（的表现）；对孩子骂他父亲，这是没礼貌（的表现）。"朋友惭愧，下车去拉元方，元方头也不回地走进了大门。

5. 伺机接虚法

指在辩论过程中，辩论双方应机敏地发现对方的漏洞或失误，并予以反击，从而变对方的失误为己方的胜利。请看首届国际大专辩论会复旦大学队与剑桥大学队的几个较量：

剑桥四辩：第二个问题，我们×××总统当初推行道德建设的时候，……

复旦四辩：首先，指出对方一个常识性的错误，×××是总理而不是总统。

剑桥三辩：我方的论点对方没有任何反驳，所以我方的定义已经成立了。

复旦三辩：你的论点不是自己说成立就成立了，不然还要评判干什么？

这两个回合的辩论，复旦大学队第一次指出对方常识性的错误，第二次指出对方判断上的错误，不仅有效地压住了对方的攻势，也得到了观众的认可。

（三）防守技巧

辩论比赛的防守应是积极的防御，而不是消极的被动挨打，防不仅要防得严密，无懈可击，而且要适时寻找战机，反攻制胜。下面介绍一些防守技巧。

1. 以退为进法

这是指首先承认甚至褒扬对方的观点或做法，待对方松懈失去戒心时，再突然发动进攻的方法。请看在关于"信息社会仍需还是不需读书破万卷"的辩论中，反方二辩运用以退为进法的一段精彩辩词：

听了刚才对方同学的发言，我深深地为对方同学那种执着地追求知识的精神而感动。今天，我们和对方同学一样地渴求知识，然而求知的目的何在？在于认识和改造世界。因此，无论怎样求知，都必须适应这个目的。我方同学认为在信息时代无需通过读书破万卷的形式来达到这个目的。首先，随着科技的发展，行业的分工越来越细，人类社会创造的知识总量早已成为一个巨大的知识金库了。面对信息量的骤增，知识量的爆炸，对方同学如何去选择呀？还用读书破万卷的方式能行吗？人脑因为生理的原因，其记忆、储存、提取、容纳的程度总是有限的，面对信息的大规模流动与更新，对方同学如果说过去还能够通过读万卷书而成为一个"通才"的话，那么今天，如果想通过读万卷书而成为通才行吗？时代要求我们打破这种读书破万卷的农业社会、田园文明的学习方式。先知是痛苦的，然而以为无知识、不知现实就可以瞒天过海，那岂不更是自欺欺人吗？其次，信息时代的到来，使以读书破万卷这种方式来获取知识和发展社会显得更不经济，更无效率。信息时代，时间就是财富，时间就是发展，如何实现对时间的最优配置，是信息时代发展社会的首要任务。

辩词一开始是褒、是扬，也是退，而且感情异常真挚，不能不使对手和听众感动，但随之一转，以确凿的事实和严密的逻辑强烈地抨击了对方"仍需读书破万卷"的观点。

2. 追加前提法

这是指当对方提出的问题在不同的条件下可能会有不同的答案甚至陷阱时，设定一个对自己有利的条件作为前提去回答问题的方法。

比如，在关于“温饱是谈道德的必要条件”的论辩中，正方提出了一个很难回答的问题：

你不能用社会的需要去剥夺他就那么一点点的温饱。人生只有一次，你不能用社会逼人。假如我们现在十个人投票，赞成将对方第三辩的财富充公，来满足大家需要，（笑）这是公认的，这样是对的吗？

这个问题确实不好回答，如果说将自己的全部财产充公的做法是对的，这显然有悖于常理；如果说这种做法是不对的，又等于否定了己方“温饱不是谈道德的必要条件”的观点；如果避而不答，又会显得自己理屈词穷。面对如此咄咄逼人的提问，请看反方是怎么回答的：

谢谢主席，各位好。如果我的财产充公，能够为大多数人谋福利的话，那我想，我会选择这样做的，因为做人要做有道德的人。（掌声）

反方即是聪明地运用了追加前提法，先设定财产充公“能够为大多数人谋福利”这一前提，然后作答，这样不但化解了对方的难题，还顺势采用因果论证法证明了己方的观点。

3. 模糊应答法

指当对方的问题提得很尖刻，不好回答也不便回答时，便可采用模糊应答法。可以答非所问，也可以巧妙地转换话题，总之让对方不得要领，却又无话可说。请看下例：

这是关于“流动人口的增加有利于城市的发展”的一段辩词：

反方：请对方辩友正面回答，你们为城市的发展选择何种模式？

正方：健康的发展模式，而这个健康的模式就离不开流动人口的增加。我请问对方辩友，你们既不让流动人口增加又不让流动人口减少，你到底让流动人口怎么办呢？（笑声、掌声）

在此，正方若老老实实地去回答自己对城市发展模式的选择，就正中反方的下怀，不但费时费力，还将受制于人，于是就运用了“健康的发展模式”这一模糊语言，巧妙过关，而后又乘势向对方提出诘难。

4. 金蝉脱壳法

这是指在辩论中当己方处于不利处境时，不能硬战，而应避其锋芒、巧妙转移的方法。请看“艾滋病是医学问题，不是社会问题”辩论中的一段辩词：

正方：对方辩友认为，成百上千的医务工作者在研究艾滋病，只是在寻找钥匙啊。（掌声）

反方：我们不能仅仅让医学来参与！在非洲很多地方，艾滋病已经导致了“千山鸟飞绝，万径人踪灭”，还要让医学这个“孤舟蓑翁”来“独钓寒江雪”吗？（掌声）

正方提出的反诘是很有力度的，广大医务工作者所从事的工作是庄严神圣而又极为艰辛的，并不是像寻找钥匙那样轻松，反方深知就这个问题与对方辩论只有被动，于是巧妙地避其锋芒，金蝉脱壳，避而不谈医务工作者的努力和艰辛，引用几句古诗，不仅转移了对方的进攻目标，还很巧妙地印证了己方的论题。

能力训练

1. 一位作家到一所大学去讲演，对热心的学生提出的各种问题，他都给予直率的答复。一名学生送上一张纸条问道："既然是真的，就是存在着的；存在着的，就应该给予表现，这就意味着文学作品什么都可以写？"作家拿过纸条问是哪位同学写的，台下站起来一名脸上长着个小疮的女同学。假如你是作家，该怎么回答呢？

2. 请择一辩论赛进行观看，并做具体分析。

附 录

辩论赛模式

建议采用：

A. 四对四（新加坡模式）

（一）陈词阶段	共18分钟
1. 正方一辩陈词	3分钟
反方一辩陈词	3分钟
2. 正方二辩陈词	3分钟
反方二辩陈词	3分钟
3. 正方三辩陈词	3分钟
反方三辩陈词	3分钟
（二）自由辩论阶段	共8分钟

正方任一名辩手先发言，然后反方发言……依次辩论，双方轮流发言，各方累计用时4分钟。

（三）总结陈词阶段	共8分钟
1. 反方四辩陈词	4分钟
2. 正方四辩陈词	4分钟
	总计耗时34分钟

此模式评判标准

1. 个人分标准

辩论技巧	40分
内容、材料	30分
风度、幽默感	15分
自由辩论	15分
四名辩手总分	400分

2. 整体配合	40分
总分	440分

B. 三对三（辩论赛新模式）

（一）赛前辩论方案介绍	共8分钟
1. 正方教练做辩论方案介绍	4分钟
2. 反方教练做辩论方案介绍	4分钟
（二）正式比赛	
1. 陈词阶段	共14分钟
（1）正方一辩陈词	4分钟
（2）反方一辩陈词	4分钟
（3）正方二辩陈词	3分钟
（4）反方二辩陈词	3分钟
2. 盘问阶段	共3分钟
（1）反方三辩向正方三辩提问	10秒
（2）正方三辩回答并向反方一辩提问	30秒
（3）反方一辩回答并向正方一辩提问	30秒
（4）正方一辩回答并向反方二辩提问	30秒
（5）反方二辩回答并向正方二辩提问	30秒
（6）正方二辩回答并向反方三辩提问	30秒
（7）反方三辩回答	20秒
3. 自由辩论阶段	共8分钟
（1）正方任一位辩手发言	
（2）反方任一位辩手发言	
……	

正反方轮流发言，分别计时，各方累计用时4分钟。

4. 总结陈词阶段	共8分钟
（1）反方三辩陈词	4分钟
（2）正方三辩陈词	4分钟
	总计耗时33分钟

此模式比赛规则

（一）教练陈词及提交材料要求

1. 比赛前一小时，参赛队教练需向评判团提交书面材料一份，内容包括：本队对辩论赛立场的理解、逻辑框架设计，主要论点论据，对对方立场的分析等有关辩论的战略战术设计的考虑。

2. 发言内容包括：破题、对辩论双方的立场分析、本方逻辑难点的处理办法、自由辩论战场设计等。

3. 本部分内容仅供评判、欣赏，不列入评判项目。

（二）盘问的规则

1. 每位辩手的发言应包括回答和提问两个部分，回答要简洁、提问要明了。

2. 对对方提出的问题必须回答，不得回避，如果对方没有提出问题，被问一方的发言内容可以自定。

3. 提问者不得反驳，回答者不得提问，也不得反驳对方观点。

若违反规定，评委酌情扣分。

（三）自由辩论规则

1. 自由辩论的发言必须在两队之间轮流、交替进行；首先由正方一名队员发言，然后由反方一名队员发言，双方轮流，直到时间用完为止。

2. 各队耗时累计计算，当一方队员发言结束即开始计另一方的时间。

3. 在总时间内，各队队员的发言次序、次数和用时不限。

4. 如果一队的时间已经用完，另一队可以放弃发言，也可以继续轮流发言直至时间用完。

5. 辩论中各方不得宣读事先准备的稿件或展示事先准备的图表，但可以出示所引用的书籍和报纸。

此模式评判标准

1. 团体评分部分

审题	20分
论证	20分
辩驳	20分
配合	20分
辩风	20分
总分	100分

2. 个人评分部分

论	25分
辩	25分
总分	50分

第十二章　交谈技能训练

学习目标

1. 能了解交谈的重要性，明确成功交谈的基本要求。
2. 能驾驭交谈过程中的话题。
3. 能根据具体形式运用技巧进行交谈。
4. 培养学生尊重自己和他人，平等待人，真诚礼貌的交谈意识。

知识导引

交谈就是两个或两个以上的人以口头语言为工具，以对话为基本形式，面对面（或通过声频等电子通信器材）进行思想、感情和信息交流，达到互相了解的表达活动。

在社会生活中，交谈不仅仅局限于人与人之间的感情交流，而且许多工作和职业都要通过谈话进行，如经贸系统洽谈生意，接待顾客；工厂企业签订产销合同，商讨生产方案；医生询病诊断，交流会诊；教师讲课解疑，家访谈心；法官审案量刑；律师理案辩护；记者调查采访等，都是在交谈中进行的，交谈效果的好坏甚至可以决定其工作成败。

可见，交谈是人类语言表达活动中一种最基本、最常用的方式。广泛的交谈可以沟通信息，获取知识；可以联络感情，增进友谊；可以洽谈业务，创造效益；可以明辨是非，伸张正义。掌握和提高交谈语言艺术，可以使每个人走向成功。

一、交谈的基本要求

（一）把握交谈对象

同别人交谈时，要站在别人的立场上想问题，即注意和研究交谈对象，这有助于使交谈取得良好的效果。要做到这一点，应注意以下几点：

1. 注意对方的性别

与不同性别的人谈话，应选择不同的方式。

2. 考虑对方的年龄

对年龄不同的对象要采取不同的问法。若对方是个小孩，可直接问“你几岁了”。对年龄相近的异性青年，则不宜直接问，以免引起不必要的猜测，可问得委婉一些：“你好像没有我大?”对老人若尊敬地问“您老高寿”，则会赢得欢心。

3. 注意对方的心境

心境即人的心理环境，也就是人的情绪好坏。人的心境可能是显露的，也可能是隐蔽的，但总是易变的。俗话说：入门休问枯荣事，观看容颜便得知。

4. 了解对方的欲望

交谈双方各有欲望。交谈是否能融洽，在于交谈双方的欲望是否协调。人有生理、安全、群属、尊重和自我实现五个层次的需要。如果与正为温饱而发愁的人大谈养鸟养花的经验，显然不合时宜，因为生理需要（温饱问题）还没有解决，人是不会产生更高层次的需要的。如果你告诉他一条致富的门路，定会引起他强烈的兴趣。

（二）把握交谈时境

交谈时境，就是指交谈的时间和环境，而环境又包括自然环境、社会环境、心理环境、语言环境等方面。说话时要注意场合，这是提醒你注意说话时所处的时间、地点和周围的情况，不要违背和超越具体时境的限制。交谈行为只有与具体的时境结合并保持统一，才能顺利地达到交谈目的。在交谈中，不该说时乱说，会出现交谈障碍，甚至被人取笑；该说时不说，会错失良机，丢掉成功的机会；一句话说到“点子”上，当场拍板，事情就办成了。

（三）注意交谈措辞

在交谈中，措辞的简洁和高雅也是非常重要的一环。如果措辞啰嗦，或者粗俗不堪，或者故弄玄虚，不管谈话内容多好，也不会有很好的效果。要做到措辞简洁高雅，交谈中应着重注意以下几个方面：

1. 简洁明了

说话一般越简明越好。有些人在叙述一件事情时说了很多话，但还是无法把他的意思表达出来，听者花了很多时间和精力，仍然不知道他想说明什么问题。如果你犯有这种毛病，一定要自己矫正。矫正最好的办法是，在说话之前先在脑子里做一个初步的计划，然后再把计划要说的东西讲出来。

2. 避免“口头禅”

有些人在交谈中非常爱说口头禅。诸如“岂有此理”“我以为”“俨然”“绝对的”“没问题”一类的话几乎是脱口而出。不管这些话是否与所说的内容有关联。这类口头禅说多了，不仅影响说话的效果，而且还容易被别人当作笑柄。因此，这类口头禅应下决心改掉。

3. 文明通俗

常言道：“言语是个人学问品格的衣冠。”一个相貌堂堂、看上去高贵华丽的人，如果一开口就说出粗俗不堪的话，那么别人对他的敬慕之心马上就会烟消云散。其实，这些人中相当一部分并非学问品格不好，只是在追求语言的新奇和俏皮的过程中不知不觉地染上了这种难以更改的坏习惯。此外还要注意，不要滥用术语，不可用粗俗的词，如果不是跟一个学者讨论学术问题而不得不用，那么，过多地使用专业术语，即使你使用得很恰当，也会给别人以故弄玄虚的感觉。

（四）注意倾听

认真倾听别人说话，在交谈中十分重要。美国著名成人教育家戴尔·卡耐基说：“商业会谈并没有什么特别的秘诀，最重要的就是注意倾听对方说话，这比任何阿谀奉承更为有效。这是一个普遍的道理，有着深远的意义，但真正认识到这一点并真心去做的人却很少。”

据国外学者的研究，人在倾听10分钟的谈话时大约仅有25%的效率。那么，怎样才能克服不良的倾听习惯，练就一双灵敏的耳朵，做一个听话的能手呢？有人将倾听的经验概括为以下八点：

（1）排除一切干扰；（2）浓缩信息要点；（3）梳理对方思路；（4）增强定向意识；（5）谨防超前判断；（6）不要因人废言；（7）适应对方语速；（8）静听弦外之音。

具体到交谈中，倾听还需注意：

1. 适时地插话和提问，表示出倾听的兴趣

在别人说话时，中途打岔，争着去说，会使对方感到不快；但你在听话中金口不开，毫无反应，也会使对方感觉受到冷落。因此，适当地插话和提问，不仅表示你在认真倾听，而且能促使话题向共同关心的方面发展。

2. 要站在对方的立场上考虑问题

要注意表示对对方的同情和理解。对方心情好，说话兴高采烈；对方心情不好，说话低沉悲观。听者要设身处地地替对方着想，将心比心，适时表现关心与体贴。

3. 积极使用体态语言

一方面，注意自己的“身体语言”，适时地与对方保持眼神接触，身体稍稍倾向于说话人，适当地点头以示同意，面带微笑表示你听得很有兴致；另一方面，倾听时注意对方的面部表情和手势等体态语言，有助于听者深刻理解讲话内容，还能领会言外之意。

交谈属日常语体，它的适用范围十分广泛。就交谈目的而言，交谈就有聊天式交谈、劝服式交谈、赞美式交谈、批评式交谈、迎合式交谈、求助式交谈，倾泻式交谈、论辩式交谈等。下面主要对劝服式交谈、赞美式交谈、批评式交谈的技巧展开讨论和训练。

二、劝服式交谈

劝服式交谈，是指以劝诱的方式说服对方的交谈。与说服相关的还有一个词“压服”。说服和压服的区别在于说服是使对方心悦诚服，而压服是使对方迫于某种压力或威慑力不得不表示接受，其实是口服心不服的。

（一）劝服的基本要求

一般来说，要使说服产生良好的效果应注意以下几方面：

1. 了解对象

在说服别人之前，一般要对对方的情况做客观的了解。只有知己知彼才能针对不同的对手，采取不同的说服技巧。例如，知识高深的对象，对知识性辩题抱有极大的兴趣，不屑听肤浅、通俗的话，对这类对象应多做抽象推理，致力于各种问题之间内在联系的探讨；而文化低浅的对象，听不懂高深的理论，则应多举明显的事例。

2. 把握时机

把握说服时机，就要善于在人的思想、情绪容易发生变化或可能出现问题的关口及时进行说服教育，比如，工作调动、毕业分配、婚恋受挫、提职加薪、子女就业、退伍回乡、请假探亲等。人们在面临这些情况时，极易产生思想波动，这也正是进行说服的好时机。

说服的时机是否恰当，可以通过观察对方的情绪表现进行判断。如果对手心平气和，或者表现出情绪“恢复平静”的迹象，这往往说明时机较为合适；如果发现对方表现出反感和对立情绪，我们除应检查谈话方式、方法或自己的观点态度是否正确外，还应考虑谈话的时机是否成熟，及时中止谈话，以免造成不利后果。这时，我们应积极观察，耐心等待，或者采取恰当措施，创造有利时机，使说服一举奏效。过早地进行说服，会被对方认为神经过敏或无中生有；时过境迁，再去说服教育，易被对方看成“事后诸葛”，或秋后算账，都不能收到好的效果。

3. 注意禁忌

施行劝导说服是为了起到激励斗志、抚慰创伤、协调关系、导向引路的作用。就其本质而言，它是一种与人为善的美好情操，也是社会成员应该履行的道德义务。为了达到目的，需注意以下禁忌：

(1) 急于求成。人们常说，善弈棋者，每每举一而反三。做别人的思想工作好比下棋，也要珍视这“三步棋”的做法，要耐心细致，再三斟酌。如果条件不具备就急于求成，不瞻前顾后，总想一劳永逸，其结果往往是事倍功半，“成”效甚微，甚至会激化矛盾。

(2) 官腔官调。克服官腔官调，最主要的是增强普通人的意识，以普通人的姿态出现在人们面前，彻底改变高高在上、唯我独尊的作风和指手画脚、发号施令的作风；还必须注意坚持实事求是的态度，慎用套话，加强语言表达能力的培养。

(3) 不分场合。如果不分场合，信口开河，不管人前人后，指名道姓地对人施行说服，效果往往不佳，搞不好还会出现与说服者的良好动机截然相反的说服结果。

（二）说服技巧

在说服别人时，技巧的恰当应用对说服效果会产生极大的影响。下面介绍几种常用技巧。

1. 比喻说理

用比喻来说服别人是一种有效的方法，往往能收到深入浅出的效果。典型例子是我国古代的邹忌说服齐威王广开言路的故事。

邹忌是齐国人，身体魁梧，面貌端正。有一天他问妻子自己和著名美男子徐公相比，谁更美一些，妻子说：“当然是您美。”他有些不信，又问妾，妾说：“徐公哪儿能跟您比呀!”这时正好有宾客来求见，邹忌又问客人，客人也说他比徐公美。邹忌疑惑。徐公来了，邹忌暗暗打量他，又仔细照照镜子，觉得自己比徐公差多了。可是为什么自己的妻、妾、客人都那样说呢？邹忌躺在床上想了好久，终于悟出了这个道理：妻子偏袒他，妾害怕他，客有求于他，所以都不说实话。于是第二天见齐威王的时候就说了自己的情况并告诉齐威王，现在宫廷里的人个个都偏袒大王，官吏们都怕大王，四境之内都有求于大王，由此可见大王受蒙蔽很深啊!于是齐威王下令广开言路。

2. 诱导明理

所谓“诱”，就是启发开导。诱导明理就是不直接把道理说出来，而是引导对方思考明白道理，从而解决问题，多用提问的方法。

有一次，李燕杰同一位胸前挂耶稣像十字架，实际上对基督教一无所知的男青年进行谈心。

李：比如，有个姑娘长着一对水汪汪的大眼睛。笑起来还有两个小酒窝，表面看，还挺美。可是有人告诉你，她就是爱在电车上干这个（做了一个扒手的动作），你还认为她美吗？

青年：内外不一致，不美。

李：有这么一幅油画，一个修女，外表穿得很肃穆，内心对耶稣很虔诚，胸前挂着一个十字架，你觉得美吗？

青年：内外相和谐，对基督教徒来说，还是美的。

李：那么阁下，既不懂基督教，也不信基督教，胸前挂着十字架，你是美在哪儿？

青年：……李老师，我以后保证不戴了……

李燕杰正是采取了诱导明理的语言技巧，有意识地引导青年思考，从而达到使交谈对象心悦诚服地接受正确意见的目的。

3. 归谬说服

归谬说服并不直接反驳对方的错误观点，而是先假设对方的观点言之有理，然后据此引申出一个连对方也不得不承认是荒谬的结论来，从而心甘情愿地放弃原有的错误观点和主张，无条件地接受说服者的观点。

齐景公喜欢捕鸟。有一次，他捕到了一只漂亮的鸟，就命令烛邹管理鸟。不久，鸟逃跑了。齐景公气坏了，决定亲手杀掉他。晏子说："烛邹有三条罪状，请让我列数他的罪状然后杀掉他。"于是召见烛邹，在齐景公面前列数他的罪行，说："烛邹!你是我们君王的养鸟人，却让鸟逃跑了，这是第一条罪行；让我们君王为了一只鸟就要杀人，这是第二条罪行；让诸侯听到这件事，认为我们的君王看重鸟而轻视手下的人，这是第三条罪行。烛邹的罪已经列举结束，请杀死烛邹。"景公说："不用处死了，我明白你的指教了。"

晏子使用"归谬说服"的语言技巧来达到劝服景公的目的。因为景公是个刚愎自用的君王，用一般的规劝是起不到作用的。所以晏子采用顺水推舟、火上浇油的策略，历数了烛邹的三大"罪状"，表面上是帮景公，实际上是批评景公草菅人命，"重鸟而轻士"。晏子的高明之处在于他不是直接劝阻，而是间接委婉地提醒齐景公杀了烛邹会影响他的声誉，从而使他改变了主意，不得不说："止，勿杀而谢之。"

4. 晓以利弊

从对方的角度出发，晓以利弊，是一种十分有效的说服方法。

美国学者卡耐基专门研究演讲与社交口才，他经常租用纽约某大旅馆的大礼堂办班授课。一天，他正筹备一个新的培训班，忽然接到旅馆的通知："租金涨到原租金的三倍。"可是他早已发出通知，地址已不可能更改，怎么办呢？他约见旅馆经理，心平气和地说："要提高租金，这不怪你，因为你是经理，责任是多盈利。不过我们应该认真核算一下这样有利还是不利，不错，你不租给我而租给舞会、晚会用，他们付出的租金比我高，当然经济上有利，但不利的是由于我付不出那么高的租金只能搬走，而我每办一次培训班就有成千有文化、受过教育的中上层管理人员到你的旅馆来听课。这难道不是一种广告吗？事实上你花几千元也许邀请不到这么多人来参观，而我却不花你一分钱帮你请来了。难道你不合算，不值得吗？现在请您认真考虑一下再答复我。"结果经理让步了。

在交涉中，卡耐基一没叫穷，二没责怪，反而承认涨价是在情理之中，摆出了有利的一面，但接着又摆出了涨价所造成的不利因素。由于既说利又说不利，充分表现了自己的“无私”，出发点全都是为经理考虑，这样就很容易被接受，而且摆出利弊两方面之后并不做出结论，而是让对方自己去权衡，又显得从容大度，不咄咄逼人。

三、赞美式交谈

赞美式交谈，是指说话人以某种带有夸赞性、褒奖性的语言，对对方的某种言行表示赞美和肯定，以鼓励其有更好的表现去交谈。美国心理学家威廉·詹姆士说：“人类本性上最深的企图之一是期望被赞美、钦佩、尊重。”可见，被赞美是每个人内心所渴望的。赞美别人可以使人奋发向上，促使一个人走向光明的路程，是前进的动力。赞美之于人心，如同太阳之于生命，有着十分神奇的作用。在我们生活中恰当地赞美别人，将会起到意想不到的效果。

（一）赞美的基本要求

一般来说，在应用赞美式交谈时，应注意以下几点：

1. 真情实意

赞美要出自内心，要真心实意。与此相反的是言不由衷，即内心深处并不想向对方表示夸赞，但是出于某种目的，不得不违心地向对方做出表示。由于言不由衷往往具有一定的隐蔽性，因而有时也可以达到鼓励、鼓动对方的效果；但是，言不由衷毕竟违背了交谈的必要条件，虽可成功一时，可是一旦暴露，最终结局只怕是适得其反。

2. 内容具体

赞扬要具体，不要含糊其词。赞扬越具体，说明你对他越了解，从而能拉近人际关系。假如赞扬含糊其词，只有对人的赞扬，但都缺乏事实的依托，则只会让对方窘迫，摸不着头脑，两人之间也就难以形成真正的交流。

3. 恰如其分

恰如其分也就是要注意赞扬的度，即赞扬的内容要适度，赞人的方式、地点要适当，赞人的频率要适宜。适度的赞扬使人振奋、鼓舞；反之，使人难堪、反感。

（二）赞美技巧

赞扬他人除了注意以上几个方面以外，还需掌握以下常用技巧：

1. 从细微处出发

很多人在赞美别人时习惯于泛泛而论，抓不住赞美的重点，其突出表现就是忽视细节。其实，在交际中善于发现对方细微处的用意，以赞美和感谢来回报对方的良苦用心，不但会给对方带来巨大的心理满足，而且会加深彼此的心灵默契。请看下面的例子：

法国总统戴高乐在访问美国时，在一次尼克松为他举行的宴会上，尼克松夫人费了很大的劲布置了一个美观的鲜花展台：在一张马蹄形的桌子中央，鲜艳夺目的热带鲜花衬托着一个精致的喷泉。精明的戴高乐将军一眼就看出这是女主人为了欢迎他而精心设计制作的，不禁脱口称赞道：“女主人为举行一次正式的宴会，一定花了很多时间来进行这么漂亮、雅致的计划与布置吧！”尼克松夫人听了，十分高兴。事后她说：“大多数来访的大人物要么不加注意，要么不屑为此向女主人道谢，而他总是想到和讲到别人。”面对尼克松夫人精心布置的鲜花展台，戴高乐没有像其他大人物那样视而不见或见而不睬，而是即刻领悟到了对方在此花费的苦心，并对这一片苦心表示了特别的肯定与感谢。戴高乐赞美的语言虽然简短，但很显然，尼克松夫人受到了深深的感动。

由此可见，一句简单的赞美他人的话会带来多么好的反响。

2. 借第三者之口

假借别人之口来赞美一个人，既传达了第三者的善意，也能表明自己的赞同立场。请看下面的例子：

1997年，金庸与日本文化名人池田大作展开一次对话，对话的内容后来辑录成书出版。在对话刚开始时。金庸表示了谦虚的态度，说：“我虽然跟过去与会长（指池田）对话过的世界知名人士不是同一个水平，但我很高兴能尽我所能与会长对话。”池田大作听罢赶紧说：“您太谦虚了。您的谦虚让我深感先生的‘大人之风’。在您72年的人生中，这种‘大人之风’是一以贯之的，您的每一个脚印都值得我们铭记和追念。”池田说着请金庸用茶，然后又接着说：“正如大家所说‘有中国人之处，必有金庸之作’，先生享有如此盛名，足见您当之无愧是中国文学的巨匠，是处于亚洲巅峰的文豪。《春秋·左传》有云：‘太上有立德，其次有立功，其次有文言，是之谓三不朽。’在我看来，只有先生您所构建过的众多精神之价值才是真正属于‘不朽’的。”

池田大作在这里对金庸进行赞美，他所引用的话语，无论“有中国人之处，必有金庸之作”，还是《春秋·左传》中的“太上有立德……谓三不朽”等，都是舆论界或经典著作中的言论。借助这些言论来赞美金庸，显然既不失公允，又能恰到好处地给对方以满足。

3. 发掘闪光点

每个人都有缺点，并都有想“淡化其缺点”的倾向。当你能从别人的缺点中发现闪光之处时，这对别人来说就是一种最佳赞美。

凯丝·达莉想成为一位歌唱家，可是她的脸长得并不好看，嘴很大，牙齿也很暴。每一次公开演唱的时候，她都想把上嘴唇拉下来盖住她的牙齿，她不想露出自己讨厌的牙齿。结果呢？她使自己大出洋相，注定了失败的命运。

可是，听这个女孩子唱歌的人中间，有一个人却认为她很有天分。他很直率地说：“我一直在看你的表演，我知道你想掩藏的是什么，你觉得你的牙长得很难看。”这个女孩子非常难为情，可是那个男人继续说道：“不要去想遮掩，张开你的嘴，如果你不在乎自己牙齿的话，观众就会喜欢你的。再说，那些你想遮起来的，说不定正是你的宝贝呢！”

凯丝·达莉接受了他的忠告，没有再去刻意掩饰牙齿。从那时候开始，她只想到她的观众，她张大嘴巴，热情而高兴地唱着，最终成为电影界和广播界的超级明星。

4. 背后称赞

背后称赞虽是一种间接方式，在传达和理解上也存在或多或少的障碍，但一旦被对方接收和理解，往往能收到更好的交际效果。请看下面的例子：

某地有家历史悠久的药店，店主巴洛具有丰富的经营经验。正当他的事业蒸蒸日上时，离他不远的地方又开了家小店。巴洛十分不满这位新来的对手，到处指责小店卖次药，毫无配方经验。小店主很是气愤，想去法院起诉，一位律师劝他不妨试试善意的方法。第二天，又有顾客向小店主述说巴洛的攻击，小店主说："一定是误会了，巴洛是本地最好的药店主。他在任何时候都乐意给急诊病人配药，我是以巴洛为榜样的。"巴洛听到这些话后，急不可待地找到自己年轻的对手，还向他介绍了自己的经验。

此例中小店主的背后称赞虽然只是化解矛盾的策略，但实践证明效果非常好，同时，也说明了赞美在交际中的重大作用。

四、批评式交谈

批评式交谈，是指说话人以某种带有否定性、贬斥性的语言，对对方的某种言行做出批评，以希望其加以改变的交谈。从本质上讲，批评是令对方产生不快、感到心理压力的活动。没有人喜欢受到批评，涵养再高的人在内心也是讨厌被批评的。正因如此，如果批评的方式不得当，就很容易给双方的关系和工作带来消极的影响。因此，要想使批评式交谈收到切实的效果，就必须注意以下几点：一是心要诚；二是要有彻底、中肯的分析；三是掌握适当的方式技巧，尤其是以下几种。

1. 赞扬法

在批评之前先表示对对方某一长处的赞赏，肯定对方的价值，满足其某种心理需要，那么就能够制造出较好的气氛。这样，对方就不会产生逆反心理，从而接受批评。

美国前总统柯立芝就曾使用过这一方法，在他任职期间的一个周末，他曾对他的一位女秘书说："你穿的这套衣服很漂亮，你是一位很有魅力的女子。"柯立芝生性比较沉默寡言，这大概是他有生以来对一位秘书最热情的赞辞了，这对于那位秘书来说，太意外、太不寻常了，使她不知所措。柯立芝接着说："好啦，别愣在那儿，我这样说只是让你高兴。从现在起，我希望你对标点符号再注意点。"

2. 暗示法

任何人都有自尊心，而直截了当的批评则很容易触痛别人的自尊心。这时别人虽然明白自己行为的错误性，但感情上却难以接受，甚至会感性冲破理性，与批评者顶撞起来。为了避免这种情况的发生，可以采取暗示式批评，也就是不正面提出批评，而把批评的意思暗示在谈话之中，让被批评者自己去理解、接受。下面就是这样一个成功的例子：

上海某钢铁厂青工李某擅自从厂内拿了几块木板回家做书橱。事发后，李某所在的机动科科长老张找他谈话，一开始便说："木板是国家的财产，你私自拿回去做家具，你的行为太缺德了。"李某一听，顿时火了，与老张顶撞起来。第二天，机动科支部书记小王找李某谈话。小王说："厂里的木板是国家的财产，大家都不能占为己有，如果大家都拿回去做家具，能行吗？"李某听后低下了头。

老张和小王都对犯错者李某进行了批评，但是得到的效果却大相径庭，原因就在于老张采用直截了当的方式批评李某，触痛了他的自尊心。而小王则采用了暗示式的批评方法，在称谓上做文章，把"李某"代换为"大家"，使李某在感情上容易接受，因而收到了较好的批评效果。

3. 震抹法

在必要和适当的时候给对象以严厉的批评，使对方认识到错误，然后再对其进行安抚，这就是震抹法。

李颖是一家公司的部门经理。有一次，李颖把一份重要资料交给下属张芳，叮嘱她一定要亲手交给王总。张芳笑着答应了。可是，张芳由于搭公交时下车匆忙，把重要的资料袋落在了车上。她垂头丧气地跑回公司，来到李颖的办公室，羞愧地说："李经理对不起，我不小心把资料丢了。真的对不起，您能原谅我吗？"李颖大声斥责："你还好意思让我原谅？这点小事都办不好，你诚心给我难堪是吗？"整个斥责持续了10分钟左右，李颖的责骂声也越来越大，张芳哭了起来，声声对不起。过了几分钟，等双方的情绪都平静下来后，李颖才走到张芳的身边，拍着她的肩膀说："我实在是太生气了，刚刚真的是控制不住自己的情绪，说话重了。但我是一番苦心，希望你能长点儿记性，千万别再犯这样的错误了，一定要改掉这个毛病，否则以后会吃大亏，不管是对公司还是对你自己，当事情真的到了严重的地步，我也帮不了你。"

震抹法是一种管理的智慧，也是一种十分有效的激励手段。李颖在适当的时候给予了张芳严厉的批评，张芳也认识到了自己的错误。虽然资料袋还是没有找到，但是，张芳工作更加卖力了，她用努力工作来弥补自己给公司造成的损失。

4. 建议、希望法

微课：一听就懂

不直接指出对方的缺点和错误，而是有针对性地提出建议和希望，使对方认识到自己的缺点和错误，这就是建议、希望法。请看下例：

一天中午，施瓦布路过他的一家炼钢车间，发现有几个人在抽烟，而他们的旁边就挂着一块"禁止吸烟"的牌子。施瓦布本想说："你们不认识字吗？"但他想了一下，没说出来，而是走到他们跟前，给每人递上一支雪茄，说："年轻人，如果你们愿意到外边去吸烟，我将非常感谢。"胆战心惊的工人们心里有数，他们破坏了厂里的规矩，但头儿给了他们面子。他们赶紧纠正了自己的行为，并且更加敬重自己的上司。

此例中的施瓦布如果真按原先想的脱口而出，也能纠正工人们的行为，但效果自然不如后者这样让对方心悦诚服。

能力训练

1. 你有一位朋友，想去参加国家公务员的应聘考试，可是，又怕万一不成功被人笑话，请你鼓励鼓励他。

2. 班里有个男生最近一段时间整天沉迷于网络游戏，以致成绩下降。作为班主任的你应采用何种方式与他交谈？

3. 分组（4～5人）就一个热门话题进行交谈。注意：别人兴趣不浓时诱发谈兴；别人意犹未尽时设疑探究。

参考文献

[1] 马臻荣. 大学人文基础（第三版）[M]. 北京：高等教育出版社，2018

[2] 黄高才. 应用写作（第二版）[M]. 北京：北京大学出版社，2017

[3] 谷岩，裴哲. 口才与演讲实训教程 [M]. 长春：东北师范大学出版社，2017

[4] 张婧， 白志荣， 陈丽君. 演讲与口才 [M]. 长沙：湖南师范大学出版社，2017

[5] 丁亚玲. 口才与演讲训练教程 [M]. 北京：高等教育出版社，2016

[6] 纪可妹，骈俊生. 国学经典与职场 [M]. 北京：高等教育出版社，2016

[7] 董小玉. 文学欣赏教程 [M]. 北京：高等教育出版社，2015

[8] 金燕，刘国庆. 应用写作项目实训教程（第二版）[M]. 北京：高等教育出版社， 2015

[9] 张建. 应用写作 [M]. 北京：高等教育出版社， 2014

[10] 李向明. 职业人文基础（第二版）（人文修养分册）[M]. 北京：高等教育出版社，2014

[11] 陈桂良. 新编高职语文（第二版）[M]. 北京：高等教育出版社，2014

[12] 李艳敏. 经典诗文名篇诵读 [M]. 辽宁：大连理工大学出版社，2013

[13] 王启敏，邱燕，姜宽德. 新编大学语文 [M]. 天津：南开大学出版社，2012

[14] 付煜. 大学语文 [M]. 长春：东北师范大学出版社，2012